A FACE OCULTA DE EVA

NAWAL EL SAADAWI

A FACE OCULTA DE EVA

As mulheres do mundo árabe

Prefácio
Moema L. Viezzer

São Paulo
2023

© Nawal El Saadawi, 2002

Título original: The Hidden Face of Eve
3ª Edição, Global Editora, São Paulo 2023

Jefferson L. Alves – diretor editorial
Gustavo Henrique Tuna – gerente editorial
Flávio Samuel – gerente de produção
Jefferson Campos – assistente de produção
Nair Ferraz – coordenadora editorial
Amanda Meneguete – assistente editorial
Flavia Baggio e Bruna Tinti – revisão
Danilo David – coordenador de arte e capa
Bruna Casaroti – projeto gráfico
Lilian Guimarães – diagramação
Ihor Voloshyn/Shutterstock – foto de capa

Dados Internacionais de Catalogação na Publicação (CIP)
(Câmara Brasileira do Livro, SP, Brasil)

El Saadawi, Nawal, 1931-2021
  A face oculta de Eva: as mulheres do mundo árabe / Nawal El Saadawi ; tradução Sarah Giersztel Rubin , Therezinha Ebert Gomes , Elisabeth Mara Pow – 3. ed. – São Paulo : Global Editora, 2023.

  Título original: The Hidden Face of Eve

  ISBN 978-65-5612-377-6

  1. Costumes sexuais - Países árabes 2. Mulheres - Países árabes
I. Título.

22-129730   CDD-305.4209174927

Índices para catálogo sistemático:
1. Mulheres : Países árabes : Condições sociais : Sociologia 305.4209174927
Aline Graziele Benitez - Bibliotecária - CRB-1/3129

Obra atualizada conforme o
NOVO ACORDO ORTOGRÁFICO DA LÍNGUA PORTUGUESA

Global Editora e Distribuidora Ltda.
Rua Pirapitingui, 111 – Liberdade
CEP 01508-020 – São Paulo – SP
Tel.: (11) 3277-7999
e-mail: global@globaleditora.com.br

 globaleditora.com.br   @globaleditora

/globaleditora   @globaleditora

/globaleditora   /globaleditora

blog.grupoeditorialglobal.com.br

Direitos reservados.
Colabore com a produção científica e cultural.
Proibida a reprodução total ou parcial desta
obra sem a autorização do editor.

Nº de Catálogo: **1348**

A FACE OCULTA DE EVA

Sumário

Prefácio à 2ª edição brasileira 9
Introdução 17

PARTE UM A metade mutilada 25
1 A pergunta que não obteve resposta 27
2 Agressão sexual contra crianças do sexo feminino 33
3 O avô e seu mau comportamento 37
4 A injustiça da Justiça 40
5 A membrana extremamente frágil chamada "honra" 48
6 A circuncisão em meninas 58
7 O obscurantismo e as contradições 71
8 O filho ilegítimo e a prostituta 79
9 O aborto e a fertilidade 94
10 As noções desvirtuadas sobre feminilidade, beleza e amor 107

PARTE DOIS As mulheres na história 129
11 A décima terceira costela de Adão 131
12 O homem: um deus/A mulher: uma pecadora 145
13 A mulher no tempo dos faraós 152
14 Liberdade para o escravo, mas não para a mulher 161

PARTE TRÊS A mulher árabe 175
15 O papel das mulheres na história árabe 177
16 Amor e sexo na vida dos árabes 187
17 A heroína na literatura árabe 214

PARTE QUATRO Abrindo caminho 231
18 Pioneiros árabes da libertação feminina 233
19 O trabalho e as mulheres 252
20 Casamento e divórcio 264

Epílogo 285

Prefácio à 2ª edição brasileira

A face oculta de Eva, da egípcia Nawal El Saadawi, romancista, médica psiquiatra, feminista e ativista dos direitos humanos reconhecida internacionalmente, traz para as leitoras e os leitores a oportunidade de encontrar-se com uma das mulheres mais significativas da história recente do mundo árabe, fonte de inspiração para três gerações de jovens árabes e referência para estudiosos desse universo no mundo inteiro.

Não é em vão que este livro, escrito há mais de 25 anos*, guarda tanta atualidade. Traz à tona uma questão ainda muito velada em seu caráter político, religioso e cultural, ligada ao mundo islâmico e, pelo mesmo fato, desconhecida ou mal interpretada, principalmente pelo público ocidental.

Quando conheci Nawal, durante o Primeiro Seminário Internacional sobre Relações Sociais de Gênero, realizado na Inglaterra, em 1978, fiquei muito marcada por suas ideias, que, além de brilhantes, contundentes, firmes e serenas, tinham o mérito de nos colocar em contato com um outro jeito de ser e de analisar a relação entre mulheres e homens, especialmente para nós, mulheres do Ocidente, que não experimentávamos em nossas vidas situações do cotidiano das mulheres árabes, como: "ser, oficialmente, 1/4 de esposa de um homem polígamo" ou "passar pela experiência da circuncisão de meninas", além de pretendermos "ter inventado o feminismo" enquanto perspectiva teórica e prática política, sendo que, historicamente, as mulheres árabes têm uma trajetória própria a respeito.

Alguns dados biográficos da autora ajudam a entender *A face oculta de Eva*, livro em que tece considerações históricas e teóricas com base em sua experiência pessoal.

Nawal nasceu em 1931, em Kafr Thala, uma aldeia situada nos bancos do rio Nilo. Polêmica desde os primeiros anos de sua vida, apesar das consideráveis limitações vividas pelas mulheres rurais de sua geração, conseguiu estudar na Universidade do Cairo e concluir sua formação como médica psiquiatra.

---

* Moema L. Viezzer faz aqui menção em ocasião da 2ª edição deste livro, publicada pela Global Editora no ano de 2002. [N.E.]

Em 1972, após anos de trabalho nas áreas rurais e na capital, Nawal assumiu o cargo de diretora de Saúde Pública de seu país. Entretanto, foi demitida, por causa de seus escritos e atividades políticas, sendo, também, obrigada a fechar a *Revista Saúde*, de circulação nacional, da qual era editora-chefe.

Seu primeiro livro de não ficção – *Woman and Sex* (A mulher e o sexo) – foi o início desta série de perseguições das autoridades. Para Nawal, foi o começo de uma trajetória cada vez mais definida e relacionada com a libertação de seu país por meio da libertação das mulheres e do "ressurgimento" de valores e práticas que séculos de dominação tentaram apagar.

Em 1981, suas obras foram proibidas de circular no país. Começou, então, a lançar suas publicações no Líbano. No mesmo ano, o presidente Anwar Sadat decretou sua prisão juntamente com aproximadamente outras 1 500 pessoas críticas ao regime dele. No caso de Nawal, o governo tinha como inaceitáveis suas ações em prol da liberdade intelectual e social das mulheres. Graças a uma corrente internacional de solidariedade, Nawal foi solta um mês após o assassinato de Sadat. Logo em seguida, escreveu *Memoirs from a Women's Prison* (Memórias do cárcere de mulheres).

Em 1992, seu nome apareceu na "lista da morte", publicada por um grupo de fundamentalistas, o que a levou a afastar-se do Egito por cinco anos. Durante seu exílio nos Estados Unidos, tornou-se uma das professoras e conferencistas mais solicitadas nas grandes universidades do país, ao qual retornou em 1997. A lista continua circulando nos países árabes, complementada por informações gravadas em cassete.

Em sua vida pessoal, Nawal também passou por situações muito particulares. O primeiro marido deu-lhe o divórcio porque Nawal não aceitou abandonar sua carreira de médica psiquiatra. O segundo, repetiu o processo, exigindo que parasse de escrever e publicar, e ela não aceitou.

Com o terceiro marido, o doutor e escritor Sherif Hetata, seu companheiro de vida há 37 anos, o problema foi de caráter diferente. Nawal foi intimada a comparecer ao tribunal para ser julgada por "apostasia" devido às opiniões por ela emitidas sobre a interpretação do *Alcorão*, o que dava ao governo o direito de anular seu matrimônio, fazendo valer a Lei de *Hizba*, que permite impor a separação a um casal baseada em discordância por "motivos religiosos".

A gota d'água que levou o advogado fundamentalista El-Wahsh a encaminhar o processo desse castigo foram algumas declarações de Nawal numa entrevista dada ao semanário *Al Midan*, às vésperas do Dia

Internacional da Mulher de 2001, antes de sair para um tour de ensino em universidades da Alemanha, da França e dos Estados Unidos.

"Nessa entrevista", diz ela, "reiterei os pontos de vista que defendi em todos os meus escritos durante os últimos 40 anos e sobre os quais falei publicamente em muitas partes do mundo, incluída a região árabe. Eu sempre faço a ligação entre sexo e gênero com a política, a economia e a cultura nos níveis local e internacional e mostro as raízes de todas as formas de exploração e opressão: de classe, patriarcal, racial, nacional ou religiosa. Os que estão no poder sempre procuraram silenciar minha voz. Estes atentados têm-se multiplicado nos últimos anos durante os quais presenciamos o predomínio das forças do capitalismo neoliberal e seus aliados, incluídos os fundamentalistas religiosos. Na entrevista que dei, repeti minha oposição ao uso do véu pelas mulheres, vistas somente como corpos e não em sua inteireza; também falei de minha oposição à poligamia, à desigualdade dos direitos de herança entre mulheres e homens (os quais recebem duas vezes mais do que as mulheres) e insisti que essas e outras questões são contraditórias ao espírito do Islã e à interpretação correta do texto do *Alcorão*. Mencionei também algumas práticas do Islã que herdamos historicamente da Era Pré-Islâmica – um fenômeno natural que ocorre em todas as religiões – e dei como exemplo a obrigatoriedade da peregrinação a Meca. Como acontece com a maioria dos jornais do mundo, o jornal reforçou o que lhe pareceu sensacionalista, manipulando minhas intervenções e tirando-as do contexto."

No Egito, a Lei de *Hizba*, datada do início do século e revisada em 1996, é aplicada como um castigo excepcional. Uma grande corrente nacional e internacional de solidariedade a Nawal e a Sherif Hetata foi constituída. Tanto o advogado do governo como o advogado de defesa do casal apresentaram documentos baseados em procedimentos legais relacionados com a Lei de *Hizba*, solicitando o cancelamento do caso, o que efetivamente ocorreu. Ao saber da notícia, Nawal e Hetata reagiram: "estamos felizes, mas nossa felicidade não é completa. Precisamos agora continuar trabalhando pela abolição dessa lei, pois outras pessoas com menos força e visibilidade do que nós podem ser afetadas por ela."

Assim é sempre: cada golpe recebido torna-se motivo para um novo envolvimento de Nawal no contexto das causas que defende. Serena, ela comenta: "Já adquiri imunidade psicológica em relação a essas acusações. Como alguém pode retratar-me como inimiga do Islã, insensível às convicções religiosas de tanta gente que me ouve e pensa da mesma maneira? Para mim, o Islã sempre significou fé em Deus, espírito de justiça, liberdade e amor."

No atual Egito do presidente Hosni Mubarak, Nawal está proibida de aparecer na TV e a performance de suas peças teatrais também está proibida. Em entrevista concedida em sua residência à BBC de Londres sobre os acontecimentos de 2001, Nawal comentou que foi convidada a deixar o país. "Mas não saio mais; já fiz uma vez. Tenho responsabilidade pelo meu país e pela maioria silenciosa que me apoia."

Nawal tem participado ativamente de redes feministas e universitárias do Oriente Médio e da África. Foi fundadora e vice-presidente da Associação Africana de Mulheres para a Pesquisa sobre Desenvolvimento (1977-1987). É presidente da Associação das Mulheres Árabes em Solidariedade e cofundadora da Associação Árabe para os Direitos Humanos, entre várias outras. No período de 1978-1980, foi consultora do Programa das Nações Unidas para a Mulher na África e Oriente Médio.

Já publicou mais de 30 livros, entre eles 24 romances, sendo vários traduzidos para mais de 20 idiomas. Juntamente com o altíssimo reconhecimento internacional recebido, a autora teve que pagar um alto preço por suas ideias ali contidas. "Até fiquei surpresa no início com o que aconteceu comigo", comentava Nawal anos atrás, "enquanto escrevia em forma de romance o que ocorria no cotidiano de meu país, nunca tive problema nenhum; todo mundo lia e gostava. Entretanto, quando decidi escrever meu primeiro livro dando nome aos responsáveis, os donos dos poderes político, religioso e militar sentiram-se muito afetados. Foi um escândalo. E aí começaram a atrapalhar-me." Entre essas obras, merecem destaque: *Woman and Sex* (A mulher e o sexo), *A mulher com olhos de fogo: o despertar feminista*, *A Daughter of Isis* (Filha de Ísis), *Memoirs from a Women's Prison* (Memórias do cárcere de mulheres), *Two Women in One* (Duas mulheres em uma só) e *A face oculta de Eva*.

Por meio de seus escritos, Nawal consegue driblar os mecanismos criados para obrigá-la ao silêncio e continua comunicando-se com centenas de milhares de pessoas em todo o mundo. Nada a faz retroceder em seus estudos, análises, ideias e ações políticas, as quais sempre repercutem nas interpretações fundamentalistas dadas aos princípios religiosos do Islã: "Não é verdade", diz Nawal, "que as mulheres dos países árabes são oprimidas por causa do Islã. Se compararmos o Islã com o Cristianismo, o Judaísmo e o Hinduísmo, descobriremos que o Islã, em sua origem, é bem mais suave do que as outras grandes religiões. No *Alcorão*, não há uma só palavra sugerindo que as mulheres devem ser obrigadas a usar véu ou não devem estudar e ser profissionais. Bem ao contrário. Os problemas aparecem por causa do sistema político, que interpreta o Islã de acordo com seus interesses. Ou seja: as mulheres não são oprimidas por causa dos princípios de sua religião, mas pelos sistemas políticos ligados ao poder religioso. Há muitas escolas de interpretação do Islã e a interpretação dada pelos homens que conduzem essas escolas é que afeta a vida das mulheres. Se na maioria dos países árabes as mulheres não têm poder político ou econômico, isso está relacionado com as políticas internacionais, nacionais e familiares."

Nawal não faz distinção entre interesses político-econômicos e, como se fossem um assunto à parte, os interesses das mulheres. "No Egito", diz a autora, "as mulheres perderam chão principalmente a partir da entrada de Sadat ao poder, em 1970. A política de 'abertura' do presidente às importações ocidentais criou muito desemprego, que prejudicou principalmente as mulheres. A competitividade pelo trabalho foi duplicada e os homens forçaram as mulheres a deixar de trabalhar e, pelo mesmo motivo, a deixar de estudar. Da mesma forma, o fundamentalismo islâmico, que reviveu durante o regime de Sadat, aumentou a pressão do regime sobre as mulheres para abandonar o mercado de trabalho. Sadat retrocedeu o relógio no tempo, amarrando o Egito ao sistema capitalista e revitalizando os grupos fundamentalistas." E dá alguns exemplos: "quando eu era estudante, nos anos 1950, na universidade não havia uma só mulher cobrindo seu rosto com o véu. Mas, nos anos 1970, quando minha filha ingressou na universidade, 20% das moças já usavam o véu por obrigação." Outro exemplo: "quando me formei como médica pela universidade, nos anos 1950, fui encorajada a trabalhar na área rural; minha filha, ao concluir seu curso na faculdade de Economia, não recebeu estímulo oficial nenhum para trabalhar profissionalmente. A mudança, para pior, foi visível de uma geração a outra."

No ano 2000, as mulheres do Egito perderam uma batalha importante em relação ao código da família. "Hoje", conta Nawal, "se a mulher quiser se divorciar pelo fato de seu marido ser polígamo, primeiro tem que provar que a poligamia está sendo perniciosa para ela, para que então a Corte Suprema dê licença ao seu marido para buscar uma segunda, terceira ou quarta mulher e deixá-la livre. Em 1979, a lei permitia que a mulher se divorciasse de seu marido se ele se decidisse pela poligamia. Hoje, não: os homens têm direito a dar o divórcio a sua mulher por um motivo qualquer. As mulheres, contudo, não podem dar o divórcio ao marido por motivo nenhum."

Neste livro, como em outras de suas obras ou em depoimentos e entrevistas, Nawal enfatiza reiteradamente: "Vocês, do Ocidente, recebem duas imagens da mulher árabe que circulam pelo mundo: a dançarina do ventre e a mulher de rosto coberto pelo véu. A terceira imagem, que lhes trago, é a da maioria das mulheres: mulheres camponesas, trabalhadoras urbanas, estudantes, profissionais liberais, professoras, doutoras – mulheres que pensam e falam o que pensam."

A história do Egito clama em favor das mulheres por muitos motivos que vêm de muito longe. Foram as mulheres que criaram o alfabeto egípcio. Foram as mulheres que iniciaram a agricultura. Ísis era a deusa do conhecimento e do intelecto; posteriormente é que foi transformada em deusa da fertilidade.

"O feminismo não é uma invenção ocidental", afirma Nawal. De fato, apesar de esta palavra ter sido criada na França no contexto do Socialismo utópico, a autora mostra e convida a estudar e observar que em cada cultura, em cada país, há uma história de mulheres que reagem à opressão e caminham para o retorno do que é bom para elas no convívio com os homens em sociedade. Além disso, a autora sempre enfatiza o movimento das mulheres do mundo árabe sob a ótica do "ressurgimento", incluindo em seu horizonte civilizações anteriores ao *Alcorão* e aos tempos dos faraós.

A face oculta de Eva, escrito há um quarto de século, permanece atual também porque faz parte do engajamento de Nawal com a Associação das Mulheres Árabes em Solidariedade, que ela iniciou em 1982 com 120 mulheres e conta hoje com mais de 3 mil integrantes dos países árabes e com mulheres árabes que emigraram para outros países. Essa Associação, que tem *status* consultivo nas Nações Unidas (EcoSoc), trabalha pelo ressurgimento da equidade e inclui entre suas propostas: o fim do casamento entre a Mesquita e o Estado e o reconhecimento dos direitos políticos e econômicos das mulheres de todos esses países. A iniciativa traz implícita a liquidação de condições de retrocesso como as que existem ainda na Arábia Saudita e no Kuwait, onde as mulheres ainda não podem votar nem dirigir carros.

Nesse contexto, não é difícil entender por que as ideias de Nawal são polêmicas e chegam ao ponto de catalogá-la como "apóstata" e inadequada aos regimes político, religioso e militar no poder. Ela divulga como interpretação de homens fundamentalistas o que é passado por eles como mensagem do *Alcorão* ou da cultura árabe.

Os acontecimentos posteriores a 11 de setembro de 2001, no World Trade Center de Nova York, trouxeram à tona muitos fatos escondidos. Na mídia, por exemplo, foi notória a aparição de mulheres árabes do Afeganistão, quase sempre focalizadas e separadas pelo binômio "com véu/ sem véu". No horário nobre das novelas da televisão brasileira, a tela da TV mostrou muitas dançarinas do ventre e mulheres cobertas pelo véu. Mas a mídia ficou longe de desvendar, em sua essência, a face oculta de Eva, os motivos que cristalizaram a subordinação da mulher árabe por imposições culturais ligadas a questões religiosas e, principalmente, os caminhos que as mulheres árabes estão percorrendo há séculos e em número cada vez maior para encontrar soluções de igualdade em direitos humanos, equidade e reciprocidade entre elas e os homens.

A face oculta de Eva coloca o público brasileiro em contato com Nawal El Saadawi, uma revelação para quem tem interesse em conhecer melhor as mulheres do mundo árabe. Quem quiser saber mais sobre a trajetória e os escritos da autora, pode acessar o site *www.geocities.com/ nawalsaadawi/*, mantido pela corrente de solidariedade a Nawal criada por ocasião dos acontecimentos que afetaram sua vida pessoal, em 2001.

MOEMA L. VIEZZER
socióloga e educadora,
autora de *Se me deixam falar... –
depoimento de Domitila* e
O problema não está na mulher

Introdução

Os longos anos em que exerci a medicina, tanto na zona urbana como na rural, e os contatos constantes que mantive com homens e mulheres que me procuraram para tentar se desvencilhar da pesada carga de problemas psicológicos e sexuais que os afligia, motivaram-me a escrever este livro.

É possível que muitas pessoas achem que este trabalho tratará apenas de mulheres – suas famílias, filhos ou maridos – e das tensões emocionais e sexuais que têm de enfrentar na vida. Tradicionalmente, os estudos dedicados às mulheres ocupam um lugar ínfimo na lista dos assuntos importantes, pois são considerados limitados, circunscritos a um grupo especial e com problemas que inevitavelmente são de pequeno alcance. Afinal, o mundo das mulheres não se limita à família, filhos e ao lar? Como pode um mundo tão restrito competir com as grandes obras humanitárias e políticas de nossa época: a liberdade, a justiça ou o futuro do socialismo que tomam conta de nossos pensamentos e paixões?

E, contudo, qualquer empreendimento dedicado a um estudo profundo da condição da mulher na sociedade, se estiver desprendido do conceito de que ela é apenas um meio de reprodução, levará incontestavelmente a uma análise muito mais ampla que abrange todos os aspectos da vida humana. Tal empreendimento nos induz ao domínio dos conceitos gerais relacionados à política ou, mais precisamente, torna-se uma causa política de primeira ordem, inter-relacionada com a interminável luta pela liberdade e pela verdade.

A política mais elevada de qualquer país é uma construção fundamentada em muitos tijolos pequenos, constituída de pequenos detalhes que se imiscuem no cômputo geral. Esses detalhes são as necessidades pessoais, são os problemas e os desejos dos indivíduos.

As pessoas, com suas exigências de vida, constituem a força geradora, a diretriz que se traduz, na análise final, mediante determinação política, da diplomacia, enfim, pelo regime político de um país. Essa vida individual obviamente engloba as complexidades do sexo, as relações entre um homem e uma mulher, e as relações de produção e divisão de trabalho. Aqueles que subestimam os problemas da mulher e do sexo, ou desconhecem ou não compreendem os princípios da política. Não é mais possível ignorar o fato de que a condição desprivilegiada da mulher conduz, indubitavelmente, ao retrocesso de toda a sociedade. Por esse exato motivo, é necessário enxergar a emancipação feminina como elemento integrante da luta contra todas as formas de opressão, fazendo parte das tentativas de liberar todas as classes exploradas tanto política como sexualmente.

Muitos são aqueles que negam que as mulheres árabes ficaram para trás com o desenvolvimento de nossa região, recusando-se ainda a enxergar os problemas que as afligem. Essa atitude, além de ser fundamentalmente desonesta, prejudica seriamente o progresso das nações árabes, uma vez que a verdadeira adesão a uma causa implica que se deve expor as próprias fraquezas em vez de tentarmos encobri-las, pois é esta a única forma de superá-las.

Durante os últimos anos, uma série de trabalhos importantes têm sido publicados e têm contribuído para desmascarar muitos males sociais que necessitam de cura imediata, caso as sociedades árabes desejem realmente empenhar-se pela liberdade em todos os campos, seja econômico, político, humanístico ou moral. Entre os trabalhos realizados por estudiosos árabes, gostaria de citar o de Halim Barakat, publicado com o título de *River Without Bridges* (O rio sem barragens), que mostra como Israel tirou vantagem da "sensibilidade sexual" dos palestinos tradicionalistas para incitar as ondas de emigração durante as sucessivas guerras ocorridas entre 1948 e 1967. Além dos bombardeios aéreos, um dos fatores que forçou os árabes a deixar a margem leste do Jordão durante a guerra de 1967 foi o desejo de proteger a "honra" das mulheres de sua família. Torna-se, portanto, fácil compreender por que alguns dos militantes árabes insistem em trocar no dicionário árabe a palavra A'ard (honra) pela palavra Ard (terra)*.

Começamos, então, a perceber a ligação entre um assunto particular, como a virgindade feminina, e um acontecimento proeminentemente político, como a migração de grandes grupos de refugiados árabes, fato que facilitou a ocupação de suas terras por Israel. Este é apenas um dos muitos exemplos existentes para provar por que se deve dar importância ao exame dos problemas relacionados à mulher e aos diferentes aspectos das relações morais e sexuais de nossa sociedade, por todos aqueles que demonstram um interesse genuíno pelo futuro de nossos países.

---

* Veja o prefácio escrito por Sabha el Khalili no livro *Women and Sex*, de Nawal El Saadawi, publicado em Jerusalém pela Editora Guy (maio, 1974).

Nesses últimos anos, tenho publicado, nos países árabes, uma série de livros que tratam desses assuntos. Entre todos os meus livros, foi *Women and Sex* o que despertou mais interesse entre os mais diversos setores da opinião pública. A primeira edição se esgotou rapidamente e, desde então, muitas reedições foram necessárias para satisfazer a crescente demanda. Logo depois de publicado o livro, pude perceber que acabara de me sentar sobre um vulcão, de onde podia ouvir o som de sua erupção a aproximar-se cada vez mais. A cada dia aumentava a avalancha de cartas, telefonemas, visitas de jovens e velhos, homens e mulheres, muitos deles pedindo-me para propor-lhes uma saída para seus problemas. A maioria era amistosa e desesperada, mas alguns, muito poucos, eram ameaçadores.

Acabei acostumando-me com os constantes toques de campainha, com os maços de cartas por trás do vidro da pequena caixa de madeira, com o tilintar do telefone, com os passos tímidos e hesitantes atravessando o meu consultório ou o hall de meu pequeno apartamento suburbano. Houve até alguns visitantes de países árabes vizinhos.

Para aqueles que vieram, abri minhas portas, minha mente e meu coração. Entretanto, com o passar do tempo, pude sentir como se tornara lesado o meu encargo, como essa responsabilidade podia ser embaraçosa. Os problemas dos membros de nossa sociedade são infindáveis e sem solução, a não ser que se empreenda um esforço descomunal para desnudar nossas falhas e expor suas raízes, suas verdadeiras causas, que residem nas estruturas políticas, sociais, econômicas, sexuais e históricas que regimentam nossas vidas. Muitas cartas exigiam que assumisse essa tarefa e a levasse adiante. Isso me provocava inquietação, mas, ao mesmo tempo, felicidade e apoio, e me levava a crer, mais firmemente do que nunca, que a grande maioria de nossa sociedade está ávida por adquirir conhecimento, por obter melhor discernimento, ansiosa por progresso.

Contudo, é natural que uma pequena minoria manifeste seu temor, ou mesmo pânico, diante das palavras escritas por uma caneta tão afiada quanto um bisturi, que faz incisões nos tecidos, expondo os nervos e as artérias latejantes escondidas no corpo. É o pânico daqueles acostumados com a escuridão que, de repente, se defrontam com uma luz perquiridora. Em muitas das cartas que recebi, pediam-me que me abstivesse de publicar fatos e conhecimentos que, com uma paciência incontida, acumulei durante tantos anos; esses pedidos simbolizam uma mão erguida para proteger os olhos de uma luz inesperada. Uma outra minoria, constituída por aqueles que controlam o poder, decidiu que eu deveria ser destituída de meu cargo de diretora de Educação Sanitária do Ministério de Saúde Pública do Egito, bem como do direito de publicar a revista *Saúde*, cujo conselho editorial havia me indicado para editora-chefe.

Todavia, esses acontecimentos, por mais dolorosos que possam ter sido, não conseguiram nem conseguirão esfriar meu entusiasmo ou desacelerar meus esforços. Meus escritos continuarão a expor os fatos, a esclarecer os assuntos e a identificar aquilo que creio representar a verdade. Estou realmente convencida de que só pode haver dano na tentativa de encobrir a verdade sobre *Women and Sex*, e não em sua busca, tornando-a acessível. A verdade eventualmente choca e abala a tranquilidade das ideias estabelecidas; porém, uma boa sacudida, muitas vezes, consegue despertar as mentes que repousam inativas, abrindo-lhes os olhos para o que está realmente acontecendo a seu redor.

Não há dúvida de que escrever sobre mulheres na sociedade árabe, especialmente se o próprio autor é uma mulher, é invadir áreas sensíveis e dificultosas, é trilhar um caminho por um território intransitável em razão de suas minas, visíveis ou escondidas; a qualquer passo, pode-se tocar em um arame eletrificado ou em algum ponto sagrado que não deve ser mencionado, em um valor que não deve ser questionado porque faz parte de uma constituição moral e religiosa, que ergue suas pesadas barras de ferro, à medida que se levantem questões relacionadas à mulher ou se manifestem vozes a favor de sua liberdade.

A religião é, particularmente, uma arma constantemente usada pelas sociedades tradicionalistas para refrear ou até extinguir os esforços dos pesquisadores e daqueles que buscam a verdade. Tenho notado com absoluta clareza que a religião, atualmente, é frequentemente usada como instrumento nas mãos dos poderes político-econômicos; é uma instituição utilizada por aqueles que dominam para aquietar os que são dominados. Ela serve, dessa forma, aos mesmos propósitos que os sistemas jurídicos, educacionais, políticos e até mesmo psiquiátricos, usados para perpetuar a família patriarcal, a qual, por intermédio da opressão exercida sobre mulheres, crianças e escravos, originou-se historicamente, obteve reforço e se mantém. Assim, em qualquer sociedade, torna-se impossível separar a religião do sistema político-social ou manter o sexo isolado da política.

A trilogia composta por política, religião e sexo é a mais sensível de todas as áreas de qualquer sociedade. Essa sensibilidade torna-se particularmente mais intensa nos países em desenvolvimento com um *background* rural, onde os relacionamentos caracteristicamente feudais predominam.

Os avanços industrial, tecnológico e científico alcançados na Europa tiveram o mérito de livrar a cultura de seus povos da poderosa influência do feudalismo e dos conceitos retrógrados concebidos nos campos da religião e do sexo. Esse processo de desenvolvimento só se tornou possível pela luta implacável travada contra a Igreja. O conflito refletiu o antagonismo existente entre as forças, em ascensão, do capitalismo e os interesses paramentados ligados à Idade Média e às instituições feudais. Exatamente como em todos os conflitos sociais, houve o sacrifício de muitas vítimas, em geral intelectuais, alguns dos quais, acusados de desafiar os preceitos da Igreja, foram queimados vivos em estacas: homens como Giordano Bruno, que afirmava que a Terra girava no firmamento, em um movimento contínuo ao redor do Sol, ou a sempre lembrada Joana d'Arc. Contudo, chegou o dia em que o conflito terminou, com a vitória das novas forças capitalistas sobre a Igreja e seus líderes religiosos.

Essa é a lógica da história da humanidade, uma lógica inexorável em que os fatores econômicos atingem seus objetivos ainda que em detrimento da religião; pois a vida das pessoas e suas necessidades vitais dependem da economia, e não da religião. Durante toda a história da humanidade, os padrões e valores religiosos tiveram de amoldar-se à economia. A opressão contra as mulheres, em qualquer sociedade, é a expressão de uma estrutura econômica que se baseia na posse de propriedades, nos sistemas de hereditariedade e paternidade, e na família patriarcal, constituindo uma unidade social. Entretanto, muito embora a própria história tenha apresentado diversas provas de que a condição de subordinação da mulher e a opressão, a que tem sido submetida durante tantas eras, originam-se no sistema socioeconômico, há ainda muitos escritores e analistas que insistem, ainda hoje, que a religião é a sua raiz. Isso é particularmente verdadeiro no que diz respeito às fontes ocidentais que analisam a situação das mulheres árabes e tentam explicar seus problemas como sendo o resultado de atitudes, valores e natureza assumidos pelo Islamismo em comparação a outras religiões. É provável que essa conclusão advenha de uma análise incompleta ou preconceituosa sobre a religião muçulmana e o papel que tem desempenhado na mudança social. Pode ser também que tenha derivado de uma avaliação tendenciosa dos preceitos e sistemas muçulmanos, ou mesmo que seja uma tentativa de disfarçar fatos e de encobrir os interesses de certas classes dirigentes, as quais estão intimamente ligadas com as forças do neocolonialismo.

Em alguns países que constituem o bloco árabe, ou que se encontram na categoria de "Terceiro Mundo", existem muitos grupos locais que estão cooperando com as forças do neocolonialismo, ao promoverem uma campanha contínua e bem planejada, que utiliza a religião e seus ensinamentos para confundir, iludir e dar falsas informações ao povo. Os símbolos da religião têm sido usados, de uma forma ou de outra, para extrair mais petróleo da Arábia Saudita, para derrubar Mossadeq e restaurar o domínio dos monopólios de petróleo no Irã; para encerrar as atividades em Sukarno e perpetrar o assassinato em massa, numa escala sem precedentes, na Indonésia; para eliminar Salvador Allende e estabelecer uma ditadura militar no Chile, firmada em canhões, metralhadoras, prisões e no eco constante das pesadas botas marchando pelas ruas. A religião também desempenhou o seu papel no assassinato de Mujib Abdel Rahman, em Bangladesh; bem como no fratricídio fomentado há muitos meses no Líbano, uma guerra que não é senão uma nova conspiração para refrear as crescentes forças de nacionalismo, democracia e progresso. Em nome da religião, milhares de pessoas das nações árabes enfrentaram e continuam enfrentando uma morte horrível. No Egito, com o pretexto da religião, o obscurantismo, o fanatismo e a exploração unem-se para privar o povo de seu pão, de suas necessidades vitais, com o único intuito de servir aos interesses de alguns. Essas forças ao mesmo tempo proclamam que o lugar da mulher é em casa e procuram estabelecer uma versão mais moderna do harém. São essas mesmas forças que se escondem atrás da selvageria de uma circuncisão impingida às mulheres, ainda atualmente, em alguns países árabes. A amputação do clitóris e, algumas vezes, de todo o órgão genital externo, caminha lado a lado com a lavagem cerebral, imposta à mulher, por meio de uma campanha bem calculada e inabalável que visa a paralisar sua capacidade de pensar, julgar e compreender. Através dos séculos, construiu-se uma engrenagem que objetiva destruir a capacidade da mulher de vislumbrar a sua própria exploração e de conjeturar suas causas. Esse é um sistema que retrata a situação da mulher como se fosse um destino predeterminado pelo Criador, que as transformou no que são, "fêmeas", e, portanto, em uma espécie inferior da raça humana.

Qualquer estudo consciente sobre religiões mostrará claramente que a condição da mulher, dentro do Islamismo, não difere muito do Judaísmo ou do Cristianismo. Na realidade, a opressão contra mulher é muito mais evidente nas ideologias cristãs e judaicas. O véu é um produto da religião judaica e, assim, sua origem é bem anterior ao surgimento do Islamismo. Seu uso foi inspirado no Velho Testamento, que obrigava as mulheres a cobrir suas cabeças quando dirigissem suas preces a Jeová, enquanto os homens poderiam mantê-las descobertas, uma vez que foram criados à imagem de Deus. Daí, derivou-se a crença de que as mulheres eram incompletas, um corpo sem cabeça, um corpo que só poderia completar-se pelo marido, o único que possuía cabeça.

É também desse conceito que se origina a circuncisão cirúrgica e mental, realizada no sexo feminino em sociedades não pertencentes ao Islamismo, sob a forma de cintos de castidade (objeto que resguardava a virgindade, feito de aço, trancado ao redor do ventre), e sob inúmeras formas de repressão e discriminação exercidas sobre as mulheres desde o aparecimento da família patriarcal.

Antes do patriarcado, fundamentado na posse de terras, nas questões de herança e na opressão contra escravos e mulheres, o ser humano venerava deuses de ambos os sexos. Em muitas das mais antigas civilizações, inclusive a do Egito Antigo, as mulheres ocupavam uma posição especial dentro da sociedade e as deusas controlavam muitos campos de ação. Porém, tão logo fortificaram-se os novos sistemas econômicos filiados ao patriarcado, os deuses do sexo masculino monopolizaram as religiões monoteístas. As antigas deusas desapareceram, e as funções de sacerdotes e profetas tornaram-se uma esfera de domínio exclusivamente masculino.

A emancipação das mulheres árabes jamais será alcançada a não ser que se erradiquem as causas e as condições que levam à sua opressão. A verdadeira emancipação só pode implicar uma libertação de todas as formas de exploração, seja nos campos da economia, da política, do sexo ou da cultura. Não é suficiente apenas a emancipação econômica. Um sistema socialista no qual as mulheres trabalham e recebem pagamento igual ao dos homens não significa necessariamente uma emancipação completa, pois é possível que o sistema patriarcal continue existindo, acarretando uma série de consequências no relacionamento entre um homem e uma mulher. Não há dúvida alguma de que se libertar da exploração econômica representa uma importante contribuição à causa da emancipação feminina, porém esta deve estar junto à libertação de todas as outras formas de opressão cultural, moral e social, a fim de que as mulheres, e, também, os homens, possam tornar-se realmente livres.

Nawal El Saadawi

PARTE UM

A METADE MUTILADA

1
A pergunta que não obteve resposta

Eu tinha seis anos de idade, e naquela noite estava deitada em minha cama, aconchegada e serena, naquele estado agradável entre o despertar e o sono, com os róseos sonhos infantis percorrendo minha mente, como gentis fadas numa rápida sucessão. De repente, senti algo se mover sob as cobertas, algo que parecia uma mão imensa, fria e rude, apalpando o meu corpo como se estivesse procurando alguma coisa. Quase ao mesmo tempo, uma outra mão, tão fria, rude e grande quanto a primeira, tapou a minha boca, impedindo-me de gritar.

Levaram-me ao banheiro. Não sei dizer quantos eram, tampouco lembro-me de seus rostos ou mesmo se eram homens ou mulheres. O mundo me parecia envolto em uma névoa escura que me impedia de enxergar. Pode ser que tivessem posto alguma coisa me vendando os olhos. Tudo de que me lembro é que eu morria de medo e que eram muitas pessoas, e que alguma coisa parecida com uma garra de ferro prendia-me os braços, as mãos, as coxas, de tal forma que fiquei impossibilitada de qualquer resistência ou até mesmo de me mover. Lembro-me também do contato gelado de meu corpo nu com os azulejos do banheiro, das vozes desconhecidas, dos sussurros interrompidos de vez em quando por um estridente ruído metálico que me fez lembrar do som que o açougueiro produzia quando afiava sua faca antes de abater um carneiro para o *Eid*[1].

O sangue congelou-se em minhas veias. Era como se uns assaltantes tivessem penetrado em meu quarto arrancando-me de minha cama. Eles estavam aprontando-se para cortar a minha garganta, o que sempre acontecia com as meninas desobedientes como eu, nas histórias que minha velha avó, a que morava no campo, gostava de me contar.

---

1 *Eid* são os quatro dias de festa que acompanham o mês de abstinência (Ramadão) dos muçulmanos. É uma ocasião de grandes festividades. Há um outro *Eid* celebrado cerca de um mês e meio depois, *Eid El Adha*, a Comemoração do Sacrifício, em que se sacrifica uma ovelha ou um cordeiro. É a repetição do ato de Abraão de sacrificar um cordeiro em lugar de seu filho.

Agucei os ouvidos tentando captar o som metálico. No momento em que ele cessou, foi como se meu coração também tivesse parado de bater. Estava impossibilitada de enxergar, e minha respiração também parecia ter-se interrompido. Contudo, imaginava aquela coisa que emitia o som metálico se aproximando cada vez mais de mim. Porém, não se aproximava de minha garganta como eu imaginara, mas de uma outra parte de meu corpo, algum lugar abaixo de meu ventre, como se procurasse algo enterrado entre as minhas coxas. Naquele exato momento, percebi que haviam afastado bem as minhas coxas e que cada uma de minhas pernas estava sendo o mais possível aberta, fortemente presas por dedos de aço que por nenhum instante diminuíam sua pressão. Eu sentia que a faca ou a lâmina estridente se dirigia diretamente para o meu pescoço. Então, de repente, a afiada ponta metálica pareceu deslizar entre minhas pernas e nesse local arrancou um pedaço de carne de meu corpo.

Gritei de dor, apesar da mão forte que me amordaçava, e não era apenas dor, era como se todo o meu corpo estivesse ardendo em chamas. Depois de alguns instantes, vi uma poça de sangue em torno de meus quadris.

Não sabia exatamente qual parte tinham cortado de meu corpo e não tentei descobrir. Apenas chorava e chamava por minha mãe, por sua ajuda. Mas meu maior choque foi olhar ao meu redor e descobrir que ela estava ali, ao meu lado. Sim, era ela mesma, de carne e osso, eu não estava enganada, bem no meio daquelas pessoas estranhas, conversando com elas, sorrindo para elas, como se essas pessoas não tivessem participado da mutilação sofrida por sua filha poucos minutos antes.

Carregaram-me de volta para a cama. Vi-os agarrar minha irmã, dois anos mais nova do que eu, exatamente do mesmo modo que haviam feito comigo alguns minutos antes. Berrei com todas as minhas forças. "Não! Não!" Pude ver o rosto de minha irmã firmemente mantido por duas mãos enormes e grosseiras. Sua face era de uma palidez mortal e seus enormes olhos negros encontraram-se com os meus por uma fração de segundo. Era um olhar de profundo terror do qual jamais pude esquecer. Um instante depois, ela desapareceu por trás da porta do banheiro onde eu acabara de estar. O olhar que trocamos parecia dizer: "Agora sabemos o que é isso. Agora conhecemos nossa tragédia. Nascemos com um sexo especial, o sexo feminino. Estamos predestinadas a provar o sabor da desgraça e a ter uma parte de nosso corpo mutilada por mãos insensíveis e cruéis."

Minha família não era uma família egípcia sem cultura. Ao contrário, tanto meu pai quanto minha mãe tinham tido a sorte de receber uma boa educação, segundo os padrões daquela época. Meu pai tinha formação universitária e naquele ano (1937) fora indicado para a função de inspetor-geral de educação para a província de Menoufia*. Minha mãe tinha sido educada em escolas francesas por seu pai, que era diretor-geral do recrutamento militar. Contudo, o costume de circuncidar as meninas prevalecia naquela época, e menina alguma poderia impedir que seu clitóris fosse amputado, independentemente do fato de sua família morar em zona rural ou urbana.

Quando retornei à escola depois de ter-me recuperado da operação, indaguei minhas colegas de classe e amigas sobre o que me havia acontecido e descobri que todas, sem exceção, haviam passado pela mesma experiência, qualquer que fosse a classe social a que pertenciam (classe alta, média ou classe média baixa).

Nas zonas rurais, nas famílias de pobres camponeses, todas as meninas são circuncidadas, o que pude constatar mais tarde entre os meus parentes de Kafr Tahla. Esse costume ainda está em vigor nas aldeias e mesmo nas cidades, onde um grande número de famílias consideram-no necessário. Entretanto, a expansão da cultura e um melhor discernimento dos familiares estão fazendo com que um número crescente de pais e mães se abstenha de praticar a circuncisão em suas filhas.

A lembrança da circuncisão continuou a me perseguir como um pesadelo. Eu tinha uma sensação de insegurança, como se algo desconhecido me esperasse a cada passo dado em direção ao futuro, sempre desconfiando que meus pais, minha avó ou as pessoas ao meu redor haviam reservado para mim novas surpresas. A sociedade me fez sentir, a partir do momento em que abri os olhos para a vida, que eu era menina, e que a palavra *Bint* (menina), ao ser pronunciada, é quase sempre acompanhada por uma expressão de desagrado.

Mesmo adulta e formada em Medicina em 1955, não consegui esquecer o doloroso episódio que me privou definitivamente de minha infância e me impediu, durante a juventude e durante muitos anos de vida conjugal, de usufruir a plenitude de minha sexualidade e a amplitude da vida que somente podem resultar de um equilíbrio psicológico integral. Pesadelos dessa natureza perseguiram-me durante anos, principalmente durante o período em que trabalhei como médica nas zonas rurais. Lá tive de tratar, com muita frequência, de garotas que vinham à clínica de ambulatório sangrando profusamente após uma circuncisão. Muitas delas perdiam suas

---

* Região delta do Nilo, ao norte do Cairo. [N.T.]

vidas em consequência da forma primitiva e desumana com que a operação, suficientemente selvagem por si só, era realizada. Outras contraíam infecções agudas ou crônicas das quais acabavam muitas vezes sofrendo pelo resto da vida. E muitas delas, se não todas, tornaram-se mais tarde vítimas de distúrbios mentais ou sexuais decorrentes de tais experiências.

Em certo estágio de minha profissão, tive de examinar pacientes provenientes de diversos países árabes. Entre eles, havia algumas mulheres sudanesas. Fiquei horrorizada ao constatar que as meninas sudanesas eram submetidas a uma operação de circuncisão infinitamente mais cruel que a das egípcias. No Egito, apenas o clitóris é amputado e nem sempre é inteiramente removido. Mas, no Sudão, a operação consiste na remoção completa de todos os órgãos genitais externos. Eles removem o clitóris, os dois lábios maiores externos (*labia majora*) e os dois lábios menores internos (*labia minora*). Em seguida, a lesão é restaurada. A abertura externa da vagina é a única parte deixada intacta, não sem antes terem-se certificado de que, durante o processo de restauração, o orifício vaginal tenha sido estreitado por meio de alguns pontos a mais. O resultado é que durante a noite de núpcias faz-se necessário o alargamento da abertura vaginal externa, rompendo-se uma ou as duas extremidades com um bisturi ou uma navalha bem afiada de modo a permitir a penetração do membro masculino. Quando uma sudanesa se divorcia, o orifício externo é novamente estreitado para garantir que ela não possa ter relações sexuais. Se ela tornar a se casar, nova ruptura deve ser feita.

Meu sentimento de raiva e revolta exacerbava-se toda vez que ouvia essas mulheres relatarem o que ocorre durante a circuncisão de uma menina sudanesa. Minha ira avolumou-se ainda mais quando, em 1969, visitei o Sudão e descobri que a prática da circuncisão não se extinguiu, seja nas zonas rurais, seja mesmo nas cidades e nas grandes metrópoles.

Apesar de meus conhecimentos médicos e de minha bagagem cultural, naquela época eu não era capaz de compreender por que as meninas tinham de se submeter a esse costume selvagem. Com frequência, perguntava a mim mesma: "Por quê? Por quê?", mas nunca consegui obter uma resposta para essa pergunta que estava se tornando cada vez mais insistente, bem como não fui capaz de encontrar respostas para as perguntas que me surgiram à mente no dia em que eu e minha irmã fomos submetidas à circuncisão.

Essas perguntas pareciam estar de alguma forma ligadas a outros assuntos que me intrigavam. Por que meu irmão era privilegiado com relação à comida e à liberdade de sair de casa? Por que o tratavam melhor do que a mim em todos esses tópicos? Por que meu irmão podia rir às gargalhadas, movimentar suas pernas livremente, correr e brincar quanto quisesse, enquanto se esperava que eu não olhasse diretamente nos olhos de ninguém e baixasse o olhar diante de outra pessoa? Se eu risse, deveria fazê-lo num tom tão baixo que mal pudesse ser ouvido, ou melhor, deveria limitar-me a sorrir timidamente. Quando brincasse, não poderia movimentar as pernas livremente, mas mantê-las refinadamente unidas. Meus deveres principais eram ajudar a limpar a casa e a cozinhar, além de estudar, visto que estava na escola. Entretanto, não se esperava que meus irmãos, homens, fizessem nada além de estudar.

Minha família tinha cultura e, por essa razão, as distinções entre meninos e meninas, principalmente pelo fato de meu próprio pai ser um educador, nunca atingiram certas proporções tão comuns a outras famílias. Eu sentia muita pena de minhas jovens parentes do sexo feminino que eram obrigadas a deixar a escola para casar-se com um velho, simplesmente porque ele possuía alguma terra, ou mesmo quando seus irmãos mais novos as humilhavam ou nelas batiam sem motivo algum, exceto pelo fato de serem homens, o que lhes dava o luxo de mostrarem sua superioridade sobre elas.

Meu irmão tentou subjugar-me, porém, meu pai, sendo um homem esclarecido procurou, da melhor forma possível, tratar seus filhos sem discriminação quanto ao sexo. Minha mãe, por sua vez, costumava dizer que as meninas eram iguais aos meninos, no entanto, eu sentia que na prática não era exatamente isso que acontecia.

Toda vez que uma discriminação ocorria, eu me revoltava, violentamente, às vezes, e perguntava a meus pais por que meu irmão tinha privilégios que me eram negados, embora eu fosse melhor do que ele na escola. Meus pais, entretanto, nunca tinham uma resposta plausível para me dar, exceto a seguinte: "É assim que é..." e eu retrucava: "Por que tem de ser assim?" E novamente vinha a resposta, inalterada: "Porque é assim..." Quando eu insistia obstinadamente com essa pergunta, eles, com a paciência esgotada, diziam quase ao mesmo tempo: "Ele é menino e você é menina".

Talvez pensassem que essa resposta seria suficiente para me convencer ou, pelo menos, para me manter calada, porém, ao contrário, isso me tornava ainda mais persistente e, então, eu perguntava: "Qual a diferença entre um menino e uma menina?" Neste ponto, minha velha avó, que nos visitava com muita frequência, interferia na discussão, a qual sempre descrevia como uma "transgressão das boas maneiras", e ralhava comigo dizendo: "Nunca vi em toda minha vida uma menina com uma língua tão comprida quanto a sua. É claro que você não é como seu irmão. Seu irmão é um menino, um menino, ouviu bem? Gostaria que você tivesse nascido um menino como ele!"

Ninguém da minha família jamais soube me dar uma resposta convincente para essa questão. Dessa forma, a pergunta continuou a revolver minha vida incessantemente e vinha à tona toda vez que acontecia alguma coisa que salientasse o fato de o homem ser tratado, sempre e em qualquer lugar, como se pertencesse a uma espécie superior à da mulher.

Quando comecei a frequentar a escola, observei que os professores escreviam em meus cadernos o sobrenome de meu pai e nunca o de minha mãe. Quando perguntei à minha mãe o porquê, ela tornou a responder: "É assim mesmo". Meu pai, porém, explicou-me que as crianças recebiam o sobrenome do pai e, quando procurei saber a razão, ele repetiu a frase já tão conhecida por mim: "É assim" e, criando coragem, perguntei: "Por que tem de ser assim?" Desta vez percebi, pela expressão de meu pai, que ele realmente não sabia a resposta. Nunca mais fiz essa pergunta a não ser bem depois, quando minha busca pela verdade me levou a fazer muitas outras perguntas e a conversar com ele sobre vários outros assuntos que eu estava descobrindo na ocasião.

Daquele dia em diante, percebi que tinha de encontrar sozinha uma resposta para a pergunta que ninguém fora capaz de responder. Desde então, estendia-se o longo caminho que me trouxe até este livro.

2 Agressão sexual contra crianças do sexo feminino

Toda criança normal e saudável sente-se um ser humano completo. Essa afirmação não é tão verdadeira quando se trata de uma criança do sexo feminino. A partir do momento em que nasce e mesmo antes de aprender a pronunciar as palavras, o modo como as pessoas observam-na, a expressão em seus olhos, de alguma forma indica que ela nasceu "incompleta", "sem alguma coisa". Desde o seu nascimento até o dia de sua morte, a pergunta continuará a atormentá-la: "Por quê? Por que essa preferência por seu irmão apesar do fato de serem iguais ou de que ela possa até ser superior a ele em muitos aspectos?"

A primeira agressão experimentada pela criança do sexo feminino é a sensação de não ser desejada neste mundo. Em algumas famílias, principalmente nas zonas rurais, essa "falta de acolhimento" chega até a se transformar numa atmosfera de frustração e tristeza, e induzir a uma punição à mãe que gerou essa criança que, por essa razão, é castigada com surras e insultos ou mesmo com o divórcio. Quando criança, vi uma de minhas tias, do lado paterno, ser violentamente esbofeteada por ter dado à luz a uma terceira menina, e casualmente ouvi seu marido ameaçá-la com o divórcio caso ela gerasse novamente uma menina em vez de lhe dar um filho[1]. O pai odiou tanto essa criança que passou a maltratar a esposa toda vez que ela cuidava ou alimentava o bebê. A menina morreu antes de completar quarenta dias de vida, e não sei se morreu na negligência ou se sua própria mãe a sufocou a fim de "ter paz e dar paz", como se costuma dizer em meu país.

O índice de mortalidade infantil continua muito alto nas zonas rurais, na maioria dos países árabes, e resulta do baixo nível de vida e da falta de instrução. A proporção de crianças do sexo feminino é muito maior que do sexo masculino, e isso com frequência deve-se à negligência. A situação, entretanto, está melhorando em razão de mudanças ocorridas

---
1 Isso aconteceu por volta de 1942, na minha aldeia Kafr Tahla, província de Kalioubia.

nos padrões econômicos e educacionais[2], e a disparidade encontrada nos índices de mortalidade infantil com relação aos sexos masculino e feminino está desaparecendo gradativamente.

Meninas menos melancólicas e menos carentes são encontradas nas famílias árabes mais esclarecidas que residem nas cidades grandes. Ainda assim, no instante em que começam a engatinhar ou conseguem manter-se em pé, elas aprendem que seus órgãos genitais são coisas a que devem temer e tratar com precaução, especialmente aquela coisa que posteriormente passarão a conhecer como hímen.

As meninas são criadas numa atmosfera de precaução e medo, gerando-se um tabu em torno do contato ou da exposição de suas partes genitais. Assim, toda vez que uma menina manipular seu órgão sexual, naqueles movimentos exploratórios tão normais e saudáveis, pois consistem em sua forma de adquirir conhecimento, haverá um pai ou uma mãe vigilante cuja reação imediata será a de bater bruscamente na mão da criança. Algumas vezes, essa menina é surpreendida por um tapa no rosto, porém os pais mais moderados limitam-se a uma rápida repreensão.

A educação de uma garotinha na sociedade árabe constitui-se de uma espécie de recomendações sobre os assuntos considerados prejudiciais, proibidos, vergonhosos ou pecaminosos pela religião. A criança, portanto, é treinada para reprimir suas vontades próprias, esvaziando-se de quaisquer ânsias ou desejos autênticos e espontâneos ligados a seu próprio ser, e devem preencher esse vazio com os desejos dos outros. A sua educação transforma-se num lento processo de autoanulação, na supressão gradativa de suas vontades e personalidade, deixando intacta apenas a aparência externa, o corpo, um monte de músculos, ossos e sangue sem vida, movimentando-se como uma boneca a que se dá corda.

Uma garota, tendo perdido sua personalidade, sua capacidade de pensar livremente e de usufruir de suas vontades próprias, fará tudo aquilo que alguém lhe mandar, tornando-se um fantoche em suas mãos, à mercê de suas decisões.

Quem são esses outros dos quais estamos falando? São os homens da família e, às vezes, de outras famílias que com elas entram em contato em alguma fase de sua vida. Esses homens, de idades diferentes, desde crianças até velhos, de educações diferentes, têm uma coisa em comum – são vítimas de uma sociedade que segrega os sexos, que considera o ato sexual

---

2 *Relatório do Ministério da Saúde do Egito*, 1971. O índice de mortalidade infantil era de 127 para cada 1000 nascimentos em 1952, caindo para 115 em 1977.

pecaminoso e vergonhoso, só permitindo sua prática de acordo com os trâmites legais de um contrato matrimonial oficial. Afora esse tipo de relação sexual legalizada, a sociedade proíbe aos adolescentes e jovens qualquer prática sexual, exceto a ejaculação noturna. Isso é quase literalmente ensinado aos adolescentes nas escolas secundárias egípcias numa matéria intitulada "Costumes e Tradições"[3]. Ensinam também que a masturbação é proibida por ser prejudicial; para ser mais exato, tão prejudicial quanto a relação sexual com uma prostituta[4]. Aos rapazes, não resta outra alternativa a não ser esperar até que tenham acumulado em seus bolsos dinheiro suficiente para casar-se, de acordo com os ensinamentos de Alá e do Profeta.

Uma vez que são necessários alguns anos para um rapaz economizar algum dinheiro, seja uma soma grande, seja pequena, além do tempo e dinheiro despendidos em estudo e trabalho, a idade para o casamento aumentou de modo considerável, especialmente nos grandes centros urbanos. Os rapazes ou as moças de classes mais privilegiadas podem certamente casar-se mais cedo, porém isso raramente ocorre. Para as outras pessoas, os fatores inibitórios – além de estudo e trabalho – são a grande alta do custo de vida, uma escassez extrema de moradias e aluguéis exorbitantes. O resultado é um número crescente de rapazes impossibilitados de se casar por razões econômicas e, portanto, uma defasagem cada vez maior entre sua maturidade biológica e consequente necessidade sexual, por um lado, e, por outro, sua maturidade econômica e oportunidade de se casar. Essa lacuna estende-se, em média, por uns dez anos. Surge então a pergunta: como se espera que os rapazes, durante esse período, satisfaçam suas necessidades sexuais normais, numa sociedade que repudia a masturbação, considerando-a nociva tanto física quanto mentalmente, e que tampouco permite a relação sexual com prostitutas por serem perigosas à saúde devido à rápida propagação de doenças venéreas desde que a prostituição tornou-se ilegal em muitos países árabes? Além disso, o preço de um encontro com uma prostituta tornou-se impraticável para a grande maioria dos rapazes. A prática de relações sexuais extraconjugais e a homossexualidade são severamente condenadas pela sociedade, não havendo, portanto, solução alguma para os jovens.

---

[3] Ministério de Educação, *Livro de Psicologia para Estudantes do Terceiro Ano* (nível secundário, Artes e Literatura). Escrito por dr. Abdel Aziz El Kousy e dr. Sayed Ghoneim (Cairo, 1976).
[4] *Ibid.*, cap. II, p. 123-74.

Assim, a única mulher que se encontra ao alcance de um rapaz é sua irmã. Na maioria das casas, ela dorme na cama adjacente ou mesmo a seu lado, na mesma cama. A mão dele começa a tocá-la enquanto ela está dormindo ou até acordada. De qualquer maneira, isso não faz diferença, pois, ainda que ela esteja acordada, não poderá rebelar-se contra seu irmão mais velho, quer por temer sua autoridade, consagrada por leis e costumes, quer por medo da família, ou ainda por um profundo sentimento de culpa decorrente do fato de poder estar experimentando algum prazer com o contato de sua mão. Pode ocorrer também que ela ainda seja muito criança, incapaz de entender exatamente o que está acontecendo.

Muitas meninas são expostas a episódios desse tipo. O elemento masculino pode ser seu irmão, primo, tio, avô ou até mesmo o pai. Caso não seja um membro da família, pode ser o guarda ou porteiro da casa, o professor, o filho do vizinho ou qualquer outro homem.

Esses episódios de violação sexual podem acontecer sem o uso de força. Se a garota for mais madura e resistir, o agressor ora recorre a um misto de ternura e sedução, ora à força física. Na maioria dos casos, a garota cede e tem medo de fazer queixa a alguém porque, havendo alguma punição, esta acabará sendo imposta a ela. É somente a mulher quem perde a honra e a virgindade. O homem nunca perde nada, e o pior castigo que pode lhe acontecer (caso não seja membro na família) é ser obrigado a se casar com a garota.

Muitas pessoas acham que casos desse tipo são raros. A verdade é que são frequentes, mas permanecem escondidos, guardados secretamente nos recônditos mais íntimos da menina, que não ousa contar a ninguém o que se passou com ela. Além disso, o homem jamais pensará em assumir o que fez.

Como essas agressões sexuais geralmente ocorrem com crianças e mocinhas, elas são esquecidas por um processo conhecido por "amnésia infantil". A memória do ser humano tem a capacidade natural de esquecer o que desejar, em especial os fatos relacionados a eventos dolorosos ou acompanhados de sentimento de culpa e remorso. Isso é particularmente verdade para certos acontecimentos decorridos na infância que não tenham chegado ao conhecimento de ninguém. Essa amnésia, no entanto, nunca é completa na maioria dos casos, e alguma coisa fica mantida no subconsciente, podendo vir à tona por uma razão qualquer, ou durante um período de crise moral ou mental.

3
O avô e seu mau comportamento

Os numerosos casos que conheci em minha clínica fizeram-me tomar a decisão de dedicar uma boa parte de minha vida à tarefa de desmascarar as duas faces da sociedade em que vivemos, uma sociedade que prega abertamente a moralidade e a virtude, mas que secretamente pratica algo bem diferente.

Desde o momento em que me tornei médica, aprendi, por intermédio de meu trabalho, a despir um paciente e examiná-lo quando a doença é física, e a retirar todas as máscaras que as pessoas usam para esconder seu verdadeiro eu quando a doença é mental. Nas duas situações, quando o corpo fica nu e o eu é revelado, a pessoa em questão entra em pânico. Por essa razão, a maioria das pessoas recusa-se a se despir, física e mentalmente, e, de modo rápido, cobrem-se com o lençol ou reajustam a máscara social. Dessa forma esperam impedir que os outros vejam quem realmente são e tentam manter seu verdadeiro eu escondido em algum canto profundo e intricado de seu ser. Entretanto, essa esperança, esse esforço para esconder o eu autêntico é praticamente impossível, porque a verdade, embora possa ser mantida nas profundezas da mente, continua viva; enquanto o ser humano vive, sua existência é perceptível. A verdade pode inesperadamente pôr a cabeça para fora como uma minhoca enfiada na terra e pegar a pessoa despreparada. Muitas vezes, o ser humano fica desprevenido, não importa quão cauteloso seja, exatamente como acontece nos momentos de raiva, paixão ou medo. Nessas horas ele se esquece de vestir a máscara com suficiente rapidez, de modo que permita que algum olho perspicaz possa ter uma clara visão do que se encontra por trás dela.

Esse fato ocorre particularmente quando as pessoas ficam doentes e tornam-se incapazes de manter a máscara no lugar. Esta cai, deixando corpo e alma expostos. A perda da roupa, da máscara, do véu, da folha da parreira; a nudez do corpo e da alma torna-se, então, uma ameaça muito menor que o perigo da doença. A saúde e a vida, nesse momento, têm de ser preservadas a qualquer custo.

Um dos casos de que me lembro é o de uma garota alta, de olhar pensativo e divagador. Ela apresentava alguns sintomas físicos e mentais. Não pretendo entrar em detalhes sobre a sua doença, mas sua história permanece viva em minha memória. Ela contou-a para mim numa noite fria de inverno enquanto nos sentávamos na sala de estar, com o aquecedor ligado e as janelas fechadas.

"Lembro-me que, aos cinco anos de idade, minha mãe costumava me levar para visitar sua família. Eles moravam numa casa grande e estranha no distrito de Zeitoun, perto de Heliolópolis (no Cairo).

"Minha mãe passava o tempo conversando e rindo com sua mãe e irmãs, enquanto eu brincava com as crianças da família. A casa se enchia com o alegre ruído de vozes até o momento em que a campainha tocava anunciando a chegada de meu avô. Imediatamente a algazarra diminuía, minha mãe passava a falar num tom mais baixo e as crianças sumiam. Minha avó dirigia-se nas pontas dos pés aos aposentos de meu avô, onde o ajudava a tirar as roupas e os sapatos, permanecendo silenciosa e de cabeça baixa diante dele.

"Como o resto da família, adultos e crianças, eu temia meu avô e nunca brincava ou ria em sua presença. Mas, certa ocasião, depois do almoço, enquanto os mais velhos estavam fazendo a sesta, ele me chamou num tom de voz bem menos áspero que o habitual: 'Venha, vamos colher algumas flores no jardim'.

"Quando chegamos a um canto distante do jardim, sua voz tornou-se tão gentil quanto a de minha avó e ele pediu-me para sentar a seu lado num banco de madeira, diante do canteiro de rosas. Ele deu-me umas flores vermelhas e amarelas e, enquanto eu me entretinha com suas pétalas e cores, sentou-me em seu colo e começou a me acariciar, cantando para mim até que eu fechei os olhos, como se fosse dormir. Mas eu não adormeci, pois a cada instante podia sentir sua mão movendo-se lenta, suave e secretamente sob minhas roupas, seu dedo desaparecia num ponto escondido por minha calcinha.

"Eu tinha apenas cinco anos de idade, porém, de algum modo, percebia que aquilo que meu avô estava fazendo era errado e imoral e se minha mãe descobrisse ficaria zangada e ralharia comigo. Eu entendia vagamente que deveria ter escapulido do colo de meu avô, ou deveria ter-me recusado a ir para o jardim quando me chamou.

"Outras ideias vieram-me à mente. Muito embora tivesse apenas cinco anos, o sentimento de que eu não fora uma criança bem-comportada apoderou-se de mim, pois eu tinha permanecido em seu colo em vez de saltar. Além disso, eu sentira certo prazer com o movimento de sua mão sob minhas roupas íntimas.

"Quando ele ouviu a voz de minha mãe me chamar, tirou sua mão bruscamente, sacudiu-me como se estivesse despertando-me de meu sono, e disse: 'Sua mãe está chamando'. Eu abri os olhos como se estivesse acordando e corri para minha mãe com a expressão serena de uma criancinha de cinco anos. Ela me perguntou: 'Onde você estava?' E eu respondi com a voz inocente de uma criança: 'Com vovô no jardim'.

"Assim que subiu as escadas de volta a casa, meu avô retomou seu modo habitual de ser, a personalidade que todos temiam, inclusive eu... Com o terço amarelo deslizando por entre seus dedos. Em minha imaginação, quase cheguei a acreditar que o avô que me acariciara no jardim não era o mesmo que se sentava à mesa e me causava medo. Às vezes, eu até mesmo achava que tinha dois avôs.

"Quando eu tinha dez anos, meu avô morreu. Não fiquei triste com sua morte, ao contrário, senti uma estranha e obscura sensação de felicidade e comecei a saltitar, brincar e rir com as outras crianças. Minha mãe chamou minha atenção e me trancou dentro de casa com as seguintes palavras: 'Você não sabe que seu avô morreu? Você não tem modos?'

"Estive a ponto de dizer: 'O meu avô sabia o que significa ter modos?', mas não tive coragem para fazê-lo e fiquei quieta com o segredo trancafiado em meu coração. Esta é a primeira vez, doutora, que conto essa história para alguém."

Não dei minha opinião sobre o que essa mulher me contou naquela noite, muitos anos atrás. Ela somente abriu seu coração por ter certeza de que eu não pensaria em lhe passar uma lição de moral. Muitas das meninas e mulheres que vieram à minha clínica a princípio hesitaram em revelar os segredos que mantinham escondidos dentro de si mesmas. Mas, uma vez estabelecidas confiança e credibilidade entre nós, elas gradativamente começavam a aliviar-se dos muitos eventos dolorosos que haviam carregado consigo durante anos.

A injustiça da Justiça

Apenas uma pequena parcela de ocorrências dessa natureza chega ao conhecimento público. A menina ou mocinha mantém o seu caso em segredo por sentir medo ou vergonha. Se acaso ela contar alguma coisa, ou se o homem for flagrado no momento da agressão sexual, a família tudo fará para silenciar o fato, recusando-se a levá-lo a um Tribunal de Justiça, a fim de preservar a honra da família e manter ilesa sua reputação.

Uma família perde, invariavelmente, sua posição e reputação quando uma de suas filhas perde a virgindade prematuramente, ainda que ela tenha sido violentada. É por essa razão que o estupro é mantido em completo sigilo e raramente é divulgado. Essa atitude, porém, permite que o agressor continue vivendo impunemente. O verdadeiro criminoso permanece protegido, a salvo, fora do alcance das mãos da Justiça, enquanto a vítima que perde a honra, a menina que perde a virgindade – seja qual for a causa, não importa qual seja a idade – está condenada à desonra por toda sua vida. Seu hímen é sua honra e, uma vez perdida, jamais será recuperada.

É fato notório que em nossa sociedade as jovens frequentemente estão expostas a diferentes tipos de estupro. Até as meninas, com idade abaixo de sete anos, são constantemente vítimas de ataques inesperados por parte dos homens, adultos e adolescentes, que são comumente membros de sua própria família, como seu irmão, tio e até mesmo pai, ou ainda por parte de estranhos como o empregado ou porteiro do prédio.

A tragédia inerente a tais casos intensifica-se pelo fato de que o agressor não só se abstém de proteger sua jovem vítima, mas, também, participa do castigo a ela imposto, sendo duplamente seu algoz. Agindo assim, ele consegue livrar-se de qualquer suspeita, aparecendo como o protetor da honradez da família. Esses casos são bastante comuns e atraem a atenção de pesquisadores e escritores, não obstante as tentativas de silenciá-los.

Eu mesma me deparei com certo número de histórias de cortar o coração. Uma das mais chocantes foi aquela sobre um tio, que, sentindo-se fortemente atraído pela filha de seu irmão, manteve relações sexuais com ela. Quando o fato tornou-se conhecido, os dois irmãos, pai e tio, numa conspiração contra a moça, envenenaram-na a fim de evitar que a vergonha ameaçasse a família, caso se tornasse público que a garota perdera a virgindade[1].

Muitos dos crimes relacionados a esse assunto transformam-se em segredos muito bem guardados e raramente chegam ao conhecimento da polícia ou do Tribunal de Justiça. Mesmo quando são levados a um tribunal, os juízes geralmente decidem encerrar o caso com o propósito de salvaguardar a reputação da vítima e de sua família. Como resultado, o agressor continua impune. Em alguns casos, ele é persuadido a se casar com a garota, sendo essa "a melhor solução para uma situação tão delicada". Não é incomum verificar casos semelhantes em escolas frequentadas exclusivamente por meninas. O culpado então é sempre um dos professores, e o meio encontrado para resolver esse problema é pedir sua transferência para uma outra escola ou para uma área distante.

Lembro-me de um caso envolvendo um professor que violentou nove alunas, cujas idades oscilavam entre sete e doze anos. O caso foi levado à Justiça, mas os juízes resolveram suspender o processo com o intuito de evitar um escândalo que atingiria várias famílias. O acusado teve apenas de mudar de profissão[2]. A sentença, encerrando o processo, conduziu-se nos seguintes termos:

> Apesar de todas as evidências provarem que o réu é culpado de haver estuprado um certo número de crianças, o que normalmente demandaria um processo e sua consequente condenação, a Corte decidiu encerrar o caso. As vítimas são extremamente jovens e seria desaconselhável trazê-las diante de um tribunal para testemunhar. A promotoria desculpa-se por ter de requerer o encerramento do processo e por ter de se restringir a um pedido de transferência, através do qual o réu se vê obrigado a abandonar sua função de professor em escola feminina, trocando-a por outro emprego.

---

1 *El Akhbar*, jornal diário, 10 de maio de 1972.
2 *Akhbar El Yom*, jornal diário, 23 de fevereiro de 1974.

Nas questões de estupro, a Tunísia apresentou um avanço em sua legislação, muito maior que em qualquer outro país árabe. As leis relacionadas ao estupro têm sido consideravelmente modificadas. No entanto, os processos contra o acusado ainda são suspensos se ele concordar em se casar com a vítima[3].

Em 1973, iniciei uma pesquisa na Escola de Medicina da Universidade de Ein Shams, no Cairo[4]. O estudo abrangia 160 egípcias, entre meninas e mulheres, de diferentes categorias sociais, incluindo famílias cultas e incultas. A pesquisa revelou que a agressão sexual cometida por adultos envolvendo crianças e adolescentes é comum, atingindo uma média de 45% entre as famílias de baixa instrução, diminuindo para 33,7% entre as famílias mais instruídas, o que não representa uma cifra pequena, pois um terço dessas jovens está sujeito a esse tipo de atentado. Esse resultado é muito maior do que o obtido numa pesquisa semelhante, efetuada por Kinsey, nos Estados Unidos, em 1953, que apresentou uma média de 24%.

É muito difícil fazer uma comparação entre esses dois estudos por diversas razões, como o espaço de tempo de 25 anos, a extrema diferença entre as duas sociedades, as condições de grupos estudados no Egito e nos Estados Unidos, as variações na metodologia etc. Mas, o que se pode afirmar sem hesitações, baseando-se nos resultados obtidos nessas duas pesquisas, é que casos dessa natureza são muito comuns. Isso contradiz completamente a opinião defendida por aquelas pessoas que preferem enterrar as cabeças na areia e dizer que essas coisas não acontecem mais, e, se acontecem, são muito raras. Tenho uma opinião totalmente contrária sobre esse assunto e afirmo que esses fatos caracterizam todas as sociedades, inclusive as árabes, e não são tão raros como pretendem muitas pessoas, especialmente se tivermos em mente que a maioria dos casos são mantidos em completo sigilo pelas partes envolvidas.

Com base em minhas experiências como mulher que tentou abrir sua mente e seu coração para os problemas dos seres humanos, posso dizer, sem incorrer em exagero, que muitas moças de nossa sociedade sofreram,

---

3 Lei da Tunísia nº 21, promulgada em 27 de março de 1969, emenda do Artigo 227 do Código Criminal nº 12, 25-28 de março de 1969, p. 369: "Um homem que mantenha relações sexuais com uma jovem de idade inferior a 15 anos, ainda que não haja violência de sua parte, será sentenciado a 15 anos de trabalho forçado. A sentença será reduzida a uma pena de 5 anos se sua idade variar entre 15 e 20 anos. Contudo, se ele aceitar casar-se com a moça, a medida judicial contra ele será suspensa, e qualquer sentença que tenha sido sancionada será anulada."

4 A pesquisa estendeu-se por 1973 e 1974.

durante a infância, diferentes espécies de atentado sexual, que se estendem desde carícias e contatos com as mãos até a relação sexual completa. Uma menina pode perder a virgindade sem perceber e acaba esquecendo o que lhe aconteceu, ou lembra-se disso em sonhos atemorizantes ou pesadelos que a atormentam e desgastam sua saúde mental por toda a vida. Essa é uma das consequências, caso ela escape do castigo que a espera, pronto para lançar-se sobre ela na noite de núpcias, se o seu marido ou seus pais vierem a descobrir que ela não é mais virgem.

Durante minha pesquisa, passei algum tempo no Departamento de Medicina Legal do Ministério da Justiça. Uma das pesquisadoras leu alguns excertos de um registro que tratava das várias formas de agressão sexual cometidas contra meninas e adolescentes. Posso citar como exemplo o caso de um professor de uma escola feminina que mantinha diferentes contatos sexuais com todas as alunas de sua classe. Com algumas, ele se limitava a carícias; com outras, tinha relações sexuais completas. Ela também chamou minha atenção para a situação de uma mãe que veio procurá-la em estado de pânico, dizendo que sua filha de três anos havia sido violentada pelo porteiro do prédio onde moravam. Ele pegou a criança no colo, afagou-a e, com o dedo, tocou suas partes íntimas.

Durante minhas visitas aos manicômios do Cairo, pedi para examinar alguns relatórios sobre casos de estupro nos quais se diagnosticou que o agressor sofria de doença mental. Os relatórios revelaram alguns aspectos interessantes – a maioria dos pacientes ou era de estudantes em instituições religiosas, ou pessoas que ensinavam religião nas escolas. Um deles, em prantos durante toda a entrevista, disse-me:

> Sou profundamente religioso, um homem honrado. Jamais, em toda minha vida, me masturbei, e escondo o rosto diante de uma mulher para que minhas abluções continuem puras. Esse foi o primeiro erro de minha vida e tive o azar de ser descoberto. Todo ser humano comete erros. Ninguém é perfeito, exceto Alá, seja seu nome abençoado e levado aos céus!

Um jovem, entre os pacientes que se juntaram a meu redor, sussurrou em meu ouvido:

> Que Alá seja clemente e piedoso! Mas as pessoas não têm piedade. Veja meu caso como exemplo. Eu estava no campo, sentado debaixo de uma árvore, quando uma menininha se aproximou e começou a brincar comigo. Coloquei o meu

dedo naquele lugar, sem pensar em lhe causar mal algum. Ela não gritou, ao contrário, parecia estar gostando do que eu estava fazendo. Mas, infelizmente, viram-me. Aquelas pessoas reuniram-se, surraram-me e, acusando-me de ser um estuprador, trouxeram-me para este lugar.

Entre os casos examinados durante minha pesquisa sobre as neuroses das mulheres, havia um sobre uma jovem médica que acabara de se formar. Ela era noiva de um de seus colegas, com o qual se casou. Na noite de núpcias, o marido descobriu que ela não era mais virgem e, embora a jovem explicasse que havia perdido a virgindade durante sua infância e que seu próprio pai fora o culpado, seu marido, incapaz de superar o choque, pediu o divórcio. A moça voltou para a casa de seus pais e, por medo, não contou à sua mãe a verdade. A pobre mulher, com o estímulo do marido, passou a acusar a filha de pervertida, o que a levou, já no fim de suas forças, a confessar tudo. Em consequência do terrível choque, a mãe quase desfaleceu e o pai, não assumindo sua culpa, espancou-a violentamente, chamando-a de mentirosa. A jovem foi acometida de um colapso nervoso, do qual seu pai tirou vantagem e, alegando loucura, internou-a num hospital de doentes mentais. O psiquiatra encarregado do caso acreditou na versão do pai. O resultado foi que ela acabou perdendo sua integridade moral, o homem com quem casara, todo o seu futuro e a razão, já que por muitos acabou sendo considerada mentalmente desequilibrada.

Uma quantidade infindável de histórias chegou ao meu conhecimento no decorrer dos anos. Algumas delas foram esquecidas com o tempo, outras foram arquivadas, como a da mulher que foi violentada por seu tio enquanto ainda era criança. Ele atirou-se sobre ela perto do galinheiro que a família construíra no telhado da casa, e ela, tremendo de medo, cedeu às suas volúpias, guardando tudo em segredo. Quando seu tio morreu, ela já era adulta e, sem mostrar nenhum sentimento de pesar por seu falecimento, recusou-se a usar luto e pranteá-lo, apesar das recomendações e ameaças de sua mãe. Acusada de ser anormal e de estar ficando louca, foi surrada por seus pais. Mas, apesar disso, teve mais sorte que muitas outras mulheres na mesma situação, pois não foi internada em um hospício e a perda de sua virgindade tampouco foi descoberta por seu marido no dia do casamento. Ela, ao menos, foi bastante esperta para reparar o dano que a havia atingido fisicamente.

Uma vez que são tantas as vítimas de violência sexual, é natural que alguns estratagemas necessários para encobrir a perda da virgindade passem a existir. Os métodos empregados vão desde a reconstituição do hímen pela cirurgia plástica até a simulação do sangramento decorrente da defloração. As mais infelizes entre as mulheres são, é claro, as que carecem de meios materiais para submeter-se à operação ou que não são suficientemente experientes para fazer uma dramatização na noite nupcial.

Umas das mais numerosas categorias de mulheres pobres é constituída por empregadas domésticas, em geral, de origem rural[5]. Elas deixam os vilarejos onde nasceram em busca de trabalho nas cidades grandes, empregando-se comumente nas casas de famílias das classes média e alta. Essas jovens tornam-se o único objeto sexual disponível aos homens da casa. Os adolescentes acham-nas muito mais adequadas às suas necessidades que suas irmãs, primas ou colegas de escola. Os rapazes sentem-se menos culpados ao praticarem sexo com a empregada, pois, dessa forma, não estão fazendo mal a alguém de sua própria classe, mas a uma criatura pertencente a uma categoria muito inferior. Além disso, as empregadas domésticas oferecem mais vantagens que as prostitutas, uma vez que não é necessário pagar-lhes e com elas não existe a ameaça das doenças venéreas.

O chefe da família – o respeitável marido e pai – pode, por sua vez, arrastar-se para a cama da empregada, toda vez que sua esposa estiver doente, ausente, no período menstrual ou grávida. Pode ser ainda que a esposa não esteja ausente, grávida ou menstruada, mas seja sexualmente frígida. De fato, muitas mulheres são frígidas por vários motivos: sua formação moral, a mutilação sofrida durante a infância, a ausência de amor verdadeiro ou até a falta de compreensão e de um relacionamento mais harmonioso entre marido e mulher. Muitos são os casamentos motivados por questões econômicas, o que, por si só, explica a razão de raramente haver um sentimento genuíno entre o casal. Se a isso acrescentarmos o regime patriarcal da família onde o homem age com autoridade suprema, impingindo seu domínio, concluímos que há pouquíssimas chances de se desenvolver um bom relacionamento físico e emocional.

---

5 Estas constituem a maioria dos elementos femininos da força laboriosa ativa, empregada no setor de serviços de criadagem. Sua porcentagem neste setor é de 89,3%. Veja *Al Mara'á Al Misria fi Eishreen Aaman 1952-1972*, Markaz El Abhath Wal Dirasat Al Soukaneya – Al Gihaz El Markazi Lilta'abia Wal Ihsa'a.

A pobre empregada doméstica é, portanto, a única "brecha sexual" existente para satisfazer os homens famintos, frustrados sexualmente, à espera de alguma oportunidade para saciar-se.

Enquanto trabalhava em minha clínica, inicialmente em Benha e depois em Giza[6], ou nos diversos hospitais onde passei vários anos exercendo meu trabalho, com muita frequência encontrei as pequenas empregadas domésticas, cujas idades raramente excediam os quinze ou dezesseis anos, com o ventre já pronunciado em consequência de uma gravidez ilegítima.

Essa criança, prestes a se tornar mãe solteira, transforma-se, aos olhos da sociedade, numa mulher depravada, decaída, destituída de honra e moral. Ela passa a enfrentar o mundo sozinha, e sua vida pode acabar em suicídio ou em homicídio praticado por seu pai ou outro elemento masculino de sua família. É possível também que ela morra em decorrência de um aborto, executado por mãos ineptas que se valem de métodos rudimentares e a que elas sempre recorrem, apesar do perigo a que se expõem. E se ela sobreviver, corre o risco de ser processada judicialmente, já que o aborto é proibido por lei e, caso tenha que criar a criança, sua vida passará a ser um rosário de humilhações e sofrimentos.

Por outro lado, o chefe da casa, o honorável filho, o respeitável marido por todos admirado, o pilar da sociedade, aquele que na escuridão da noite subjugou a vítima indefesa e com ela fez sexo, em outras palavras, o homem, mantém-se a salvo, imaculado e continua a usufruir da vida com honra e dignidade, totalmente fora do alcance de uma lei que na verdade é ilegítima e de uma Justiça que é injusta. Acontecimentos dessa natureza são ainda considerados raros, mas os pesquisadores e especialistas interessados na vida das mulheres sabem que isto está longe de ser verdade, pois uma sociedade segregacionista, que separa rigorosamente os sexos, dissemina profundas frustrações e repressões sexuais. Um dos poucos locais em que a concupiscência pode manifestar-se, principalmente com a inexistência de um relacionamento sadio entre meninos e meninas, homens e mulheres, é dentro do próprio lar, onde surgem tais oportunidades. Os elementos mais vulneráveis dentro da casa são as mulheres, as quais, por ignorância, medo e submissão à autoridade, não ousam protestar, quaisquer que sejam as consequências. Isto é particularmente verdade para as classes sociais mais pobres,

---

6 Benha é uma pequena cidade, 30 milhas ao norte do Cairo, e Giza é uma província que se limita ao Cairo pelo lado sul.

nas quais a promiscuidade é um fenômeno comum devido à aglomeração de pessoas. Uma família com oito a dez pessoas (pai, mãe, irmãos e outros membros da família), morando em um único cômodo, praticamente vive "corpo a corpo", o que propicia o aparecimento de inúmeros problemas de natureza sexual.

5 A membrana extremamente frágil chamada "honra"

Toda criança árabe do sexo feminino, ainda hoje, deve possuir aquela membrana extremamente delicada conhecida por hímen, sendo ela considerada uma das partes mais indispensáveis, senão a mais essencial, de seu corpo. A mera existência do hímen não é suficiente, é necessário também que essa membrana seja capaz de sangrar profusamente, que seja capaz de formar uma mancha vermelha bem visível no lençol branco usado na noite nupcial.

Nenhuma mulher pode considerar-se mais infeliz que aquela a quem a natureza dotou de um hímen complacente, o qual se dilata no momento em que um dedo ou o órgão sexual masculino se introduz na vagina, pois um hímen assim não sangrará. Mulher alguma jamais terá um destino pior que o daquela a quem a natureza esqueceu-se de providenciar um hímen, ou que cujo hímen é tão frágil que se rompe com a masturbação, com a prática de algum esporte, como andar de bicicleta ou a cavalo, ou mesmo com alguns desses acidentes comuns à infância. Nenhum ser humano conhecerá tanto sofrimento e humilhação quanto a mulher cujo hímen é consistente, imperfurado ou elástico, pois nem o dedo nem o pênis consegue fazê-lo sangrar, uma vez que o hímen é pressionável como se fosse de borracha.

Certa ocasião, quando ainda possuía uma clínica em Benha, deparei-me com um caso desse tipo. Minha "paciente" era uma jovem de aproximadamente dezesseis anos, tão magra e pálida que aparentava mal ter passado a idade de doze anos. Parecia que a subnutrição havia impedido que seu corpo se desenvolvesse normalmente. O marido, que a acompanhava durante a visita, explicou-me que haviam se casado cerca de um ano antes, e que ela agora apresentava uma dilatação do ventre, levando-o a crer que provavelmente estaria grávida. Ao examiná-la, entretanto, não encontrei sinal algum de gravidez e observei, por outro lado, que ela nascera com um hímen compacto, elástico e imperfurado. O volume de seu ventre era causado por um acúmulo do fluxo menstrual na região vaginal por meses a fio, desde a puberdade, aparentemente atingida algum tempo após o casamento. A ausência de uma abertura impedira a saída da menstruação. Assim, ela teve de passar por uma pequena intervenção cirúrgica, na qual se fez uma fenda no hímen, o que permitiu que todo o sangue, velho e sujo, acumulado em seu corpo, se precipitasse para fora.

Após a jovem ter deixado a mesa de operação, houve uma discussão entre o casal que deixou transparecer o fato de o marido tê-la acusado de não ser virgem, visto que ela não sangrara na noite do casamento. Sua situação provavelmente teria sido muito pior se ela não estivesse casada, pois as pessoas, em virtude de seu ventre se encontrar visivelmente aumentado, poderiam chegar à conclusão de que ela estava grávida de um filho ilegítimo.

Este caso faz-me lembrar de uma história que li muitos anos depois, nos jornais. A polícia encontrou o cadáver de uma gestante. Acreditou-se, no início, que ela fora assassinada em defesa da "honra" da família, fato bastante corriqueiro em tais circunstâncias. Porém, por ocasião da necropsia, o médico-legista assinalou em seu relatório que a jovem não estava grávida. A saliência percebida em seu ventre, exatamente como o caso tratado por mim, se devia ao acúmulo do fluxo menstrual impedido de sair por causa de um hímen grosso e sem perfuração.

Se levarmos em consideração a alta porcentagem de anomalias que afetam o hímen durante a formação do embrião, torna-se fácil imaginar por quanto sofrimento uma mulher pode passar sem ao menos saber o que está errado consigo mesma. Sabe-se que 11,2% das mulheres nascem com o hímen elástico, 16,16% apresentam uma membrana tão frágil que se rompe facilmente, 31,32% possuem um hímen elástico e compacto, e apenas 41,32% nascem com o que se pode considerar um hímen normal[1].

Certa vez, fui acordada, no meio da noite, por uma mãe desesperada. Esta queria saber se água fervente afetava a "membrana da virgindade", assim chamada em árabe, pois sua filha havia caído em uma tina profunda, cheia de água fervente, imergindo toda parte inferior de seu corpo. A mãe preocupava-se muito mais com o hímen da pobre criança do que com a vida dela.

---

[1] Estatísticas do Instituto de Medicina Forense, Bagdá, Iraque, 1940-1970, publicado em The Iraqi Medical Journal, em 21 de fevereiro de 1972.

É incontável o número de maridos, pais e mães que ocasionalmente aparecem em meu consultório fazendo-me perguntas a respeito do hímen de alguma jovem prestes a casar. Também é comum que alguns pais me peçam um certificado médico indicando que sua filha é virgem ou, então, que seu hímen rompeu-se durante a prática de algum esporte ou mesmo em razão de algum acidente (nunca relacionado a sexo, evidentemente).

A sociedade árabe ainda considera essa delicada membrana, que reveste a abertura dos órgãos genitais externos, como a parte mais importante e imprescindível do corpo da mulher, sendo mais valiosa que os olhos, os braços e as pernas. Uma família árabe não lamenta tanto a perda de um olho como o faz com a perda da virgindade. Na verdade, a morte de uma mulher é considerada menos catastrófica que a ausência de seu hímen.

Uma mulher que não protege sua virgindade está destinada a ser castigada por morte física, moral ou, no mínimo, pelo divórcio se descoberta por ocasião do matrimônio. Esse tipo de divórcio é naturalmente seguido de um escândalo que, apesar de se limitar, em geral, aos círculos familiares, pode se espalhar rapidamente. Resta, então, uma mulher que, embora possa não ter culpa alguma, não consegue provar sua inocência. E isso se deve aos fatos de a sociedade patriarcal exigir que as mulheres se mantenham virgens até o casamento e de estabelecer que a verdadeira honra de uma mulher e de sua família está intimamente ligada à preservação da virgindade. Perdida a "honra", emerge a vergonha eterna, que só pode ser "lavada a sangue", como se costuma dizer em árabe.

A virgindade é uma lei moral estritamente aplicada às mulheres. Contudo, o critério primordial de um código moral, caso pretenda realmente tornar-se moral, é aplicar-se a todos, sem exceção, não estando sujeito a qualquer forma de discriminação, seja quanto ao sexo, à cor ou à classe. Entretanto, os códigos e padrões morais de nossa sociedade raramente aplicam-se igualmente a todas as pessoas, sendo essa a prova mais abominável de como esses códigos e padrões podem, na realidade, tornar-se imorais.

De acordo com a história, as classes dominantes de tempos atrás impuseram aos assalariados valores morais que pregam a abstinência, o estoicismo e a renúncia aos prazeres do mundo, para assegurarem-se de que eles ficariam satisfeitos com seus escassos salários e se juntariam voluntariamente aos exércitos para lutar em defesa dos privilégios que não lhes pertenciam. Nas classes superiores, entretanto, tudo era permitido e a ganância, a luxúria, a devassidão e o prazer floresciam sobre a miséria das massas operárias.

Já que são os homens que estabelecem as regras para as mulheres, eles, como não poderia deixar de ser, permitem-se tudo o que a elas é proibido. Tanto é assim que a castidade e a virgindade são consideradas essenciais à mulher, enquanto a liberdade e até mesmo a licenciosidade são encaradas com naturalidade quando concernentes ao homem.

Há muitas pessoas na sociedade árabe que até hoje acreditam plenamente que a virgindade só pode ser exigida às mulheres, e nunca aos homens, pois Deus forneceu-lhes um hímen destinado a provar tal virgindade. Esse raciocínio é apenas um reflexo do atraso ainda predominante em muitas questões de nossa vida. A constituição anatômica e biológica dos seres humanos não tem relação alguma com os valores morais. Estes são, na verdade, o produto dos sistemas sociais ou, mais precisamente, do sistema social imposto pela classe dominante com o propósito de servir a certos interesses políticos e econômicos, assegurando que a situação da qual essa classe extrai benefícios e poder seja mantida. As características biológicas e anatômicas do corpo têm uma outra finalidade, destinam-se essencialmente a preencher certas funções fisiológicas vitais, relacionadas à proteção e à subsistência da vida.

Baseados em que podemos preconizar que o hímen foi criado para bloquear a passagem do órgão sexual masculino, quando este tenta uma penetração em um período pré-conjugal? Essa função só pode ser de origem social ou moral, visto que não tem relação com as funções fisiológicas e biológicas dessa parte do corpo.

Na realidade, o hímen pode ser comparado ao apêndice, já que não exerce nenhuma função vital. Se fosse realmente imprescindível, não nasceriam tantas crianças sem hímen ou com apenas resquícios dele. Se, de fato, o hímen fosse um órgão tão importante para a preservação da virgindade, Deus ou a natureza certamente encarregar-se-iam de fazer com que todos eles sangrassem durante a primeira copulação, e o que ocorre, na verdade, é que uma proporção muito grande parece sofrer de anemia congênita. Mais de 30% das mulheres não sangram durante seu primeiro ato sexual. O que isso significa? Certamente Deus não procurou puni-las quando não providenciou o tipo adequado de hímen, um que seja capaz de sangrar, constituindo-se, portanto, em prova de virgindade! Que justiça é essa que pune a mulher apenas porque tem uma constituição física diferente das demais, ou porque tenha uma abertura himenal maior do que o comum?

Sabe-se muito bem que os órgãos do corpo humano, relativos ao sistema de reprodução ou a qualquer outro sistema, apresentam muitas variações quanto ao tamanho e formato. Nenhum corpo é completamente igual a outro, nenhum corpo é cópia de outro. Cada um de nós tem sua própria e exclusiva conformação física e deixa sua impressão digital em tudo que tocar. Tanto é assim que um pênis é completamente diferente de outro, da mesma forma que a abertura himenal varia de mulher para mulher e, portanto, de virgem para virgem. Como o destino seria irônico se uma mulher cujo hímen tivesse um orifício grande se casasse com um homem de pênis diminuto! Pode ser esse um motivo suficiente para o divórcio, a desgraça ou mesmo a morte, como é comum nas sociedades em que a virgindade ainda tem um valor supremo?

Felizmente, a instrução e particularmente o esclarecimento de um número crescente de mulheres, bem como o fato de mais e mais mulheres estarem procurando emprego fora de casa, estão contribuindo para mudanças relativamente rápidas na personalidade da mulher árabe. Tais transformações estão tornando-as mais independentes, mais conscientes de seu próprio corpo e mente, e menos propensas aos valores injustos, impostos por uma sociedade machista. Esse avanço está provocando mudanças de atitudes da sociedade com relação à mulher e está formando novas gerações de jovens árabes, em que os homens não mais avaliam uma mulher por seu hímen ou pelo fluxo de sangue derramado no leito nupcial.

As mudanças estão ocorrendo, mas a grande maioria dos homens árabes ainda teima em exigir que suas futuras esposas sejam virgens. Uma jovem que perdeu a virgindade corre um grande perigo se isso for descoberto no dia do casamento, especialmente no norte do Egito, onde seu destino será fatalmente a morte, provocada por seus próprios familiares. Se por acaso a jovem tiver um hímen elástico, que não sangra durante o ato sexual, a ignorância será seu algoz, pois nos rituais de casamento exige-se que o noivo deflore sua esposa com o dedo e que "o sangue vivo seja derramado sobre o lençol branco".

Poucas pessoas compreendem que o hímen varia de uma mulher para outra em textura, tamanho e consistência, exatamente como o órgão genital masculino difere de homem para homem. Que infelicidade se uma mulher com hímen elástico se casar com um homem de pênis pequeno, pois, caso a defloração por dedo não aconteça, a conclusão será de que ela não era virgem, visto a não ocorrência de sangramento. Um marido mais esclarecido eventualmente levará sua futura esposa a um médico, caso queira assegurar-se de sua virgindade. Porém, já que exames ginecológicos em virgens são raros, os médicos nem sempre têm a chance de conhecer os diferentes tipos de hímens e, portanto, estão sujeitos a enganos. Lembro-me de um caso de um médico que, a pedido de um recém-casado, examinou a jovem esposa. A família da noiva aguardava na sala de espera e, quando o médico saiu com a informação de que ela não era virgem, a notícia atingiu-os como uma descarga elétrica. Um dia depois, ela, apesar de jurar inocência, foi assassinada por seu primo. Seu corpo foi examinado por um médico-legista, comprovando-se, embora tarde demais, que o diagnóstico do outro médico estava incorreto[2]. Outra vítima sacrificada em nome da "virgindade".

São muitos os maridos que tocam a campainha de minha clínica em Giza e entram em meu consultório na companhia de uma jovem lacrimosa. Em tom de voz nervoso e irado, ele explica que na noite de núpcias não se pôde observar a presença do "sangue vivo", decorrente do ato sexual. Inumeráveis foram as noites que passei ao lado de uma jovem numa pequena casa de campo ou numa cabana de barro, durante os meus muitos anos de zona rural no Egito, tratando da hemorragia resultante do processo de defloração aplicado por uma *daya* que, enfiando seu dedo com uma unha comprida e suja, fere o delicado tecido que reveste as paredes vaginais. Em muitos vilarejos, o ritual de desvirginamento é realizado por uma velha encarquilhada e feia, a *daya*, que ganha a vida amputando o clitóris das crianças e rompendo o hímen das recém-casadas. O pai da noiva, depois do ritual, pega a toalha branca manchada de sangue e sustenta-a orgulhosamente sobre a cabeça, para que todos os familiares, reunidos à porta, possam testemunhar o fato de que a honra de sua filha e, portanto, de toda a família está imaculada.

Eu costumava frequentar essas cerimônias de casamento a fim de acompanhar mais de perto o que acontecia. Certa ocasião, a *daya* enterrou sua unha comprida no hímen, mas apenas algumas escassas gotas de sangue afluíram. Para meu horror, ela enfiou seu dedo na vagina, e o sangue jorrou copiosamente. A toalha branca, tingida de vermelho, agitava-se sobre a cabeça do pai, os tambores soaram e as vozes femininas emitiram longos e agudos sons de alegria. Percebi que a *daya* havia ferido a parede

---

2   *The Iraqi Medical Journal*, artigo do especialista em Medicina Legal, dr. Wasfy Mohammed Ali, 21 de fevereiro de 1972.

da vagina. No final da noite, em resposta às minhas perguntas, ela explicou-me que era muito solicitada para as bodas de núpcias. Sua fama, angariada por sua capacidade de provocar um vigoroso fluxo de sangue no processo de defloração, proporcionara-lhe uma popularidade incomum e um rendimento seguro, em tais ocasiões tão auspiciosas.

Quando o dedo de um marido camponês toma o lugar da *daya*, o desvirginamento torna-se ainda mais brutal, pois sua única experiência com a utilização das mãos resume-se à manipulação do arado e do ancinho. A *daya* tem ao menos alguma noção do corpo de uma mulher. E nada pode ser tão violento quanto um dedo rude e grosso cravando-se impiedosamente na abertura externa da vagina, encaminhando-se para uma direção desconhecida. Tanto é assim que, em uma noite fria de inverno, trouxeram uma jovem à minha clínica, sangrando profusamente entre as pernas, e o que descobri foi que o dedo de seu marido perfurara a parede interna da vagina, atingindo a bexiga.

Essa brutal ortodoxia relacionada à mulher está, no entanto, acompanhada de uma quase ilimitada permissividade em relação aos homens. Há um ditado árabe que diz o seguinte: "Somente o bolso de um homem pode causar-lhe vergonha". Para a nossa sociedade, portanto, a vergonha, no que concerne aos homens, é resultante da pobreza. O ego masculino cresce em proporção ao número de conquistas femininas, e suas relações sexuais, das quais costumam gabar-se, são motivos de orgulho.

A educação tem contribuído para um maior esclarecimento sobre assuntos relativos ao sexo e à situação da mulher na sociedade árabe. Contudo, muitos homens cultos ainda mantêm atitudes e valores tradicionais nesse campo. Eu mesma conheci muitos homens de formação universitária, alguns dos quais prosseguiram seus estudos no exterior, viajando bastante, mas cuja formação mental e emocional infelizmente continua rígida e retrógrada no que diz respeito à mulher. É como o caso do engenheiro que passara cinco anos na Alemanha Ocidental e, ao retornar ao Egito, percebeu sinais de gravidez em sua irmã de dezessete anos. Ele vasculhou o quarto dela, e encontrando um vidro de remédio no guarda-roupa, levou-o à farmácia mais próxima. O farmacêutico informou-lhe de que aquele medicamento era um abortivo. O engenheiro, em estado de incontrolável agitação, voltou apressadamente para casa, apoderou-se de uma faca na cozinha e apunhalou sua irmã até matá-la. Pela necrópsia, constatou-se que a moça era virgem e que não havia indício algum de gravidez. O advogado, em seu apelo à Corte, pediu a liberdade para seu cliente, baseando sua defesa no fato de o motivo do homicídio ter sido a defesa da honra da família. Afinal, ele havia sido tomado por dúvidas sobre a conduta de sua irmã, o que o levara ao crime. Suas dúvidas haviam sido malconduzidas, mas suas intenções eram as melhores. A Corte absolveu-o sem contestações[3].

Mais uma vez uma situação na qual, mesmo se tratando de um caso de assassínio, um homem escapa ao castigo porque está protegido por concepções tradicionalistas a respeito da honra, enquanto essas mesmas concepções exigem uma punição sempre que uma mulher estiver envolvida. A lei está quase sempre do lado do homem, e os Tribunais de Justiça comumente desfazem matrimônios porque descobriu-se que a noiva perdera a virgindade antes do casamento[4].

Sempre que a mulher estiver envolvida, a desigualdade e, por que não dizer, a crueldade são as regras básicas para a aplicação da lei. Soube que um Tribunal de Justiça sentenciou uma professora porque ela entrara, sem bater à porta, em um banheiro onde sua colega se encontrava nua na banheira. Outro caso marcante envolveu uma professora que sofreu severa punição legal por ter reunido sua classe e ter passado algum tempo com as alunas em um bar às margens do rio[5].

O triste destino imposto à mulher que perde a virgindade, geralmente, leva-a a procurar alguma maneira de escapar desse dilema. A filha de uma família abastada pode ir ao ginecologista e pagar uma grande soma em dinheiro para submeter-se a uma reconstituição plástica do hímen. Enquanto isso, a moça pobre dos vilarejos depende dos subterfúgios oferecidos pela *daya*, que incluem desde a fixação da data do casamento no período menstrual até a colocação de um saquinho cheio de sangue de galinha na abertura da vagina, para provocar um fluxo vermelho no momento da defloração.

Certa vez, veio ao meu consultório uma jovem grávida de cinco meses e, quando a examinei, verifiquei que seu hímen ainda estava intacto. Ela explicou-me que a gravidez ocorrera depois de repetidas relações sexuais superficiais e pediu-me para remover a criança por meio de uma operação cesariana. Recusei-me a me prestar a isso e ela foi embora.

---

3 *Akhbar El Yom*, edição semanal, 18 de maio de 1974, p. 10, sob o título: "Ele matou sua irmã e depois descobriu que ela era virgem".
4 *Akhbar El Yom*, edição semanal, 6 de março de 1976, p. 10, sob o título: "A Corte de Apelação anula o contrato porque a esposa não era virgem".
5 *Akhbar El Yom*, edição semanal, 9 de agosto de 1975, p. 10.

Muitos anos depois, encontrei-a casualmente e fiquei sabendo que, após minha recusa, ela procurou outro médico que realizou a operação. Agora ela está casada com um engenheiro bem-sucedido e tem dois filhos. Fico imaginando a figura desse engenheiro, o qual nem ao menos eu conheço, desempenhando cuidadosamente, na noite de núpcias, o ritual do desvirginamento, e sua felicidade ao descobrir que o hímen mantinha-se incólume. Para ele, a incisão que se estendia perpendicularmente pelo abdômen pouco importava, assim como uma incisão em seu coração, fígado ou até mesmo no cérebro teria tido pouco significado, ao passo que um pequeno rompimento do hímen, de apenas um milímetro, teria sido suficiente para destruir seu mundo.

O conceito de honra na sociedade árabe está distorcido. A honra de um homem está segura, enquanto os elementos femininos de sua família mantiverem seus hímens ilesos; está, portanto, muito mais relacionado ao comportamento das mulheres da família que a seu próprio comportamento. Ele pode ser um dissoluto da pior espécie e ainda assim será considerado um homem honrado, se suas familiares forem capazes de proteger seus órgãos genitais. Há padrões morais para o sexo feminino e outros para o masculino, e a sociedade toda compenetra-se desses padrões morais duplos. Com base nessa situação anômala, permanece o fato de que a experiência sexual na vida de um homem é motivo de orgulho e símbolo de virilidade; enquanto essa mesma experiência na vida de uma mulher é razão de vergonha e símbolo de degradação.

Não fica difícil concluir-se quais as consequências desse duplo padrão de moralidade. Os homens ficam à solta em busca de experiências sexuais, adquiridas a qualquer preço e de qualquer forma, numa tentativa de provar sua virilidade e nutrir seu orgulho masculino, motivos considerados tão fortes quanto a satisfação do desejo sexual por si. Os homens engajam-se numa caça perpétua à mulher e recorrem a declarações de amor apaixonantes ou a conquistas por meio de presentes. Nessa ânsia contínua de possuir uma mulher, ele seduzirá uma pobre empregada, deitar-se-á com uma prostituta sifilítica, vitimará uma criança ou enganará uma jovem com falsas promessas de matrimônio. Se esta última acreditar em suas promessas e ceder, estará perdida, pois ele geralmente fugirá ao que prometera, recusando-se a casar-se, porque ela não é mais virgem, e a sociedade passará a considerá-la como uma decaída. Ela ficará abandonada a seu triste destino, provavelmente levando consigo uma criança ilegítima, enquanto ele partirá para novas conquistas.

Este quadro é típico de uma grande parte da sociedade urbana e das classes mais altas das zonas rurais. Entretanto, no que concerne às classes trabalhadoras das cidades e grandes metrópoles e aos camponeses e agricultores dos vilarejos, muitos dos fenômenos mencionados são dificilmente perceptíveis. Os casamentos em idade precoce, o trabalho árduo e contínuo, e as dificuldades de suas vidas deixam pouco espaço para a permissividade sexual, muito embora outras manifestações de discriminação à mulher e de repressão sexual permaneçam como parte integrante do comportamento social.

Fica fácil de se entender por que as mulheres, sob tais circunstâncias, vivem em constante ansiedade e medo de perder a virgindade. As mulheres árabes são educadas para se manterem afastadas do homem, sendo sempre prevenidas contra os perigos e os subterfúgios a que estão sujeitas a todo instante. A circuncisão física, portanto, tem como corolário uma outra forma de circuncisão, a que podemos chamar de "circuncisão emocional", a qual abordaremos em seguida.

A circuncisão em meninas

A circuncisão praticada em meninas ainda é um procedimento comum em certo número de países árabes, como o Egito, o Sudão, o Iêmen e alguns Estados do Golfo.

A importância dada à virgindade nessas sociedades é a razão pela qual a circuncisão feminina continua sendo bastante difundida, apesar da crescente tendência, especialmente na parte urbana do Egito, de aboli-la por ser considerada prejudicial e obsoleta. Por trás da circuncisão existe a crença de que, ao serem removidas partes dos órgãos genitais externos do sexo feminino, diminui-se o desejo sexual. Isso faz com que a mulher, ao atingir a "idade perigosa" da puberdade e adolescência, proteja sua virgindade e, consequentemente, sua honra com muito mais facilidade. A castidade, conseguida pela castração, imposta aos criados do sexo masculino que trabalham nos haréns, transforma-os em eunucos; da mesma forma aplica-se a circuncisão no sexo feminino, cujo intuito é preservar a castidade das jovens, reduzindo-se seu interesse por relações sexuais.

A circuncisão é geralmente praticada em meninas cujas idades variam entre sete e oito anos (antes de a criança atingir o ciclo menstrual). Em cena aparece uma *daya* ou uma parteira local. Duas mulheres da família, postando-se uma de cada lado da criança, mantêm as pernas dela bem abertas, expondo assim seus órgãos genitais externos, impedindo-a, ao mesmo tempo, de lutar para libertar-se – é semelhante ao enforcamento de uma galinha, quando esta ainda não está completamente morta. Uma navalha afiada, nas mãos da *daya*, executa a extirpação do clitóris.

Durante a fase em que servi como médica na zona rural, fui várias vezes chamada para tratar de complicações surgidas após essa operação tão primitiva, que frequentemente punha em risco a vida das meninas. A ignorante *daya* costumava achar que, para tornar eficaz uma circuncisão, era necessário um corte profundo que amputasse radicalmente o clitóris, de modo que não permanecesse parte alguma do órgão de sensibilidade sexual. Isso provocava, comumente, graves hemorragias, levando, muitas vezes, à perda da vida. As *dayas* não tinham a mínima noção de assepsia, e a decorrência de processos inflamatórios era habitual. Além de tudo isso, deve-se considerar ainda o choque psicológico provocado por esse costume cruel, que deixa marcas profundas na personalidade da criança, acompanhando-a por toda sua adolescência, juventude e idade adulta. A frigidez sexual é um dos efeitos posteriores, acentuada também por outros fatores psicológicos e sociais que influenciam a personalidade e a formação mental das mulheres nas sociedades árabes. Estas são, portanto, expostas a uma série de infortúnios, resultados de valores e noções obsoletas em relação à virgindade que continuam sendo critério fundamental para a manutenção da honra de uma mulher.

Nos últimos anos, algumas famílias mais esclarecidas começaram a perceber o mal ocasionado pela prática da circuncisão. Contudo, a maioria delas ainda submete suas filhas a essa operação selvagem e cruel. A pesquisa que realizei, baseada nos depoimentos de 160 egípcias, entre mulheres e crianças, mostrou que 97,5% das famílias incultas insistiam ainda no exercício desse costume, caindo esta porcentagem para 66,2% entre as famílias cultas[1].

Quando debati esse assunto com as mulheres entrevistadas, ficou claro que a maioria não fazia ideia do mal produzido pela circuncisão, e algumas chegavam a pensar que isso era bom para a saúde e contribuía para o asseio e a "pureza". (Essa cirurgia é de fato chamada, na linguagem comum do povo, de operação de limpeza e purificação.) Apesar do fato de a porcentagem de mulheres estudadas, submetidas à circuncisão, ser de 66,2%, comparada aos 97,5% de mulheres incultas, nem mesmo as mais educadas conheciam os efeitos maléficos que a amputação do clitóris poderia trazer a sua saúde psicológica e sexual. O diálogo mantido entre mim e essas mulheres decorria mais ou menos da seguinte forma:

"Você se submeteu à circuncisão?"

"Sim."

"Quantos anos tinha naquela ocasião?"

"Eu era uma criança, com sete, oito anos."

"Você se lembra dos detalhes da operação?"

"É claro. Como poderia ter-me esquecido?"

---

1 Esta pesquisa foi realizada nos anos de 1973 e 1974 na Escola de Medicina da Universidade de Ein Shams, sob o título: *Mulheres e Neuroses*.

"Você teve medo?"

"Muito medo. Escondi-me em cima do guarda-louça [outras diziam, debaixo da cama, ou na casa de uma vizinha], mas eles me pegaram e eu senti meu corpo todo tremer sob suas mãos."

"Você sentiu dor?"

"Muita dor. Foi como se eu estivesse pegando fogo e, daí, eu gritei. Minha mãe segurava minha cabeça para que eu não a movesse, minha tia segurava meu braço direito e minha avó, o esquerdo. Duas estranhas, nunca vistas antes, tentavam evitar que eu movesse as pernas, e as mantinham tão afastadas quanto possível. A *daya* sentou-se entre essas duas mulheres com uma faca afiada na mão, usando-a para cortar o meu clitóris. Fiquei apavorada e senti uma dor tão grande que perdi a consciência em meio à chama que parecia devorar-me o corpo todo."

"O que aconteceu depois da operação?"

"Tive dores horríveis pelo corpo e fiquei de cama por vários dias, sem conseguir me mover. A dor nos meus órgãos genitais era tanta que me fez reter a urina. Toda vez que queria urinar, a sensação de ardência era tão intolerável que eu não conseguia fazê-lo. O ferimento sangrou por algum tempo, e minha mãe tinha de trocar a roupa de cama duas vezes ao dia."

"O que você sentiu ao descobrir que um pequeno órgão de seu corpo havia sido removido?"

"Eu nada sabia a respeito da operação naquele tempo, exceto que era muito simples, e que todas as meninas a faziam com propósitos de limpeza, pureza e preservação de uma boa reputação. Dizia-se que as meninas que não passassem por isso estariam sujeitas a ficar malfaladas, seu comportamento se tornaria ruim e elas começariam a correr atrás dos homens, o que faria com que ninguém concordasse em se casar com elas quando esta época chegasse. Minha avó disse-me que a operação consistia na simples remoção de um pequeno pedaço de carne entre as coxas, e que a permanência desse pedacinho de carne nesse local me tornaria suja e impura, fazendo com que o homem com quem eu me casasse sentisse repulsa por mim."

"Você acreditou no que lhe foi dito?"

"É evidente que sim. Fiquei feliz no dia em que me recuperei da operação, sentindo-me como se tivesse me livrado de alguma coisa que tinha de ser retirada, tornando-me, assim, limpa e pura."

Esses são exemplos das respostas que obtive de todas as entrevistadas, tanto as instruídas quanto as sem cultura. Uma delas era estudante da Escola de Medicina de Ein Shams e preparava-se para os exames finais. Eu esperava que suas respostas fossem diferentes das demais, mas, na verdade, foram quase idênticas. Tivemos uma discussão um tanto prolongada, que reproduzo agora, à medida que dela me recordo.

"Você vai tornar-se médica dentro de algumas semanas; logo, como pode acreditar que a extração do clitóris seja um procedimento saudável ou pelo menos inofensivo?"

"É o que todo mundo diz. Todas as meninas de minha família foram circuncidadas. Estudei Anatomia e Medicina, e nunca ouvi professor algum dizer que o clitóris exercesse alguma função no corpo feminino, nem jamais li qualquer coisa a esse respeito nos livros que tratam dos assuntos médicos que estou estudando."

Isso é verdade. Até agora, os livros de Medicina não consideram a sexologia um assunto que deva ser tratado. Os órgãos da mulher dignos de atenção são apenas aqueles diretamente relacionados à reprodução, ou seja, a vagina, o útero e os ovários. Logo, o clitóris é um órgão negligenciado pela Medicina da mesma forma que é ignorado e menosprezado pela sociedade. Lembro-me de um estudante que um dia fez perguntas sobre o clitóris ao professor, que corou e respondeu-lhe bruscamente que não seriam feitas questões sobre essa parte do corpo feminino, dada a sua pouca importância.

Meus estudos levaram-me a tentar descobrir os efeitos da circuncisão nas mulheres que tiveram de se submeter a isso, e a tentar compreender que resultado teve em sua vida sexual e psicológica. A maior parte dos casos considerados normais, que entrevistei, respondeu que a operação não apresentou nenhum efeito sobre elas. Porém, ficou claro para mim que, diante de tais questões, elas ficavam muito mais envergonhadas e intimidadas que as dos casos neuróticos. Não me dando por satisfeita com essas respostas, continuei a questioná-las insistentemente sobre sua vida sexual antes e depois da circuncisão e, novamente, tentarei reproduzir esses diálogos da forma mais fiel possível.

"Você verificou alguma mudança de sentimento ou de desejo sexual depois da operação?"

"Eu era uma criança e, consequentemente, não sentia nada."

"Você nunca sentiu desejo sexual quando era criança?"

"Não, nunca. As crianças demonstram interesse sexual?"

"As crianças sentem prazer quando tocam seus órgãos sexuais, e algumas experiências sexuais ocorrem entre elas, por exemplo, quando brincam de marido e mulher, jogo geralmente praticado debaixo da cama. Você nunca participou desse tipo de brincadeira com seus amiguinhos quando era criança?"

Diante disso, a entrevistada geralmente corava, e seus olhos recusavam-se a encontrar-se com os meus, numa tentativa de esconder seu embaraço. Porém, depois que a conversa prosseguia e estabelecia-se entre nós uma atmosfera de confiança e compreensão mútuas, ela começava a relatar as lembranças de sua infância. Com frequência, referia-se ao prazer que sentia quando algum homem da família permitia-se fazer-lhes certas carícias sexuais. Às vezes, essas carícias eram proporcionadas por um empregado, porteiro, professor particular ou pelo filho de algum vizinho. Uma estudante universitária contou-me que seu irmão se habituara a acariciar seus órgãos sexuais, o que proporcionava um intenso prazer. Após a circuncisão, no entanto, ela não mais desfrutou da mesma sensação prazerosa.

Uma das entrevistadas, casada, admitiu que durante as relações com o seu marido jamais obteve a mínima satisfação sexual e que suas remotas lembranças de qualquer sensação de prazer reportavam-se há vinte anos, à idade de seis anos, antes, portanto, de ter sido circuncidada. Uma jovem relatou que estava acostumada a se masturbar, mas que deixou de fazê-lo após a remoção do clitóris, aos dez anos de idade.

Quanto mais nossas conversas prosseguiam, quanto mais eu investigava suas vidas, mais prontamente elas se abriam e desvendavam os segredos da infância e adolescência, talvez quase esquecidos por elas ou apenas vagamente relembrados.

Sendo médica e mulher, consegui dessas pessoas confissões que seriam quase impossíveis, salvo em casos muito raros, de serem obtidas por um homem, pois a egípcia, acostumada a uma educação muito rígida baseada na completa negação de qualquer atividade sexual antes do casamento, recusa-se terminantemente a admitir que alguma vez tenha conhecido ou experimentado qualquer atitude ligada a sexo, antes dos primeiros contatos de seu marido. Envergonha-se, portanto, de falar sobre tais assuntos com um homem, ainda que seja com o médico com o qual esteja se tratando.

Minhas discussões com alguns dos psiquiatras que cuidaram de certo número de mulheres participantes de minha pesquisa, levaram-me a concluir que muitos aspectos da vida dessas pacientes neuróticas eram para eles ainda desconhecidos. Isso se devia ora ao fato de o próprio psiquiatra não se esforçar o suficiente para penetrar profundamente na mente de sua cliente, ora à tendência da paciente em ocultar aqueles temas que sua educação a levou a considerar como assuntos que não devam ser discutidos abertamente, em especial com um homem.

Na verdade, o longo e variado intercâmbio, mantido durante todos esses anos, com a maioria dos psiquiatras do Egito, meus laços de amizade com um número muito grande de médicos, meus colegas durante os exaustivos períodos em que passei trabalhando nos centros de saúde e em hospitais gerais ou especializados e, finalmente, os quatro anos em que fui membra da Junta Nacional do Sindicato de Profissões Médicas, levaram-me à firme conclusão de que a profissão médica ainda está bem longe de compreender os problemas fundamentais que afligem as pessoas doentes, sejam elas homens, sejam mulheres, mas, em especial, se forem mulheres. A medicina, pois, como qualquer outra profissão dentro da sociedade, é governada pelos padrões morais, sociais e políticos predominantes, e, como as demais, é uma das instituições utilizadas para proteger e perpetuar esses valores.

Os homens representam a vasta maioria dentro da medicina, assim como na maior parte das profissões. Entretanto, a mentalidade das mulheres médicas difere muito pouco, ou nada, da dos homens; eu mesma cheguei a conhecer um considerável número delas que era mais rígida e antiquada em seus pontos de vista que seus colegas do sexo masculino.

Atitudes severas e retrógradas em relação a muitos problemas, em particular aos que concernem a mulheres e sexo, predominam na profissão médica, principalmente dentro dos limites das faculdades de Medicina.

Antes de empreender minha pesquisa sobre "Mulheres e Neurose", na Universidade de Ein Shams, tentei iniciá-la na Escola de Medicina de Kasr El Eini, da Universidade do Cairo, mas vi-me obrigada a desistir devido às inúmeras dificuldades com as quais tive de me confrontar. Meu maior obstáculo foi a mentalidade tradicionalista dominante, que caracterizava os professores responsáveis pela pesquisa, para os quais a palavra "sexo" só poderia ser equiparada à palavra "vergonha". Destarte, uma "pesquisa respeitável" não poderia ter sexo como tema e não deveria sequer pensar em penetrar em áreas, ainda que remotamente, relacionadas a esse assunto.

Um de meus colegas do comitê de pesquisa aconselhou-me a não fazer referência alguma à questão sexo no título de minha pesquisa e, por essa razão, fui obrigada a me transferir para a Universidade de Ein Shams. Preveniram-me que qualquer referência a esse tema motivaria sérias objeções que, provavelmente, poriam em risco minhas chances de levar adiante a pesquisa. Inicialmente, escolhi o título: "Os problemas sexuais que perturbam a vida das mulheres egípcias modernas", mas, após prolongadas negociações, fui persuadida a eliminar a palavra "sexuais", substituindo-a por "psicológicos". Somente assim foi possível contornar a suscetibilidade dos professores da Escola de Medicina de Ein Shams e obter o seu consentimento para prosseguir com o meu trabalho.

Depois de observar o alto índice de mulheres que tiveram de se submeter à circuncisão, ou que se expuseram às mais diferentes formas de violação sexual durante a infância, comecei a procurar nas escolas de Medicina e nos institutos de pesquisa trabalhos que tratassem desses assuntos, o que foi em vão. Praticamente nenhum médico ou pesquisador aventurou-se a publicar algum trabalho relacionado a esses temas em virtude de sua natureza suscetível. Com isto se explica o fato de a maior parte das pesquisas realizadas nessas instituições ser de caráter superficial e formal, com o único objetivo de se obter um título ou uma promoção. A segurança, portanto, é o único caminho passível de escolha, e segurança, neste caso, significa evitar cautelosamente todos os assuntos controvertíveis. Ninguém está disposto a enfrentar complicações com os acadêmicos responsáveis e com as autoridades científicas, ou a se engajar em alguma forma de luta contra eles e suas ideias. Não existe tampouco alguém preparado para contrariar aqueles que estabelecem os princípios da virtude e do comportamento moral e religioso da sociedade. Toda liderança, fundamentada na área referente a esses assuntos, sofre de pronunciada alergia à palavra "sexo" e suas implicações, particularmente as ligadas à palavra "mulher".

Tive, no entanto, a sorte de encontrar alguns poucos médicos que tiveram coragem de ser diferentes e de abordar alguns dos problemas ligados à vida sexual da mulher. Gostaria de citar como um dos raros exemplos a única pesquisa sobre a questão da circuncisão feminina no Egito e seus efeitos maléficos, publicada em 1965, resultante da união de esforços do dr. Mahmoud Koraim e dr. Rushdi Ammar, ambos da Faculdade de Medicina de Ein Shams. Esse estudo compõe-se de duas partes: a primeira, publicada sob o título de *A circuncisão feminina e o desejo sexual*[2], e a segunda, sob o título de *Complicações da circuncisão feminina*[3]. As conclusões decorrentes desse trabalho de pesquisa que abrangia 651 mulheres circuncidadas na infância podem ser assim resumidas:

---

2 *A circuncisão feminina e o desejo sexual*, Mahmoud Koraim e Rushdi Ammar (editado pela Universidade de Ein Shams, Cairo, 1965).

3 *Complicações da circuncisão feminina*, dos mesmos autores (Cairo, 1965).

1. A circuncisão é uma operação de efeitos prejudiciais para a saúde da mulher, causando distúrbios sexuais nas jovens. Ela reduz sua capacidade de atingir o ápice do prazer sexual (*i.e.* orgasmo) e interfere decisivamente na redução do apetite sexual.
2. A educação ajuda a limitar a prática da circuncisão em mulheres, uma vez que os pais mais esclarecidos estão começando a recusar essa operação em suas filhas. Por outro lado, as famílias com pouca instrução ainda insistem nesse tópico, submissas às tradições existentes, ou apoiadas na crença de que a remoção do clitóris diminui a concupiscência, colaborando deste modo com a preservação da virgindade e a castidade após o matrimônio.
3. Não existe absolutamente verdade alguma quando se afirma que a circuncisão praticada em mulheres ajuda a reduzir a incidência de câncer nos órgãos genitais externos.
4. A circuncisão feminina, em todas as suas formas e fases, em particular a quarta etapa, conhecida por faraônica ou excisão sudanesa, é acompanhada de complicações imediatas ou sequelas, como inflamações, hemorragias, distúrbios do aparelho urinário, cistos ou intumescências que podem obstruir o fluxo da urina ou a abertura vaginal.
5. A masturbação em meninas circuncidadas é menos frequente que a observada por Kinsey em garotas que não se submeteram a essa operação.

Consegui trocar algumas ideias com o dr. Mahmoud Koraim durante vários encontros que mantivemos no Cairo. Soube, por seu intermédio, que ele enfrentara inúmeras dificuldades enquanto realizava sua pesquisa, que foi alvo de severas críticas por parte de alguns de seus colegas e de líderes religiosos que se consideram designados pelos céus como protetores da moralidade, predestinados, portanto, a defender a sociedade de empreendimentos tão ímpios, que constituem uma ameaça aos sistemas e valores morais estabelecidos.

As descobertas de minha pesquisa coincidiram em vários pontos com as conclusões a que chegaram meus dois colegas. Não há mais dúvida que a circuncisão é fonte de distúrbios psicológicos e sexuais na vida de uma garota, levando aos mais diferentes graus de frigidez sexual, que variam de acordo com a mulher e as circunstâncias. A instrução permite que os pais percebam que essa cirurgia não é benéfica, devendo, portanto, ser evitada, mas descobri também que a educação tradicional, fornecida por nossas escolas e universidades, cuja finalidade é simplesmente um certificado ou um título, em vez de instilar conhecimentos úteis e cultura, não é muito eficaz no combate às tradições estabelecidas que governam a sociedade egípcia, e em particular àquelas relativas a sexo, virgindade e castidade. Estas áreas estão fortemente ligadas aos valores morais e religiosos que vêm controlando e influenciando nossa sociedade há centenas de anos.

Uma vez que a circuncisão feminina visa principalmente à preservação da virgindade até o casamento e, indefinidamente, à castidade, não se pode esperar que esse costume desapareça facilmente da sociedade egípcia em um curto espaço de tempo. Uma quantidade cada vez maior de famílias instruídas está começando a perceber o mal causado às mulheres e está procurando evitar que suas filhas se encontrem entre as vítimas. Paralelamente a essas mudanças, a própria cirurgia não é mais executada da velha forma primitiva e os métodos mais radicais de excisões estão desaparecendo rapidamente. Hoje em dia, mesmo no norte do Egito e no Sudão, a operação restringe-se à total ou, mais comumente, à parcial remoção do clitóris. Contudo, durante minha pesquisa, surpreendi-me ao descobrir, contrariando o que eu pensava, que até entre famílias instruídas da zona urbana, mais de 50% ainda consideram a circuncisão essencial para assegurar a virgindade e a castidade.

Muitas pessoas pensam que a circuncisão feminina começou com o advento do Islamismo. Na realidade, essa prática já era bem conhecida e difundida em muitas partes do mundo antes da Era Islâmica, inclusive na península árabe. Maomé, o Profeta, tentou opor-se a esse costume, pois o considerava prejudicial à saúde sexual da mulher. Em um de seus provérbios, uma recomendação feita, segundo dizem, a Om Attiah, uma mulher que fazia tatuagens e circuncisões, diz o seguinte: "Quando você circuncidar, tire apenas uma pequena parte e evite amputar o clitóris todo... A mulher terá um ar feliz e fulgurante e dará melhor acolhimento ao marido se seu prazer for completado"[4].

Isso significa que a circuncisão em mulheres não é um costume de origem muçulmana, tampouco está relacionado às religiões monoteístas, mas foi praticado por sociedades dos mais diferentes *backgrounds* religiosos, em países do Oriente e do Ocidente, entre povos que acreditavam no Cristianismo, no Islamismo ou que eram ateístas. A circuncisão era conhecida na Europa até o século XIX, bem como em países como Egito,

---

4 Veja *Dawlat El Nissa'a*, Abdel Rahman El Barkouky, primeira edição (Renaissance Bookshop, Cairo, 1945).

Sudão, Somália, Quênia, Etiópia, Tanzânia, Gana, Guiné e Nigéria. Foi também praticada em muitos países asiáticos como Sri Lanka e Indonésia e em regiões da América Latina. Sabe-se que esse costume reporta-se a um passado bem remoto, à época dos reinos faraônicos do Egito Antigo, e Heródoto mencionou sua existência sete séculos antes do nascimento de Cristo. Por essa razão, essa operação é chamada no Sudão de "excisão faraônica".

Durante muitos anos, tentei inutilmente encontrar estudos sociológicos e antropológicos relevantes que lançassem alguma luz sobre os motivos pelos quais uma operação tão brutal é praticada em mulheres. Entretanto, acabei descobrindo outros costumes, relacionados a crianças do sexo feminino, ainda mais selvagens. Um deles consistia em enterrar viva uma criança logo após o seu nascimento ou mesmo algum tempo depois. Outro exemplo é o cinto de castidade ou o fechamento do orifício da vagina por meio de pinos de aço e uma fechadura especial de ferro[5]. Esse procedimento é extremamente primitivo e muito parecido com a circuncisão sudanesa, por meio da qual se faz a extirpação do clitóris e dos lábios externos e internos, e fecha-se a abertura vaginal com uma tira do intestino da ovelha, deixando-se apenas um pequeno orifício que mal permite a introdução da ponta do dedo, suficiente apenas para a passagem do fluxo menstrual e urinário. Essa abertura é cortada por ocasião do casamento, sendo aumentada a ponto de permitir a penetração do órgão sexual masculino. É novamente aumentada durante o parto, sendo, em seguida, estreitada. O fechamento quase completo do orifício é efetuado em mulheres divorciadas, que praticamente se tornam virgens novamente, impedindo-as de manter qualquer relação sexual, exceto na eventualidade de outro matrimônio, quando se faz nova restauração.

Diante desses costumes complicados e estranhos cujo objetivo é proibir a mulher de manter relações sexuais, a não ser com o marido, é natural que nos perguntemos por que razão são as mulheres, especificamente, submetidas a tantas torturas e repressões desumanas. Parece não haver dúvida que a sociedade, uma vez representada pelas classes dominantes de caráter machista, bem cedo percebeu que o impulso sexual é muito poderoso no sexo feminino e que as mulheres, exceto se forem controladas e refreadas por toda espécie de medidas, não se sujeitarão às coações morais, sociais ou religiosas com as quais têm sido assediadas e, tampouco, às repressões ligadas à monogamia.

---
5 Desmond Morris, *O macaco nu* (Corgi, 1967), p. 76.

O sistema patriarcal, que surgiu quando a sociedade atingiu certo estágio de desenvolvimento e precisou impor à mulher um só marido, enquanto o homem ficava livre para ter várias esposas, jamais teria sido possível, nem teria permanecido até hoje, sem uma série completa de artifícios cruéis e engenhosos usados para manter a sexualidade feminina sob controle e para limitar seus contatos sexuais a um só homem que, naturalmente, tinha de ser seu marido. Isso, de certa forma, justifica a implacável animosidade demonstrada pela sociedade em relação à sexualidade feminina, bem como os recursos aplicados para resistir a sua força turbulenta, subjugando-a. A mínima indulgência diante desse "perigo em potencial" permitiria que a mulher rompesse as grades da prisão imposta pelo casamento e ultrapassasse os limites inflexíveis de um relacionamento monógamo, partindo em direção a uma intimidade proibida com um outro homem. Tal atitude acarretaria uma confusão quanto à hereditariedade e à sucessão de bens, pois não haveria garantia alguma de que o filho de um estranho não tomaria parte da linhagem dos legítimos descendentes. A confusão entre os filhos do marido e os do amante implicaria o inevitável colapso da família patriarcal, erigida tão somente em torno do nome do pai.

A história nos mostra que o pai sempre foi ávido em saber quem realmente eram seus filhos, unicamente com o propósito de legar-lhes seu patrimônio. O regime patriarcal, portanto, passou a existir principalmente em razão de motivos econômicos. Tornou-se necessário que a sociedade criasse, simultaneamente, um sistema de padrões religiosos e morais e um sistema judicial capazes de proteger e manter esses interesses econômicos. Como conclusão da análise, podemos seguramente afirmar que a circuncisão, o cinto da castidade e outros costumes sanguinários aplicados à mulher são, basicamente, o resultado dos interesses econômicos que governam a sociedade. A permanência de tais práticas em nossa sociedade, ainda hoje, indica que esses interesses econômicos ainda têm prioridade. As milhares de *dayas*, enfermeiras, equipe médica e médicos, que ganham a vida com a circuncisão de mulheres, naturalmente resistem a qualquer mudança desses valores e costumes, que constituem sua fonte de renda. No Sudão, há um verdadeiro exército de *dayas* que ganham seu sustento com uma série de operações realizadas em mulheres, seja para extirpar seus órgãos genitais externos, estreitar ou aumentar, alternadamente, a abertura vaginal, dependendo de a mulher estar casada, divorciada, estar para casar-se novamente, ter filhos ou estar recuperando-se do parto[6].

Os fatores econômicos e, concomitantemente, os fatores políticos constituem a base sobre a qual costumes, como a circuncisão feminina, desenvolveram-se. É importante compreender os fatos, como são na realidade, e as razões que se encontram por detrás deles. São muitas as pessoas que não conseguem distinguir fatores políticos de religiosos, ou que disfarçam os motivos políticos por meio de argumentos religiosos, numa tentativa de esconder as verdadeiras forças que formam o sustentáculo do que acontece na sociedade e na história. É muito comum ouvir-se dizer que o Islamismo é a raiz da circuncisão feminina, sendo também responsável pela situação desprivilegiada e retrógrada da mulher no Egito e em outros países árabes. Tal argumentação não é verdadeira. Ao estudarmos o Cristianismo, percebemos claramente que essa religião é tão mais rígida e ortodoxa, no que concerne às mulheres, que o Islamismo. Contudo, muitos países foram capazes de progredir rapidamente, apesar do predomínio do Cristianismo. Esse avanço nos campos social, econômico e científico também afetou a vida e a posição da mulher dentro da sociedade.

Por essa razão, acredito plenamente que a origem dessa condição inferior da mulher em nossa sociedade e sua falta de oportunidade de progredir não se devem ao Islamismo, mas a determinados poderes políticos e econômicos, sobretudo à influência do imperialismo estrangeiro que opera especialmente do exterior e das classes reacionárias que exercem pressão internamente. Essas duas forças se completam hermeticamente e, de comum acordo, empreendem-se em uma interpretação errônea da religião, utilizando-a como instrumento de medo, opressão e exploração.

A religião, se for autêntica em seus princípios, visa à verdade, igualdade, justiça, ao amor e a uma vida bem saudável para seu povo, independentemente do sexo. Não pode existir uma religião verdadeira que almeje a doença, a mutilação dos corpos de crianças do sexo feminino, por meio da extirpação de uma parte essencial de seus órgãos reprodutores.

Se a religião tem origem em Deus, como se pode, em nome dela, amputar um órgão por Ele criado, desde que esse órgão não esteja danificado ou deformado? Deus não cria os órgãos do corpo a esmo, sem uma planificação. Não é possível que Ele tenha criado o clitóris no corpo da mulher com a única finalidade de ser removido em um estágio inicial de sua vida.

---

6 Rose Oldfield, "A mutilação do órgão genital feminino, o controle da fertilidade, o papel da mulher e o patriarcado no Sudão moderno". *American Ethnologist*, v. 11, nº 4, novembro de 1975.

Eis aí uma contradição na qual nem a religião nem o Criador poderiam cair. Se Deus criou o clitóris, como um órgão de sensibilidade sexual, cuja única função parece ser a obtenção de prazer, conclui-se que também Ele considera esse prazer normal e legítimo, fazendo, portanto, parte da saúde mental. A saúde física e mental da mulher não estará completa sem que ela experimente plena satisfação sexual.

Há, no entanto, inúmeros pais e mães que têm medo de deixar intacto o clitóris de suas filhas, alegando, muitas vezes, que a circuncisão é uma proteção contra os desvios e enganos que poderiam desencaminhá-las. Esse modo de pensar é incorreto e até perigoso, pois o que impede um rapaz ou uma moça de cometer erros não é a remoção de um pedacinho de carne de seu corpo, mas a consciência e compreensão dos problemas que enfrentamos, e um objetivo útil na vida, um objetivo que tenha significado, pelo qual tenhamos de empenhar toda nossa energia física e mental. Quanto maior nosso nível de consciência, mais próximos dos valores humanos estarão nossos objetivos e mais ansiosos estaremos por melhorar a qualidade de vida em vez de nos entregarmos à mera satisfação dos sentidos, em busca de prazer; muito embora também isso seja uma parte essencial de nossa existência.

A mais independente e liberta das mulheres, no verdadeiro sentido da palavra liberdade, está muito menos preocupada com as questões sexuais, uma vez que estas não mais representam um problema. Ao contrário, uma mente aberta encontra espaço para infindáveis interesses e para muitas e ricas experiências de uma vida cultural. A mulher que sofre uma repressão sexual, no entanto, preocupa-se exclusivamente com homens e sexo. É fácil observar que uma mulher inteligente e esclarecida interessa-se muito menos por assuntos relacionados a sexo e homens que as mulheres comuns, que não têm com que preencher o seu tempo. E, ao mesmo tempo, esta mulher tem muito mais iniciativa de garantir a si própria a possibilidade de desfrutar do sexo e de obter prazer, e age com muito mais coragem que as outras. Uma vez alcançada a satisfação sexual, ela torna-se capaz de dedicar-se inteiramente a outros aspectos importantes da vida.

Na vida de uma mulher inteligente e liberta, o sexo não atinge proporções descomunais; ao contrário, tende a se manter nos limites da normalidade. Por outro lado, a ignorância, a repressão, o medo e toda espécie de limitações exageram o papel do sexo na vida da mulher, ampliando-o para além de suas reais proporções, por fazê-lo absorver toda, ou quase toda, sua vida.

7
O obscurantismo e as contradições

Nos primeiros anos de vida, uma criança não depende de si mesma, mas, com o decorrer do tempo, ao tentar satisfazer algumas de suas necessidades, gradativamente aprende a agir sem o auxílio de ninguém. Neste processo em direção à independência, a criança perde sua passividade, adquirindo cada vez mais autoconfiança, o que inevitavelmente leva ao desenvolvimento de reações positivas, como a capacidade de escolher, decidir e atuar com liberdade. O conjunto dessas mudanças faz parte de seu crescimento e evolução tanto física como mental. O desenvolvimento mental e psicológico é, em sua essência, uma marcha em direção à maior independência da personalidade, à capacidade de fazer escolha, à liberdade pessoal e a um senso de responsabilidade.

Todavia, o forte regime patriarcal da sociedade árabe, aliado à natureza hierárquica das classes sociais, tem submetido a mulher a uma série de discriminações, tornando-a vítima, física e mentalmente, de marcantes repressões. A sociedade árabe reprime as crianças também, e até os homens, mas a carga imposta à mulher é multiplicada pelas coerções físicas e psicológicas que cerceiam sua vida. O resultado é um retardamento do progresso mental e psicológico da mulher, tornando-a incapaz de libertar-se das atitudes passivas e do hábito de depender dos outros. Ela comporta-se como uma criança nos primeiros estágios de vida, diferindo apenas em relação ao crescimento de seu corpo e ao fato de poder ter completado trinta, quarenta, ou mesmo cinquenta anos.

São incontáveis as formas de repressão exercidas contra as mulheres. A maioria delas baseia-se no medo e na intimidação, em formas diretas ou sutis de obscurantismo, em mantê-las na escuridão, ignorantes, privadas dos conhecimentos importantes e verdadeiros. A mulher, desde os primórdios de sua infância e durante os anos de crescimento, adolescência e juventude, vê-se privada de quaisquer ensinamentos relacionados a seu corpo e a si mesma.

Ignorar o próprio corpo e suas funções é sinal de honra, pureza e moral, enquanto ter algum conhecimento sobre o corpo e o sexo é considerado indesejável e até mesmo vergonhoso. Uma mulher madura, com experiência de vida, é considerada menos digna que uma mulher ignorante, simples e ingênua. Julga-se a experiência quase como uma deformidade que deve ser ocultada, e não como uma qualidade do ser humano. Há uma tendência nas mulheres em cultivar a ignorância e a estupidez, para que a sociedade continue a considerá-las virtuosas e respeitáveis. Também os pais estimulam a ignorância em suas filhas e desejam que elas sejam simples e ingênuas, que se mantenham como "gatinhas cegas", como diriam os egípcios, pois uma "gatinha cega" é, para o egípcio comum, o tipo de mulher ideal para esposa.

O culto à ignorância não se limita apenas a assuntos relacionados a sexo e a homens, mas abrange tudo o que diz respeito ao corpo da mulher. As árabes são criadas em um clima de obscurantismo e sigilo a tudo que estiver relacionado a corpo e suas funções. Não é de se admirar, portanto, que uma menina seja acometida de colapso nervoso no dia em que, ao abrir os olhos, notar o sangue escorrendo por entre suas pernas e o lençol branco manchado de vermelho no local de suas nádegas.

Ninguém pode imaginar o pânico que tomou conta de mim, ao acordar de manhã e perceber o sangue escorrendo pelas minhas pernas. Posso ainda me lembrar da palidez mortal de meu rosto refletido no espelho. Meus braços e pernas tremiam intensamente, como se o infortúnio que me amedrontara por tanto tempo tivesse se tornado realidade, como se, de algum modo, na escuridão da noite, um homem tivesse se insinuado para dentro de meu quarto enquanto eu dormia e tivesse me feito mal. É provável que esse receio nunca tenha saído de minha cabeça, pois, a cada noite, antes de me deitar, eu fechava bem as janelas, não sem antes inspecionar muito bem a rua. O lado cômico dessa situação é que no dia anterior havíamos tido na escola uma aula sobre esquistossomose, uma doença parasitológica que ataca as vias urinárias, comum na zona rural do Egito. Em um dos estágios de seu ciclo de vida, o parasita instala-se no tecido mole de um caracol, de onde se desprende nas águas dos rios e dos canais, penetrando no corpo humano através da pele. Um dos sintomas dessa doença é o sangue na urina, o que me fez pensar que estava contaminada, o que certamente explicaria os pingos vermelhos, provenientes da abertura localizada entre minhas coxas.

Naquela ocasião, eu tinha dez anos e achava que, se estivesse contaminada, tudo que tinha a fazer era esperar que a doença passasse. Porém, o fluxo de sangue não parou; ao contrário, aumentava a cada hora e, no dia seguinte, fui obrigada a superar o medo e a vergonha que me possuíam indo falar com minha mãe. Pedi-lhe que me levasse a um tratamento médico; e, surpreendentemente, ela continuou calma e impassível, não parecendo afligir-se com o estado grave de sua filha. Ela explicou-me, então, que isso acontecia a todas as meninas e se repetia todos os meses durante alguns dias, e disse-me também que no último dia do fluxo eu deveria limpar esse "sangue impuro", tomando banho quente. Suas palavras ecoaram em meus ouvidos: "incômodo mensal", "banho quente", livrar-me do "sangue impuro". Eu poderia interpretar, por conseguinte, que havia dentro de mim alguma coisa degradante, que aparecia regularmente sob a forma de sangue sujo, representativo de algo do qual deveria envergonhar-me e esconder dos outros. Por isso, costumava trancar-me em meu quarto durante os quatro dias consecutivos, incapaz de encarar alguém. Quando abria a porta, a caminho do banheiro, olhava ao redor para certificar-me de que não havia ninguém por perto e, antes de retornar ao quarto, limpava cuidadosamente o chão, como alguém que precisa remover os vestígios de um crime recente, e lavava as axilas e as pernas várias vezes, para ter certeza de que não ficara cheiro algum desse sangue impuro.

Tais acontecimentos são típicos da vida de meninas árabes, educadas em um clima de temor ao sexo, ignorando seus órgãos reprodutores e as funções fisiológicas naturais exercidas pelas diferentes partes do corpo. As meninas aprendem muito cedo a sentir a diferença existente entre elas e os meninos. Um irmão seu pode sair, brincar e pular, enquanto a menina precisa ficar em casa; e, se por acaso sua saia subir um centímetro acima do nível estabelecido, sua mãe lança-lhe um olhar reprovador, envergonhando-a. Suas pernas são fontes de malícia, um tabu que deve ser ocultado.

Desde tenra idade, a menina é levada a sentir que seu corpo é uma coisa impura, obscena, que jamais deve ser vista Os jornais, as revistas e os outros meios de divulgação propagam conceitos religiosos retratando o corpo feminino como uma obscenidade que deve ser encoberta cuidadosamente. Somente o rosto e as palmas da mão devem aparecer, e é por esse motivo que muitas jovens começaram a usar um véu.

Paralelamente a esses ensinamentos rígidos e ortodoxos, que negam o sexo à mulher e objetivam moldá-la como um ser assexuado, coexiste um processo educacional contraditório que procura transformar a mulher num objeto sexual, em um mero corpo que deve ser adornado e embelezado, a fim de atrair os homens e incitar os seus desejos. Uma menina é precocemente treinada a se preocupar inteiramente com a aparência de seu corpo, os cabelos, as pestanas, as roupas em detrimento de sua evolução mental e de seu futuro como ser humano. As árabes são educadas para o papel do casamento, função suprema da mulher dentro da sociedade, enquanto o saber, o trabalho, a carreira são consideradas questões secundárias que não devem, de modo algum, desviá-las de suas atividades principais, ou seja, as de ser uma esposa com a obrigação de cozinhar, servir o marido e cuidar das crianças.

Quando criança, tive de lutar contra a família toda para ter a permissão de ler e desenvolver minha mente. Recusava-me a cozinhar e limpar a casa, e teimava em ir para a escola. Rebelava-me contra o uso de cabelos compridos, fitas coloridas e tranças, e perguntava-me por que minha mãe dava tanta importância a roupas. Superava meus irmãos na escola, tirando notas mais altas, mas ninguém parecia alegrar-se com isso nem chegavam a me dar os parabéns. Porém, se alguma vez cozinhasse mal, seria criticada por todos.

Sempre me refugiava em meu pequeno mundo de livros ilustrados e lápis coloridos, minha mãe aparecia e levava-me à força para a cozinha, resmungando o tempo todo: "Seu futuro está no casamento e você precisa aprender a cozinhar". "Seu futuro é o casamento, o casamento." Passei a odiar com todas as minhas forças essa palavra horrível que minha mãe não se cansava de repetir. Assim que pronunciada, eu começava a imaginar diante de mim um homem com uma barriga bem grande, cheia de comida. Passei a identificar o cheiro da cozinha com o cheiro do homem e, assim, aprendi a detestar o odor do homem e da comida.

Tudo que minha mãe dizia ou fazia parecia contraditório. Como podia ela prevenir-me contra o sexo e contra os homens e, ao mesmo tempo, ser tão cuidadosa com minha aparência e vestimenta com o intuito de tornar-me mais desejável a eles? Eu tinha um medo mortal dos homens e evitava-os como se fossem uma praga; acreditava que a proximidade de um homem poderia conduzir-me à vergonha e pôr em risco minha reputação de menina boa e respeitável. Mas, por outro lado, sentia, nas profundezas de meu ser, uma força incontrolável que me atraía ao sexo oposto. As canções de amor, ardentes e cheias de paixão, e os filmes a que assistíamos vez ou outra, serviam para exacerbar meus desejos obscuros. Muitas vezes surpreendia a mim mesma, imaginando uma cena em que um desconhecido me pegava em seus braços e, no minuto seguinte, uma sensação de culpa e vergonha se apoderava de mim, sensação essa que aumentava de proporção em função do prazer que eu obtinha com esses devaneios. Eu não conseguia me entender nem assimilar as contradições entre meus pensamentos e meus atos. Dentro de mim existia uma chama ardente e, do lado de fora, a imagem de uma fria indiferença. Essa calma indiferença, contudo, não era exatamente uma pose; eu odiava os homens, mas, de alguma forma, o homem de meus sonhos era diferente. Eu não seria capaz de descrever de que maneira ele diferia dos demais, pois, em sua aparência, assemelhava-se a todos.

Minha experiência como criança, embora diferente em alguns aspectos, é uma cópia exata dos processos por que passam todas as meninas de nossa sociedade. Amor e paixão são temas constantes das canções e dos filmes árabes e deixam marcas profundas no desenvolvimento emocional de uma garota; porém, concomitantemente, ela fica exposta a todo um sistema de valores tradicionais e religiosos. Se, por um acaso, ela se apaixonar por um rapaz, sua reputação entra em xeque, boatos escandalosos correm com seu nome, tornando-a vítima dos padrões de uma sociedade puritana e contraditoriamente corrupta.

O destino de uma jovem será mil vezes pior se acontecer de ela se apaixonar por um homem pobre; por outro lado, se ele for rico, a família encorajará o romance, ajudando-a a atraí-lo para o matrimônio. A escolha de um cônjuge continua sendo uma questão familiar e muitos pais ainda vendem suas filhas a pretendentes que paguem um bom preço. A autoridade materna é vergonhosamente inoperante quando o assunto é a filha. Sendo a família árabe essencialmente patriarcal, social e judicialmente, o poder que o pai exerce sobre a filha é absoluto. Com a desculpa de ser um bom casamento, as jovens são cedidas a maridos velhos e decrépitos, simplesmente porque eles podem pagar um bom dote.

Nos últimos anos, com a expansão do consumismo, com o dinheiro fluindo nas mãos dos especuladores, do mercado negro, dos magnatas do petróleo etc., muitas moças pobres foram vendidas a prostíbulos sob o disfarce, legalmente acobertado, de casamentos arranjados.

O caso do pai que falsificou a certidão de nascimento de sua filha, alterando sua idade de doze para dezoito anos, com o propósito de casá-la com um velho, em troca de uma grande soma em dinheiro, não é um fato isolado[1].

A autoridade absoluta exercida pelo pai permite-lhe agir impunemente e assegurar-se de que a lei esteja do seu lado, ainda que a razão esteja do lado da filha.

Como exemplo, gostaria de citar uma história publicada em um de nossos jornais matutinos sob o título de: "A Corte sentencia o divórcio porque a esposa casou-se sem o consentimento do pai". A noiva tinha mais de 21 anos e decidira casar-se com o homem que amava, sem o prévio consentimento de seu pai. O contrato matrimonial e a cerimônia foram presididos por um *maazoun* (dignitário religioso), obedecendo às leis islâmicas, e na presença de duas testemunhas. O casamento estava, portanto, regulamentado, tanto no aspecto religioso como no jurídico. Subsequentemente, o pai iniciou um processo judicial no qual requereu suspensão e anulação do contrato matrimonial porque sua filha não pedira sua autorização. Embora a jovem tivesse atingido a maioridade, tornando-se, então, livre para escolher o seu companheiro, a Corte aceitou o apelo do pai, justificando sua decisão com o fato de que, de acordo com a tradição e os costumes do país, a permissão do pai é fundamental, motivo esse suficiente para invalidar o casamento, muito embora estivesse em plena concordância com os dispositivos legais, civis e religiosos. (Apenas para esclarecimento, devo acrescentar que era também de praxe a presença do pai, ou de outro homem da família, como o tio ou o irmão, representar a noiva na cerimônia nupcial.)[2]

A verdadeira razão que levou esse pai a se opor ao casamento foi o fato de o noivo pertencer a uma família pobre, contrariando o plano inicial de encontrar um marido rico para a filha. Um genuíno apreço aos valores humanos teria levado esse pai a rejeitar uma atitude tão mercenária, indicativa de que, para ele, a filha não passava de uma mercadoria à venda. Assim, um casamento fundamentado em amor e compreensão mútua e num contrato em completa conformidade com a lei foi desfeito e rejeitado arbitrariamente pelo Tribunal de Justiça a fim de apoiar a autoridade paterna e um sistema alicerçado em segregações de caráter social e sexual.

Os pais e o sistema educacional dizem respeitar os princípios humanitários, a igualdade, a liberdade e o trabalho; porém, na prática, a maioria

---

1 *Akhbar El Yom*, edição semanal, agosto de 1975, p. 10.
2 *Akhbar El Yom*, edição semanal, 5 de janeiro de 1974, p. 10.

das famílias dá pouca importância a esses princípios quando se trata do casamento de uma filha. Em tais circunstâncias, a tradição, o costume, a classe social e o dinheiro prevalecem.

A partir dos anos 1950, alguns árabes eruditos têm despendido grandes esforços para mudar as tradições antiquadas e as leis injustas que governam a vida e o destino das mulheres. Sua contribuição ao progresso trouxe consigo todos os direitos adquiridos pela mulher até agora. Contudo, existe ainda um longo caminho a percorrer, pois as mulheres ainda são privadas de muitos direitos humanos essenciais. Os poderes sociais que se opõem à verdadeira igualdade para as mulheres constantemente recorrem aos preceitos morais e religiosos. No entanto, esses mesmos valores são violados diariamente nas telas dos cinemas e nos aparelhos de televisão, nos cartazes de propaganda comercial, nas páginas de matérias políticas e sociais, na abundante literatura pornográfica e nas infindáveis músicas em programas de rádio. E os homens que representam os poderes sociais novamente silenciam-se, muitas vezes, participando, direta ou indiretamente, da propagação de ideias que contrariam os princípios por eles professados.

Padrões dúbios em relação a atitudes e valores morais na sociedade árabe são característicos da presente situação. A vida dos indivíduos e a da sociedade em sua totalidade é perpassada por profundas contradições:

1. Uma avalancha de filmes que, para atrair a atenção, dependem de estímulos sexuais, danças vulgares, nudez e uma pornografia disfarçada. A mesma tendência reflete-se nos programas de TV, nas revistas, propagandas etc.
2. Uma campanha religiosa orquestrada desenrola-se rapidamente por todos os meios de comunicação e difunde cada aspecto de atividade educacional, cultural e instrutiva. Como parte dessa campanha, algumas jovens do Egito estão retornando o uso do véu, há um sonoro clamor por um "retorno à lei islâmica", "proibição", o "lugar da mulher é em casa", "punição para mulheres imorais".
3. Paralelamente a essa campanha religiosa, um afrouxamento moral, em todas as esferas da vida, está se tornando um fenômeno visível: formas disfarçadas de prostituição que envolvem garotas de escolas e universidades, e um desenvolvimento notável no tráfico de mulheres, às vezes acobertado por certidões de casamento falsas etc.

Com a rápida infiltração dos valores comerciais, as barreiras construídas pelos padrões morais e religiosos são facilmente transpostas e, na corrida comercial, o corpo feminino é um artigo muito importante e uma fonte de "extraordinários lucros".

Esta hipocrisia da sociedade árabe contemporânea inevitavelmente tem suas vítimas, e sobretudo as mulheres sofrem com isso, talvez até mais do que antes. Elas são trituradas pelas contradições existentes entre o atendimento aos preceitos morais e religiosos tradicionais e a invasão, dentro de suas vidas, de interesses políticos e econômicos cujo objetivo principal é se beneficiar a qualquer custo no menor prazo possível.

As mulheres árabes são sacrificadas nos altares de Deus e do dinheiro, desde o momento em que nascem até a hora de sua morte. As crianças sofrem mais que os adultos; os pobres, mais que os ricos; as mulheres, mais que os homens; e aqueles que são dominados, mais do que os que controlam as rédeas do poder. Para combater uma sociedade dilacerada por tais contradições, o indivíduo precisa estar munido de dinheiro, ou autoridade, ou masculinidade, ou apoio legal, ou ter uma idade avançada. Sem essas armas, estará indefeso diante das forças poderosas e arrebatadoras, que se precipitam cegamente, aniquilando os que se encontram desprotegidos.

Não fica difícil de se imaginar o futuro de uma criança do sexo feminino, filha ilegítima, nascida em berço pobre, quando se defronta com uma sociedade onde imperam essas forças inescrupulosas. A morte talvez seja um final misericordioso, se comparada à vida que espera essa criança, nascida com um destino sobre o qual não tem controle algum.

Uma menina, comparada a seu irmão, continuará sendo desprivilegiada, ainda que seja uma filha legítima. Até hoje, a maior parte das famílias, tanto na zona rural como na zona urbana, fica feliz com o nascimento de um menino e desapontada no caso de ser uma menina.

Uma filha não traz as vantagens de um filho. Este leva consigo o nome da família, a ela dando continuidade, ao passo que a menina acaba tornando-se um membro da família de seu marido. Uma filha pode transformar-se em fonte de desonra, uma vez que a honra continua intimamente ligada à virgindade pré-nupcial e à fidelidade ao marido após o casamento.

8 O filho ilegítimo e a prostituta

A verdadeira honra, por sua própria essência, contrapõe-se a toda e qualquer forma de escravidão, repressão ou imposição, bem como a todas as formas de transação comercial de seres humanos, sejam eles escravos, mulheres ou crianças. A verdadeira honra é sumariamente contra o uso de um ser humano como instrumento, objeto ou mercadoria à venda. As leis e os costumes matrimoniais, seguidos por nossa sociedade patriarcal e discriminatória, renegam a verdadeira honra ao transformarem a mulher numa mercadoria cuja aquisição se faz por meio de um dote ou em troca de seu sustento. Às vezes, ela é cedida em troca de nada e basta lermos o texto do Artigo 67 da Lei Geral do Casamento para constatarmos que essa afirmação não é um exagero. O artigo diz:

> Não se obriga o sustento a uma esposa que se recusa a entregar-se ao seu marido; ela perde seus direitos quando assim se comportar por razões que dele não dependam. Tampouco tem ela direito à pensão se for levada à prisão, ainda que injustamente, ou a um campo de concentração, se for vítima de estupro, mudar de religião, for proibida por seus pais de morar com o marido ou estiver sofrendo de qualquer limitação que a impeça de ser utilizada como esposa.

A expressão "não utilizável como esposa" desnuda a verdadeira natureza do relacionamento existente entre um homem e uma mulher depois do casamento. É um relacionamento baseado na utilização da mulher pelo homem, em sua exploração, de uma forma mais desumana que a exploração de um empregador a seus operários ou de um senhor a seus escravos. Espera-se que um senhor cuide de seu escravo quando este ficar doente; mas a esposa não tem direito algum e pode ser tratada, como o é frequentemente, muito pior que um escravo ou um empregado, uma vez que trabalha na casa de seu marido e atende aos filhos dele sem receber nenhum pagamento.

Se acontecer de ela ficar seriamente doente, o marido pode, de acordo com as leis matrimoniais, mandá-la de volta à casa de seus pais, já que ele não é legalmente responsável por assegurar-lhe os devidos cuidados.

O fenômeno "filhos legítimos" ressalta na história como um dos crimes cometidos pelo regime patriarcal. Alguns dos países capitalistas mais avançados foram obrigados a solucionar esse problema, instituindo um sistema de adoção já bastante comum em alguns países ocidentais. Essa procura de solução ocorre paralelamente à participação mais ativa da mulher como força de trabalho e à tendência cada vez maior de sair de casa em busca de um trabalho remunerado. A lei, em alguns desses países, confere-lhes a prerrogativa de dar a seus filhos o seu nome, minimizando, assim, o sofrimento pelo qual costumava passar uma criança ilegítima. A aquisição de direitos econômicos ajuda a mudar as condições da mulher, igualando-a ao homem, de tal forma que o seu nome acolha a mesma respeitabilidade e seja suficiente para assegurar a "honradez" e a aprovação social, bem como a equidade legal a seus filhos.

A sociedade muçulmana não permite que a mulher legalize a situação de seu filho, impedindo que essa criança prove sua ascendência. O Islamismo exige que toda criança deva ser atribuída a seu pai e afirma que aqueles que forem apenas declarados como filhos, sem a devida comprovação, não são assim considerados, pois se trata de uma declaração verbal tão somente. "Alá diz a verdade e mostra-nos o caminho certo... Relacione o filho a seu pai, pois isso o torna mais aceitável a Alá. Se você não conhecer o pai, relacione-o ao irmão de religião."[1]

A Tunísia progrediu nesta área, estabelecendo um sistema de adoção, enquanto a lei em outros países árabes muçulmanos continua proibindo-a. No Marrocos, por exemplo, a Vara Familiar declara peremptoriamente que "a adoção não tem nenhum valor jurídico e não conduz à efetivação da perfilhação"[2].

Muitas crianças ilegítimas resultaram da liberdade sexual desfrutada nas sociedades islâmicas. Assim, as leis referentes à paternidade tiveram de sofrer modificações a fim de legitimar um número incontável de vítimas. O conteúdo e o texto das leis matrimoniais tiveram de ser remodelados.

---

1 *Alcorão*, "Sourat Al Ahzab", versículos 4-5.
2 Lei Familiar do Marrocos, 1957, Artigo 83, §. 3. Traduzido do francês.

A determinação da paternidade agora, de acordo com a legislação islâmica, baseia-se em um dos seguintes aspectos:
1. Relação sexual com uma mulher que é legalmente a sua esposa.
2. Suposta relação sexual com uma mulher.
3. Confissão ou reconhecimento do homem.
4. Testemunho de pessoas dignas de confiança de que a criança foi gerada por um determinado homem.

Legalização do contrato matrimonial

Se um homem tiver tido relações com sua esposa, ejaculando de tal forma que parte de seu sêmen tenha alcançado o útero (ou se ele passou algum tempo a sós com ela numa situação que preencha as condições dos rituais sunitas); se houver um período mínimo de seis meses de gestação a partir da data da relação; e se a mulher não ultrapassar o período máximo de gestação, um ano a partir da data da relação (dois anos para a escola teológica de Hanafi e quatro anos para a de Shafei e a de Maliki), então, está comprovado que o filho é desse homem[3].

Ao formular esse dispositivo legal, a sociedade muçulmana tentou reduzir ao máximo o número de crianças ilegítimas. O que também reforçou essa tendência foi o conceito que é conhecido por "criança adormecida", proveniente do provérbio islâmico "uma criança é o fruto da cama" correspondente à máxima do profeta: "A criança vem da cama". Há duas interpretações para esse provérbio e uma delas afirma que nela se indica a necessidade de atribuir a criança a um pai, embora a tradição apregoasse a descendência materna. A outra baseia-se na suposição de que toda criança nascida de mulher casada deva ser considerada filha do marido.

O Iman Abou Hanifa sustentava que um contrato matrimonial, independentemente de seu período de duração, seria suficiente para indicar que a criança pertencia ao marido. Ainda que uma mulher casada tivesse um filho na ausência do marido, ausência essa que poderia durar até quatro anos, ele seria, segundo a lei, considerado pai. Da mesma forma, se uma mulher desse à luz uma criança apenas três ou quatro meses após o casamento, mesmo assim, o marido seria designado pai. A criança nascida sob tais contradições recebia o cognome de "criança adormecida".

---
3   El Sheikh Mohammed Mahdi Shams El Dine, *Al Islam Wa Tanzeem El Osra*, Al Ittihad El Aalami Li Tanzeem El Walideya, I.P.P.F. Escritório Regional do Oriente Médio e do Norte da África, v. 2, p. 77.

Todavia, a aquisição de conhecimentos sobre o tempo de duração da gestação, sobre o número de meses durante os quais o embrião pode permanecer vivo no ventre materno, bem como a grande quantidade de nascimentos, legítimos ou ilegítimos, levaram a sociedade árabe islâmica a afastar o conceito de "criança adormecida".

A sociedade egípcia, até 1929, obedeceu às instruções de Abou Hanifa, o qual estipulava que toda criança, gerada por uma mulher casada, deveria ser atribuída ao marido, sendo, portanto, o contrato matrimonial suficiente por si só para provar a paternidade. Essa concepção foi, mais tarde, alterada, e a condição estabelecida pelos três Imans, Ahamed Ibn Hanbal, El Shafei e Maliki, de que houvesse uma prova de que possivelmente existira uma relação sexual entre marido e mulher, foi acrescentada às exigências sobre a determinação da paternidade.

A Tunísia e o Marrocos também rejeitaram o conceito de "criança adormecida" na atualização de sua legislação. Um dos artigos da Lei Familiar marroquina estipula o seguinte:

> A duração máxima de gestação é de um ano, calculada a partir da data da separação (divórcio) ou morte (do marido). Se, no final desse período, restar ainda alguma dúvida quanto à gravidez, o caso será submetido à apreciação de um juiz, a pedido da parte interessada. Caberá ao juiz consultar especialistas da profissão médica.[4]

Aceitação da paternidade em adultérios legalizados

Se um homem mantiver relações sexuais com uma mulher com quem está casado, sem ter conhecimento de que ela não é verdadeiramente sua esposa; ou com uma mulher que lhe é proibida, embora pense se tratar de sua esposa; ou com uma mulher com a qual casou-se mediante contrato, sem saber que ela, legalmente, não poderia tornar-se sua esposa; e se, como resultado de um desses tipos de relação, a mulher engravidar, o casal não será acusado de haver cometido adultério, porque na ocasião de seu relacionamento não estavam a par do fato de que não eram realmente casados. A criança, portanto, é atribuída a esse homem, considerado seu

---

[4] Lei Familiar do Marrocos, Artigo 76. Também Lei Familiar da Tunísia, Artigo 35 do Livro III, "*Statut Personnel*", agosto de 1950. Traduzido do francês.

legítimo pai[5]. (Fica implícito, naturalmente, que o pai reconhece seu casamento com essa mulher, bem como a criança nascida dessa união.)

As cláusulas mencionadas demonstram como a maioria das leis islâmicas são brandas quando se referem à liberdade sexual dos homens. Um homem pode manter relações com qualquer mulher que não seja sua esposa, sem ser considerado um adúltero, e tornar-se legalmente pai da criança que resultar dessa relação, desde que tenha suposto, naquela ocasião, que a mulher era verdadeiramente sua esposa! É possível tal situação? É bem verdade que toda espécie de situações pode ocorrer, mas o mínimo que podemos dizer é que um caso como este é bastante improvável. Pode-se crer que um homem pratique sexo com uma mulher e não saiba se ela é sua esposa ou não? Talvez, sob a influência da bebida, mas o álcool é completamente *haram* (proibido) no Islamismo.

Se um homem pode estar sob tais condições que não consiga diferenciar sua esposa de uma outra mulher, não é possível que uma mulher, por sua vez, não consiga distinguir seu marido de outro homem? Não é bem provável que isso ocorra, especialmente com as mulheres, as quais, de acordo com os ensinamentos religiosos, são mentalmente inferiores e têm menos convicção religiosa; ao passo que o homem é dotado de um grau mais elevado de raciocínio e sabedoria, sendo, consequentemente, menos suscetível a perder a noção do que está fazendo?

Ao seguirmos essa linha de raciocínio, concluímos que qualquer homem que mantiver contatos sexuais com uma mulher que não seja sua esposa pode escapar à acusação de adultério, alegando simplesmente que não percebera, naquele momento, quem ela era realmente. Sendo assim, a quem se aplicará a lei do adultério?

Confissão ou o reconhecimento do homem

O reconhecimento dos filhos pelos pais depende de uma confirmação do homem de que é o pai da criança, desde que não apareça um outro homem reivindicando os mesmos direitos. O menor não precisa aquiescer ante essa paternidade, mas, em se tratando de um filho adulto, tal anuência se faz necessária.

Assim é que um homem solteiro pode ter filhos legítimos. Já a mulher, na mesma situação, não tem os mesmos privilégios. Uma criança nascida de seu relacionamento com homem que não seja seu marido será

---
5   El Sheikh Mohammed Mahdi Shams El Dine, *Al Islam Wa Tanzeem El Osra*, v. 2, p. 77.

considerada ilegítima, a menos que ele confesse ser o pai e não haja nenhum homem disputando com ele a posse dessa criança.

Testemunhas dignas de confiança

A genealogia, em geral, e a paternidade, em particular, podem ser determinadas pelo testemunho de pessoas dignas de confiança. Assim, se dois irmãos testemunharem que uma criança é filha de seu falecido irmão, essa será uma prova suficiente. As duas testemunhas neste caso são membros, do sexo masculino, da mesma família.

Já o testemunho da mulher que concebeu a criança não é considerado válido.

Se, por um lado, é concedido ao homem o direito de comprovar sua paternidade, por outro, também lhe é dada a mesma prerrogativa de negá-la, ainda que se trate de uma mera questão de dúvida em que ele seja envolvido. Um homem que tem certeza de não ser o pai de uma determinada criança é obrigado, pelas leis religiosas, a negar essa paternidade. É terminantemente proibido declarar-se pai de uma criança quando se sabe que esta foi, sem sombra de dúvidas, gerada por outro homem.

Um marido pode contestar sua responsabilidade como pai se a criança nascer em um período anterior a seis meses após a relação sexual ou depois do limite máximo do tempo de gestação (geralmente, de um ano). Se, no entanto, a criança nascer antes do prazo mínimo ou depois do prazo máximo, e o contrato matrimonial com essa mulher ainda estiver em vigor, o único modo de repudiar a paternidade é apelar ao *La'an* (derivado do *Lan*, que significa "esconjurar")[6]. Para tanto, é necessário que o pai manifeste sua acusação ao líder legal (o guia político-religioso) de sua região ou área, contestando sua responsabilidade como pai da criança. Depois disso, o líder pedirá que esse homem, em pé diante dele, declare o fato sob juramento. Ele deve repetir quatro vezes: "Juro, diante de Alá, que estou dizendo a verdade quando afirmo que esta criança não é minha (não tem meu sangue)". Depois de repetir essas palavras o solicitado número de vezes, ele deve acrescentar: "Que eu seja amaldiçoado por Alá se estiver mentindo ao acusar minha esposa e afirmar que a criança não me pertence". Depois de o marido ter prestado depoimento, é a vez da esposa. Em conformidade com as instruções do líder, ela deve repetir quatro vezes: "Juro por Alá que meu marido mente quando me acusa de adúltera".

---

6   *Ibid.*, p. 79.

Em seguida, após ter completado seu depoimento, ela deve dizer: "Que a ira de Alá me atinja se o meu marido estiver dizendo a verdade".

A decisão legal passa a ser, então, um resultado do *La'an*. Essa sentença pode implicar a renúncia, por parte do homem, de sua responsabilidade como pai, bem como a separação perpétua do casal[7].

De acordo com esses estatutos islâmicos, fica claro que não somente um solteiro, mas, também, um homem casado pode repudiar o seu próprio filho, gerado por sua esposa, ao repetir simplesmente as palavras do *La'an* quatro vezes sucessivamente. É possível que tal ocorra ainda que o contrato matrimonial esteja em perfeita ordem; o período mínimo ou máximo de gestação esteja em consonância com o que é exigido pela lei; e a esposa jure que a criança é dele e de ninguém mais. O guia que preside o julgamento de ambos é um homem, e não uma mulher, e a sociedade que ele representa é de dominação masculina e solidamente patriarcal. Quem, portanto, acreditaria numa mulher, depositando a culpa no homem? Um homem, aos olhos da lei e dos costumes religiosos, está muito mais próximo da verdade e da razão que a mulher, muito mais propensa a mentiras e falsidades, e à falta de compreensão e consciência. É, no entanto, o homem, como vimos anteriormente, quem demonstra uma estranha falta de consciência quando o tema em questão é seu direito a ter relações sexuais com uma mulher que não seja sua esposa, ou o direito de aceitar ou não a paternidade de uma criança gerada em relacionamentos dentro ou fora da estrutura do casamento.

A existência do *La'an* permite ao pai renegar um filho pelo simples fato de apresentar dúvidas quanto à fidelidade de sua esposa; e as leis da paternidade dão ao homem o direito absoluto de se recusar a dar o seu nome à criança, unicamente porque não havia sido assinado um contrato matrimonial com a mãe.

A lei pune uma mulher adúltera muito mais duramente que o faz a um homem. No Egito, ela é condenada a uma sentença máxima de dois anos de prisão. Já o homem não é condenado por adultério, desde que o pratique fora da casa onde convive com a esposa. Ainda que ele seja flagrado dentro de seu lar, mantendo relações com outra mulher, sua sentença não excede o período de seis meses de prisão[8]. Geralmente, apenas a mulher sofre punição, uma vez que a infidelidade da esposa é demarcada pela lei,

---

7 *The Egyptian Criminological Magazine*, março de 1965. Ver o artigo de Samir El Ganzouri sobre crimes cometidos contra a família e a moral sexual.
8 Mohamed Niazi Hetata, *Garaim El Bagha'a* (Dar El Shaab Editores, Cairo, 1961), p. 9.

por costumes e preceitos religiosos como um crime imperdoável. A infidelidade do marido, entretanto, é encarada de maneira muito mais branda, sendo até tacitamente permitida por lei, costumes e preceitos religiosos. O adultério para uma mulher tem consequências desastrosas para o sistema estabelecido, pois pode gerar problemas entre os descendentes na divisão da herança, ou seja, pode ameaçar o sistema patriarcal.

De acordo com a lei egípcia, se um homem é apanhado mantendo relações sexuais com uma prostituta, ele não é aprisionado, e, sim, usado como testemunha contra ela ao passo que ela é condenada à prisão. Onde tais desigualdades existem, nenhuma lei pode ser justa. Dessa forma, todas as leis promulgadas dentro das bases de um sistema patriarcal, que visam a regulamentar o relacionamento entre um homem e uma mulher, são forçosamente injustas.

A prostituição representa um relacionamento entre um homem e uma mulher e tem por fim a satisfação sexual do homem, bem como a satisfação das necessidades econômicas da mulher. É óbvio que as necessidades sexuais, até mesmo em um sistema predominantemente masculino, não são tão urgentes e importantes quanto as necessidades econômicas que, se não forem satisfeitas, conduzem a doenças e morte. Contudo, a sociedade considera as necessidades econômicas da mulher menos vitais que a necessidade sexual do homem. Essa situação só pode ocorrer onde inexiste igualdade. As exigências dos dominadores serão sempre muito mais prementes que as dos dominados, ou as do povo, simples assalariados. A necessidade de divertimento e prazer para o patrão é muito mais primordial que a necessidade de comida e descanso o é para o empregado ou escravo. A aquisição de uma televisão em cores para a classe dominante é muito mais importante que o fornecimento de água para as classes rurais. A satisfação do prazer sexual do homem é mais imprescindível que proporcionar a sua esposa alimentação e tratamento médico; é mais vital que as necessidades de uma prostituta por pão e roupas para cobrir o seu corpo. Esta pode ser levada à prisão, enquanto ele permanece livre, autorizado a continuar sua caça a outras mulheres.

Historicamente, à prostituição iniciou-se com o sistema patriarcal, com a divisão da sociedade entre proprietários e escravos. Ao mesmo tempo, surgiram as primeiras regulamentações sobre relações sexuais por meio das primitivas formas de casamento. A prostituição, na verdade, é a face oposta da moeda do casamento. O homem precisava casar-se para dar uma identidade a seus filhos, mas desejava, ao mesmo tempo, liberar seus instintos sexuais. O cinto de castidade e a fidelidade conjugal foram impostos apenas à mulher. É realmente fascinante observar com que astúcia o homem foi capaz de encontrar uma desculpa para justificar seus encontros com uma outra mulher. Para conseguir isso, ele encobriu seus desejos sob a máscara da religião, transformando o sexo praticado com uma prostituta em um ritual religioso, em um ato santificado. Posteriormente, o governante, ou o rei, tornou-se o representante de Deus na Terra, sendo seu direito, em alguns povos, passar a primeira noite com toda a virgem que estivesse para se casar[9]. A partir dessa data, uma virgem começou a ser oferecida mensalmente ao xeque, governante de algum país árabe, com quem ele passava uma noite, após a qual não mais a via. Depois, os membros das famílias das classes mais altas disputavam a mão dessa jovem porque ela tinha tido a honra de dormir com o xeque, assumindo o direito, por essa razão, de receber uma pensão substancial.

Na Europa, durante a Idade Média, ao senhor feudal dava-se o privilégio de passar a primeira noite com qualquer jovem que fosse se casar se a família dela morasse em suas propriedades ou se o homem, com o qual ela iria se casar, fosse um de seus servos. Esse direito foi-lhe atribuído pelo rei ou príncipe. Este sistema da primeira noite era conhecido em latim como *Jus Primae Noctus*[10].

Em algumas tribos, era função do pai deflorar a jovem na noite nupcial. Ele, assim, satisfazia sua paixão sexual por mulheres jovens sob o disfarce de uma cerimônia ou um ritual religioso. Os babilônios acreditavam que os deuses tinham o hábito de visitar as mulheres devotadas à noite a fim de garantir que elas gerassem filhos homens[11].

A prostituição sagrada ou religiosa continuou a existir até o quarto século, porém, no ano 325, o imperador Constantino aboliu-a por decreto.

No Egito Antigo, as famílias nobres costumavam escolher as mais bonitas entre suas filhas, oferecendo-as como presente ao deus Amon, cujo templo ficava em Tebas. À medida que iam ficando mais velhas, incapazes, portanto, de satisfazer os sacerdotes, eram dispensadas de sua obrigação, por meio de cerimônias que demonstravam o maior respeito, e casavam-se com algum homem da comunidade, sendo bem acolhidas pelas melhores famílias. Essas prostitutas consagradas constituíam uma classe de

---

9   *Ibid.*, p. 10.
10 *Ibid.*, p. 13.
11 *Ibid.*, p. 17.

nobres sacerdotisas, sendo conhecidas por: o Harém (ou mulheres) do deus Amon[12].

A prostituição sagrada continua existindo em nossa era em países como Índia e Japão. Os templos, em algumas partes da Índia, ainda aceitam moças que queiram devotar suas vidas a serviço dos deuses e alojam-nas em seus recintos onde desempenham diversas funções. Algumas dessas jovens são escolhidas para satisfazer secretamente as necessidades sexuais dos sacerdotes, e outras assumem a função de proporcionar divertimento a visitantes influentes ou peregrinos. Alguns pais, na antiga Fenícia, costumavam oferecer suas filhas aos visitantes como sinal de boas-vindas. Essa forma de prostituição espalhou-se por toda a Europa, continuando até a Idade Média. Certos governos mantinham uma categoria especial de prostitutas cuja função era entreter visitantes importantes e que eram, no século XIV, instaladas em casas especializadas sustentadas pelos conselhos municipais.

Ainda hoje, em muitos países orientais e ocidentais, bem como nos países árabes, existem inúmeras agências manobradas pelo governo, como serviços de inteligência, forças policiais especiais (polícia secreta, polícia política etc.) e embaixadas que continuam a usar a prostituição para obter informações, influenciar pessoas, persuadindo-as a adotar certos pontos de vista, chantageando-as etc[13]. As mulheres são oferecidas a convidados especiais, a personalidades políticas e outros, sendo mesmo esse um procedimento rotineiro em vários países asiáticos.

As casas de prostituição têm-se mantido há séculos, exercendo funções que parecem ser vitais à sociedade patriarcal, uma vez que, em nenhum momento da história, deixaram de existir. No período inicial, em que o Cristianismo se propagou por toda a Europa, ainda havia vestígios de um relacionamento religioso existente entre a Igreja e a prostituição[14].

Um estudo sobre a história da prostituição e sobre as mudanças que afetaram os valores morais e religiosos em função de um sistema econômico-social ajuda-nos a compreender melhor os fatores que levaram à submissão da mulher, à opressão econômica e social de certas classes, e o porquê da necessidade de um amoldamento das relações entre os sexos.

---

12 Ibid., p. 19.
13 Veja a história publicada por Ihsan Abdel Kouddous na edição de El Ahram, de 9 de dezembro de 1976, p. 3, sob o título "Al Seid fi Bahr El Asrar".
14 T. E. James, 1951, p. 21.

A opressão contra mulher na Índia, por exemplo, era tão intensa e cruel que até recentemente era costume que as viúvas fossem queimadas vivas. Ainda hoje ocorrem casos isolados em que uma viúva é induzida, por pressões sociais, a se deixar consumir pelo fogo depois da perda do marido. Os sacerdotes costumavam alegar que esse era um procedimento correto, especialmente quando se tratava de uma viúva rica, pois o dinheiro, de acordo com a lei, passaria para o templo!

Em todas as épocas, tem sido possível modificar as regras do casamento e as relações entre os sexos, em função das necessidades econômicas, sem haver nenhum escrúpulo quanto ao aspecto moral. Durante períodos de séria depressão, era permitido aos pais livrar-se de seus filhos matando-os, o aborto tornou-se frequente, as relações sexuais, fora do casamento, estritamente proibidas, enquanto as pessoas eram encorajadas a não contraírem matrimônio e, caso o fizessem, exigiam um controle da natalidade. A sociedade é, e sempre foi, capaz de selecionar, entre os valores religiosos, aqueles que servem aos seus interesses econômicos. Durante um período de relativa prosperidade em que a mão de obra escasseia, o povo é encorajado a ter grandes proles, seja dentro ou fora do casamento.

Visitei, em localidades do sul da Índia, uma comunidade tribal muito pobre que proibia a poligamia e permitia a poliandria, de modo que uma mulher pudesse ter vários homens, mas cada homem deveria satisfazer-se com uma única mulher. Dessa forma, alguns homens, geralmente irmãos, tornavam-se os maridos de uma mesma mulher. Isso servia ao duplo propósito de reduzir os gastos e limitar o número de filhos. A poliandria estendeu-se por períodos relativamente longos da história; porém, as razões econômicas de sua prevalência variaram de acordo com as circunstâncias. Em regiões árabes, antes do Islamismo, e na república de Esparta, na Grécia Antiga, a lei permitia que uma mulher tivesse vários maridos sob a condição de que tivesse apenas um filho. O número excedente de crianças, em Esparta, era exterminado pelo Estado, que as queimava vivas no cemitério de Taigitos.

Os habitantes da Grécia Antiga, podiam praticar toda espécie concebível de relações sexuais extraconjugais, desde que não prejudicasse a saúde do homem e não deixasse sua herança cair nas mãos de pessoas de classes inferiores, ou fosse distribuída aos filhos de um outro homem.

Na sociedade romana, era direito do homem adotar uma criança de mãe desconhecida, tornando-a seu filho legítimo. À mulher, não era permitido adotar uma criança de pai desconhecido e os motivos dessa diferenciação eram puramente econômicos e relacionados à herança.

Quando foi interrompida a interminável guerra entre Atenas e Esparta, no final do século V a.C., morreram muitos homens além daqueles que, ausentes de seus lares por um longo período, deixaram para trás mulheres sozinhas. Imediatamente, os homens que não haviam partido para a guerra começaram a imaginar um modo de travar relações sexuais com essas mulheres. Num prazo muito curto de tempo, surgiram ideias que defendiam amplamente a liberdade sexual para as mulheres, e os cérebros mais astutos procuraram ativamente argumentos plausíveis para justificar essa causa. Entre eles, encontra-se o famoso médico da Grécia Antiga, Hipócrates, o pai da Medicina, que convenientemente descobriu que o útero necessitava de constante irrigação do sêmen (até então, nenhum homem demonstrara um interesse particular pelo útero) e que, ao privar o útero de tais necessidades, a mulher entraria num estado depressivo a que deram o nome de "histeria" (derivado de *hystera*, palavra grega para útero). As mulheres, antes disso, praticamente não mantinham atividades sexuais constantes, mas ninguém pensara na necessidade de satisfazê-las. Entretanto, agora, em razão dessa nova e terrível doença chamada histeria, os não combatentes e aqueles que haviam decidido permanecer para cuidar de outros assuntos importantes do Estado, mais uma vez resolveram sacrificar-se por uma causa nobre e passar a ter relações sexuais com essas mulheres infelizes, sozinhas, cuja saúde correria riscos incalculáveis se não se encontrasse, a tempo, um meio de satisfazer suas necessidades sexuais. As necessidades sexuais do homem, evidentemente, não precisavam ser levadas em consideração!

Com o surgimento do cinto de castidade para as mulheres, especialmente na Idade Média, sobrevieram a licenciosidade sexual e a prostituição, que se espalhou como o fogo na relva. Os maridos, em sua maioria, com frequência faziam viagens de negócio, pois o comércio tornara-se uma ocupação lucrativa e cada vez mais famílias dedicavam-se a essa atividade. Os viajantes comerciais e os mercadores forçosamente tinham de deixar suas esposas sozinhas, daí a criatividade do homem deu origem ao cinto de castidade, feito de ferro. Esse cinto era colocado sobre os órgãos genitais externos da mulher e trancado pelas adoráveis mãos de seu marido, que carregava a chave em seu bolso. Sem dúvida, a sensação da chave entre seus dedos apaziguava sua mente, permitindo-lhe concentrar-se na árdua função de fazer dinheiro, agora que a propriedade deixada para trás estava sob inteira proteção.

Contudo, uma análise minuciosa a respeito dessas viagens comerciais revelará que o tempo e a energia despendidos pelo marido em entretenimentos sexuais com amantes e prostitutas eram muito maiores que os dedicados a atividades comerciais. Mas isso não lhe causava preocupações excessivas, já que as crianças que possivelmente surgiriam de tais relações jamais poderiam reivindicar sua parte da herança.

Guias religiosos e sacerdotes não eram menos ativos no que diz respeito a preocupações de ordem sexual. Propagou-se a imoralidade, o número de prostitutas multiplicou-se, atingindo proporções incríveis, e uma multidão de filhos ilegítimos foi concebida. E, aqueles que usavam o hábito de monge e de frade, ou as vestes esvoaçantes de um sacerdote, embora o fato de terem tomado os votos de castidade perpetuasse, renunciando aos prazeres do mundo, contribuíram decisivamente para as orgias sexuais que caracterizaram a obscura Idade Média. Houve um tempo em que as prostitutas tornaram-se parte integrante da sociedade, imprescindíveis, tanto na paz como na guerra.

Os políticos e regentes, muito cedo, perceberam que não era possível reunir um exército, manter a saúde de seus soldados e garantir que eles enfrentassem o inimigo com bravura sem asseverar que suas necessidades sexuais estivessem adequadamente satisfeitas. Tornou-se, então, um dever daqueles que comandavam os exércitos não apenas garantir o fornecimento de armas, munições, provisões e roupas, como, também, fornecer-lhes centenas ou mesmo milhares de prostitutas sobre as quais poderiam atirar-se freneticamente antes ou depois de uma batalha. É por isso que se diz que a prostituição prosperou como profissão, florescendo amplamente durante as Cruzadas. É realmente gratificante pensar que a mulher foi capaz de contribuir tão ativamente com essas guerras, de lutar tão ardentemente pela Causa Santa! Em apenas um ano, as Cruzadas tiveram de fornecer alimentação e abrigo a mais de 13 mil prostitutas! Quando a guerra terminou, a sociedade europeia defrontou-se com um novo problema, o de continuar abastecendo um verdadeiro exército de mulheres.

Muitos sacerdotes assumiram a direção de bordéis durante esse período da história da Europa. Entre eles, havia um homem chamado Menez do qual se dizia que "o número de meretrizes, nas casas que ele possuía, era igual ao número de livros que ele mantinha em sua biblioteca"[15].

É natural que, com a expansão da prostituição, as doenças venéreas se propagassem rapidamente tomando a forma de epidemia e constituindo-se em um perigo mortal para a saúde de quase todas as comunidades. Um dos imperadores europeus fez uma solene declaração na qual proclamou que essas doenças eram uma manifestação da ira de Deus contra as pessoas que haviam desprezado a religião, entregando-se ao demônio do sexo.

A verdadeira causa dessa doença era ainda desconhecida. Entretanto, foi atribuída à mulher e apropriadamente chamada de "doença de Vênus" (em homenagem a Vênus, a deusa grega do amor). Mais tarde, o mesmo nome foi designado para todas essas doenças, inclusive a gonorreia e a sífilis, que são até hoje conhecidas na Europa como doenças venéreas (*venere* = Vênus).

Assim, da mesma forma que o sexo e o pecado eram atribuídos a Eva, as doenças, decorrentes de relações sexuais, eram atribuídas a Vênus. O homem, como sempre, permaneceu puro e inocente, enquanto a mulher continuou a ser a origem do mal, do pecado e da doença.

Durante a Idade Média, a prostituição continuou a fazer parte da vida social. No ano de 1414, quando o imperador Sigismundo, à frente de seu Exército, visitou Berne, na Suíça, as portas dos bordéis abriram-se para ele e suas tropas numa demonstração ressonante de cordialidade, o que levou o imperador a ficar durante as festividades e a agradecer às respeitáveis autoridades por sua calorosa hospitalidade[16].

No século XVIII, quando começou a desenvolver-se uma organização, conhecida hoje por departamento policial, os bordéis foram colocados sob a supervisão desse novo aparato estatal. O aparecimento desse departamento deve-se ao fato de a classe dominante desejar exercer uma supervisão mais eficaz sobre essa instituição, por ela mesma criada, a fim de assegurar, já que se tratava de uma área particularmente sensível, que não escapasse de seu controle. O passo seguinte foi sancionar uma série de leis que regulamentasse a prática da prostituição e garantisse a devida supervisão médica, para que os homens que passassem a noite com essas mulheres não fossem contaminados

---

15 Salah Hafez, *Al Tarikh Al Ginsi Lil Insam*, Al Kitab Al Dahaby (Roz El Youssef, Cairo, 1973), p. 82.
16 *Encyclopaedia Britannica*, op. cit., v. 22, "Prostitution..."

por doenças venéreas. Além disso, não havia razões para que as prostitutas não contribuíssem para a manutenção de uma entidade que estava cuidando de seus interesses e, assim, com o tempo, essa profissão começou a pagar impostos. O governo estava convencido de que a prostituição era uma ocupação rendosa e que, como autoridade suprema, exercendo seu poder e domínio em nome da classe dominante, não havia motivos para que não tomasse parte desses lucros extraordinários, muito embora fossem o fruto do pecado e da degradação. O Estado não se envergonhava de enfiar os dedos nas bolsas das prostitutas, exatamente como fazem atualmente os gigolôs. Qualquer uma que se recusasse a pagar as taxas era presa, condenada por exercer tal ofício!

O número de prostitutas multiplicou-se rapidamente, em função da crescente procura, por parte dos maridos, por relações sexuais fora do casamento. Um outro fator foi a conclusão a que a mulher chegou de que era mais valorizada e melhor remunerada nesse mercado que no casamento. Deve-se também levar em consideração o intenso grau de pobreza decorrente da ostensiva e organizada exploração de classes. A prostituição, assim, aliada às "consequências venéreas", que começou a assumir proporções alarmantes, passou a constituir uma ameaça à economia da sociedade e à saúde de seus membros. Imediatamente, os governos começaram a promulgar leis que a tornaram ilegal.

No Egito, o meretrício era legalizado e supervisionado pelo Estado até o ano de 1951, quando o governo decidiu proibi-lo. Hoje, a prostituição é ilegal, embora sobreviva clandestinamente e, às vezes, até mesmo abertamente. A meretriz mantém-se a salvo se estiver sob a proteção da polícia ou de alguém influente, sendo a prisão a ela destinada caso ela seja pobre ou se recuse a cooperar com a polícia ou com algum homem poderoso.

Todas essas vítimas, sejam elas prostitutas, mulheres abandonadas ou filhas ilegítimas, são sacrificadas no altar de uma civilização patriarcal, tanto no Ocidente como no Oriente, uma civilização onde o homem é deus e decide como melhor satisfazer seus interesses, suas vontades e seus caprichos. Como é possível conceber que um homem que se elevou sobre todos os seus semelhantes, um gênio como Picasso que, ao morrer, deixou uma fortuna calculada em torno de 140 mil libras esterlinas, tenha voluntariamente deserdado Paloma e Claude, dois filhos ilegítimos, seus e de sua amante Françoise Gilot?[17]

---

17 *Al Ahram*, Cairo, 27 de março de 1974, primeira página sob o título "Akhbar El Sabah" (notícias matutinas).

O aborto e a fertilidade

A concepção de filhos, como qualquer outra forma de produção na sociedade, está sob influência do sistema econômico e dos recursos materiais e alimentícios. Se esses recursos se tornam escassos em comparação ao número de habitantes, a sociedade, compelida pelo medo da fome e da morte, permitirá tudo aquilo que antes era considerado terminantemente proibido e pecaminoso a fim de restaurar o equilíbrio entre a produtividade e a reprodução humana. Isso é conseguido de duas maneiras: ou aumentando-se o índice de produção de recursos materiais e alimentícios ou reduzindo-se o índice de natalidade.

Nos tempos antigos, a ciência e a tecnologia não estavam suficientemente adiantadas para reforçar os recursos alimentícios substancialmente, quando isso se fizesse necessário, nem as pessoas sabiam o bastante a respeito do controle de natalidade e do aborto. A única solução, portanto, era exterminar as crianças, tão logo nascessem. Esse procedimento, na época, não era considerado criminoso nem imoral; ao contrário, era encarado como uma ação profícua e louvável. Os sentimentos maternais e paternais não pareciam atrapalhar aquilo que, a nossos olhos, constituiu-se num ato extremamente cruel e desumano, uma vez que é a necessidade que controla o comportamento humano. Os sentimentos e as emoções, exatamente como os conceitos morais, são alterados, adaptando-se às necessidades econômicas e sociais. O povo não tem uma noção verdadeira dos problemas morais e religiosos até que se tenha alimentado, satisfeito suas necessidades vitais e esteja convenientemente relaxado, física e mentalmente. Um homem faminto não pensa em adquirir um véu para cobrir o rosto de sua esposa sem antes ter conseguido um pedaço de pão.

O problema da mulher consiste no fato de que seu corpo, ou mais precisamente, o seu útero, é o único receptáculo onde se pode reproduzir a vida humana. Os governos, a fim de controlar o crescimento populacional e submetê-lo aos interesses do sistema econômico, sua válvula propulsora, tiveram de estender seu domínio e jugo ao corpo da mulher.

Esta, portanto, perdeu o controle de seu próprio corpo, empossado pelo Estado que, nas sociedades modernas, absorveu muito da autoridade e função exercidas pelo pai no sistema patriarcal primitivo.

Uma vez que a maioria dos países do mundo, na história atual, tem um regime capitalista ou feudal, o corpo feminino tornou-se oprimido por legislações severíssimas, propriedade das classes capitalistas e feudais que regem a sociedade. Essas leis, no entanto, são constantemente alteradas de acordo com as necessidades que o governo atuante tenha de mais mão de obra, ou de impingir um programa de ação que se oponha ao medo progressivo de um rápido crescimento populacional.

Assim, uma liberdade sexual que incentiva a natalidade, dentro ou fora das bases do casamento, é considerada íntegra e profícua, tanto para a mulher casada como para a solteira que viva na sociedade sueca de hoje, pois a Suécia está enfrentando uma aguda diminuição de sua população e, portanto, de mão de obra.

Em outros países que se defrontam com o problema de superpopulação, como a Índia e o Egito, é muito provável que a mulher casada (já que a mãe solteira está fora de cogitação nesses locais) seja punida caso tenha mais que dois ou três filhos. Atualmente, no Egito, a mulher que trabalha perde o auxílio-maternidade depois do terceiro filho, e um número cada vez maior de pessoas está exigindo que ela perca outros direitos, como promoção, aumento salarial periódico etc., no caso de ter mais de dois filhos.

Na Tunísia e na Somália, apesar de serem países islâmicos, o aborto foi legalizado, por ser um dos meios de combater o alto índice de crescimento populacional. Contudo, nos demais países islâmicos, o aborto continua ilegal, uma vez que a religião muçulmana considera-o contrário a seus princípios.

Se estudarmos o relacionamento entre a religião e a nação, em diferentes estágios da história da humanidade, e em diferentes tipos de sociedade, descobriremos que é perfeitamente possível para uma única religião defender princípios e posições diametralmente opostos, até mesmo ao enfrentar problemas cruciais. Os princípios e as posições parecem variar muito mais em razão das estruturas socioeconômicas das nações do que pela religião em vigor. Isso se torna evidente na maneira com que a Igreja Cristã mudou radicalmente sua posição em relação a muitos assuntos para adaptar-se à transição do feudalismo ao capitalismo; e ilustra-se com muita precisão pela extrema versatilidade com que as autoridades religiosas muçulmanas adaptaram suas ideias e posições às exigências de vários governos árabes, em diferentes períodos, quando o sistema saltou da escravidão para o feudalismo, do feudalismo para o capitalismo e, finalmente, do capitalismo para o socialismo.

As autoridades religiosas muçulmanas acrescentaram mais uma contradição a sua já interminável série de posições contraditórias ao aceitar o planejamento familiar pelo controle de natalidade. Algumas delas afirmam categoricamente que o Islamismo aprova o planejamento familiar e até mesmo o aborto; outras mantêm-se firmes na posição de que o Islamismo não só condena o aborto, mas, também, a utilização de anticoncepcionais.

Gamal Abdel Nasser, na Constituição Nacional de 1962, inclui um artigo no qual expressa a necessidade de um planejamento familiar (*Tanzeem El Osra*) "porque um dos maiores obstáculos enfrentados pelo povo egípcio para melhorar o nível de produção e, consequentemente, o padrão de vida, é o rápido crescimento da população". Em 1965, estabeleceu-se o Conselho Supremo de Planejamento Familiar, com total anuência por parte das autoridades religiosas, que não levantaram objeções ao decreto presidencial. Alguns deles, contrariamente ao pressuposto, lançaram-se numa fervorosa competição, trazendo provas de que no Islamismo havia argumentos que defendiam a prática de um planejamento familiar. Jornais, emissoras de rádio e televisão, por intermédio de discursos e versos do *Alcorão*, propagavam assiduamente esse tema, de tal modo que as exigências governamentais para um planejamento da família funcionaram regularmente por mais de dez anos. Gamal Abdel Nasser morreu em setembro de 1970, apenas cinco anos depois e, de repente, sem nenhuma advertência, a Assembleia Constituinte da Associação Islâmica Mundial promulgou uma resolução que estigmatizava o planejamento familiar de *Haram*. Esta resolução[1] foi expressa nos seguintes termos:

> "Tem sido comprovado pela Medicina que os medicamentos usados para evitar a gravidez causam muito mal à mãe e ao filho que nascer apesar do uso da droga. Muitos argumentos superficiais são apresentados em defesa do controle da natalidade, como a superpopulação, a dificuldade de prover uma alimentação adequada e os baixos níveis de educação. Tudo isso deve ser ignorado, pois o *Sagrado Alcorão* apresenta a resposta: "Não mate o seu filho por medo da heresia. Ele vai tomar

---

[1] A resolução foi publicada no *Al Ahram* – jornal diário, 18 de abril de 1975, p. 11, sob o título "Ressurge mais uma vez um velho problema. O controle da natalidade é 'Haram'?"

providências por vocês dois. Suas necessidades dependem de Alá e Ele vai fornecê-las. Aquele que se furtar à ira de Alá, Alá encontrará uma solução para ele, e o acudirá de uma forma por ele não esperada"[2].

Não obstante, o Conselho de Planejamento Familiar continuou em vigor no Egito. Algumas autoridades religiosas opuseram-se a essa resolução. Outros países islâmicos permitiram o controle de natalidade, como Marrocos, Tunísia, Irã, Turquia e alguns deles chegaram até a admitir o aborto.

No que toca a essência do Islamismo, não há nada no *Alcorão* que defenda ou contradiga o controle da natalidade ou as medidas anticoncepcionais. O *Alcorão* é considerado a fonte principal de orientação teológica e jurisprudente do Islamismo. A seguir, vêm os provérbios e ditados do Profeta, seguido do consenso de líderes e pensadores religiosos e, por último, os métodos de inferência e analogia. Essas são as três fontes de informação utilizadas como complementos do *Alcorão* quando se deseja tomar uma posição mediante um problema qualquer. Alguns dos ditos de Maomé (*Ahadith*) incentivam as pessoas a multiplicar-se e reproduzir-se, enquanto em outros, ele prega a limitação no número de filhos. O mesmo acontece aos pensadores e legisladores do Islamismo. As contradições e opiniões divergentes encontradas nos ensinamentos de Maomé indicam que eles foram calculados para lidar com situações diversas, foram manifestados em diferentes ocasiões e dentro de contextos variados. Os versos do *Alcorão* constantemente exprimem opiniões divergentes e até mesmo irreconciliáveis, uma vez que, torno a repetir, chegaram a Maomé como inspirações vindas do céu em momentos e locais diferentes. Não podemos compreender uma religião apropriadamente se a examinamos como uma série de princípios e ensinamentos isolados, enviados por Deus, sem analisarmos suas conexões com situações específicas, cada uma das quais caracterizada por seu próprio ambiente social, econômico e cultural. Deve-se sempre observar cuidadosamente o contexto em que Deus se dirigiu a seu povo, orientando-o sobre o que se deve fazer.

No início do Islamismo, uma das tarefas mais importantes de Maomé foi primeiro estabelecer e depois fortalecer a nação muçulmana. Por essa razão, ele incentivou o povo a multiplicar-se, já que, naquela época, a superioridade em números representava força e ajudava a constituir exércitos poderosos. Maomé, em seus ensinamentos, ordenou ao povo que

---

2 *Alcorão*, "Sourat El Isra'a", versículo 31.

"se casasse e multiplicasse, que orgulhar-me-ei de vós, dentre as nações, no Dia do Julgamento"[3]. Ele também disse aos homens: "Casa-te com aquela que for carinhosa e fértil".

Alguns dos teólogos e legisladores muçulmanos baseiam-se em versos do *Alcorão* para se oporem ao controle da natalidade, em versos como: "Exatamente porque um camelo não carrega em si mesmo os meios para sobreviver, Alá cuida dele e de ti"[4]. Ou "Alá abasta generosamente aqueles dentre seus seguidores que Ele perceber valer a pena selecionar"[5]. Também: "O teu Deus promove generosamente aquele que Ele desejar, pois Ele é todo-poderoso"[6].

Em defesa dessas ideias, diz-se que o Profeta declarou, com toda certeza, que no quarto mês de desenvolvimento do feto no útero da mãe, ou seja, depois de 120 dias, "Alá envia um Anjo que decide a vida futura da criança em pontos cruciais: seu meio de vida, seu tempo de vida e um destino feliz ou infeliz"[7].

Maomé, entretanto, estava cônscio de que os números tinham de estar acompanhados de saúde e força, e não deveriam resultar da fraqueza, de lutas e divisões internas ou se tornarem simplesmente um resultado numérico sem utilidade. Esse é o pensamento inerente a um líder de uma nação que deseja auxiliar o povo e torná-lo mais forte, de tal forma que possa sobreviver a obstáculos e inimigos.

Em um de seus famosos provérbios, diz-se que Maomé deixou claro que "a pior das catástrofes é muitas crianças e poucos recursos". Essa frase foi selecionada pelo Conselho de Planejamento Familiar do Egito como um de seus *slogans*. O Profeta, em outra ocasião, deixou um outro provérbio, não menos famoso: "As nações lançam-se sobre ti na mesma medida que um esfomeado se lança sobre a panela". Daí, um dos presentes perguntou-lhe: "Mas somos tão poucos assim?" E o Profeta respondeu: "Não, vós sois muitos, porém, fragmentados, como a espuma de uma correnteza"[8]. Com isso, ele quis dizer que um grande número de pessoas isoladas era como a espuma erguida por uma torrente de água, inútil e sem força.

---

3 El Ghazali, *Ihy'a Ouloum El Dine* (Cairo, 1939), p. 22.
4 *Alcorão*, "Sourat El Ankabout", versículo 60.
5 *Alcorão*, "Sourat El Ankabout", versículo 62.
6 *Alcorão*, "Sourat El Isra'a", versículo 30.
7 *Hogag El Bokhari*, v. 7, p. 196.
8 Ahmed El Sharabassi, *Al Islam Wa Tanzeem El Orsa* (I.P.P.F., 1974), v. 2, p. 11. (Federação Internacional de Paternidade Planejada).

No tempo de Maomé, o método anticoncepcional utilizado era a retirada pré-ejaculatória ou ejaculação externa. No livro, *Al Sahihain*, menciona-se que Gaber tenha dito: "Nos tempos do Profeta de Alá, quando os céus o inspiravam a conceber o *Alcorão*, nós usávamos o método da ejaculação externa"[9]. Em *Sahih Mossalam*, ele disse: "Nós costumávamos praticar a ejaculação externa nos tempos do Profeta. Quando este soube disso, não nos mandou parar de agir assim"[10]. Dizem que o religioso Iman El Ghazali, afirmava: "Para nós, é correto dizer que a ejaculação externa é permitida"[11].

Os teólogos da escola muçulmana de Maliki concordam que esse costume seja praticado para evitar a gravidez, mas insistem na permissão da esposa, qualquer que seja sua idade[12].

A escola predominante no Iêmen, segundo o Iman Zeid Ibn Ali Zein El Abedeen, permite essa prática, desde que a esposa não faça objeção. Já o Iman Yehia Ibn Zeid defende-a, sem reservas, se o objetivo for evitar a gravidez[13].

No Iraque, Paquistão, Afeganistão e na Síria, a escola teológica muçulmana mais conhecida é a de Al Shia El Ga'afereya. Em seus escritos, essa prática que objetiva evitar a gravidez é aceita na condição de que se faça um acordo com a esposa na hora do casamento[14].

De acordo com Maomé, esse método não deve ser utilizado com uma "mulher livre", a menos que ela concorde[15]. Os discípulos de Abadallach Ibn El Temimy (conhecido por Abadeya), habitantes da região de Omã, na parte leste da península árabe, e de algumas áreas do norte da África, permitem esse método apenas se a esposa não se opuser. Eles afirmam que "esse método é admissível para se evitar filhos por medo de terem muitos filhos em seguida, prejudicando assim a criança..."

Alguns legisladores e pensadores do Islamismo têm permitido o controle da natalidade por outros meios além da ejaculação externa. Em um deles, a mulher fecha a entrada do útero, impedindo a entrada do "líquido" (sêmen), evitando, assim, a gravidez. Dizem que isso foi interpretado por Ibn Abdine, como sendo a opinião de Saheb El Bahr, um dos legisladores

---

9 *Sahih El Bokhari*, v. 7, p. 42; *Sahih Mossalam*, 10/12; *Al Tarmazi*, 15/74; *Tarteeb Mousnad Ahmed Ubn Hanbal*, 16/219.
10 *Sahih Mossalam*, 10/14 com notas explicativas de El Nawawi.
11 El Ghazali, *El Ihya'a*, v. 2 (El Maktaba El Tougareya Editores, Egito), p. 51-52.
12 *Hashiat El Dessouki wa Sharh Al Darder Ala Matn Khalil*, v. 2, p. 266.
13 *Kitab El Bahr Al Zakhar*, Matba'at Ansar El Sounna El Mohamediya, 1948, v. 3, p. 81-82.
14 *Kitab El Roudah, El Baheya, Sharh El Lama's El Dimishkeya*, Matbaat Dar El Kitab El Arabi, Egito, v. 2, p. 68.
15 *Kitab Da'aim El Islam*, Dar El Maaref, Egito, v. 2, p. 210.

de Al Hanafi, escola de doutrinação muçulmana. Novamente, neste caso, tem de haver o consentimento prévio da esposa[16].

Há uma citação de El Zarkashi em que ele fala em provocar o desprendimento do embrião por meio de um medicamento especial. Quanto ao uso de medicamento após a ejaculação, ele diz: "Não há objeções quanto ao uso de métodos que previnam a gravidez antes da ejaculação"[17].

O Comitê de Fatwa's (instruções ou explicações da doutrinação religiosa) da Universidade de El Azhar declarou:

> O uso de medicamentos para prevenir a gravidez por um curto período de tempo não é proibido, de acordo com as diretrizes de El Sahfei, escola de doutrinação islâmica. Por essa razão, o comitê apoia essa ideia, uma vez que tornará as coisas mais fáceis para as pessoas e evitará qualquer sentimento de vergonha, especialmente se houver temor de excessivas gestações ou da fraqueza decorrente delas. Alá, o Todo-Poderoso, disse: "Alá deseja aliviar tua carga e não tornar as coisas mais difíceis."[18]

Durante a Idade Média, médicos muçulmanos costumavam aconselhar as pessoas sobre métodos anticoncepcionais. Um dos mais famosos foi Abou-Bakr Al Razi, um persa muçulmano, nascido em Teerã em meados do século IX. Consideram-no o maior médico do Islamismo e o melhor da Idade Média. Em seu livro chamado *Al Hawi* ("aquilo que é compreensível"), ele descreveu métodos diferentes de controle de natalidade:

> Muitas vezes, é importante impedir que o sêmen penetre no útero, como, por exemplo, quando a gravidez traz riscos de vida para a mulher. Há várias formas de evitar que o sêmen alcance o útero. O primeiro método é a interrupção do coito. O segundo é evitar a ejaculação completamente, e isso já é praticado por algumas pessoas. O terceiro procedimento é colocar algum medicamento na entrada do útero antes da penetração. Esses medicamentos fecham a abertura do útero ou expulsam o sêmen, evitando assim a gravidez. Podem ser usados os comprimidos ou supositórios de repolho, bílis de boi, cera de ouvido de animais, excremento de elefante e água de cálcio. Esses medicamentos podem ser usados isoladamente ou combinados.[19]

---

16 *Nazrat Al Islam ila Tanzeem El Nasl*, p. 80.
17 Al Ramli, *Nihayat El Mohtag*, v. 2, p. 416.
18 *Alcorão*, "Sourat El Bakara", versículo 185, *O Azhar Fatwa*, datado em 10 de fevereiro de 1953.
19 Abou Bakr El Razi, *Al Hawi*, cap. 24.

Outro médico famoso de Abbaside Caliphate, em Bagdá, foi Ali Ibn El Abbassi El Megousi que, em meados do século X, apoiou o controle da natalidade:

> Os medicamentos que previnem a gravidez, embora não devessem ser mencionados, a fim de evitar que as mulheres de má reputação fizessem uso deles, devem ser consumidos por mulheres portadoras de útero infantil ou de alguma doença perigosa para a gestação que poderia pôr em risco suas vidas durante o parto.[20]

Apesar de sua grande capacidade como médico, Ali Ibn El Abbasi tinha um conhecimento muito superficial a respeito da sociedade, da família patriarcal e da tragédia do filho ilegítimo; caso contrário, ele teria percebido que as mulheres a quem ele chamou de "aquelas de má reputação" (referindo-se às prostitutas) precisavam, mais do que ninguém, utilizar métodos anticoncepcionais. Dessa forma, elas poderiam salvar seus filhos da vadiagem, da vergonha e até da morte, e proteger sua própria saúde e moral da sobrecarga de um filho ilegítimo, gerado em suas relações com os homens, relações estas impostas por uma sociedade desumana fundamentada sobre a unidade da família patriarcal.

Um outro famoso pensador e cientista do Islamismo foi Avicena (Ibn Seena), falecido em 1037. Ibn Seena, em seu livro *El Kanoun fil Tib* (As Leis da Medicina), descreveu vinte métodos anticoncepcionais diferentes, de maneira notavelmente precisa e detalhada, se considerarmos o estágio inicial em que se encontrava a ciência por ocasião de seus escritos[21]. Esses métodos foram utilizados durante centenas de anos, chegando mesmo a superar novos métodos prescritos por médicos que apareceram depois dele. Contudo, exatamente como todos os outros cientistas e médicos, ele prescreveu medidas anticoncepcionais apenas por razões médicas. Em nenhum momento levou em consideração seus motivos econômicos e sociais, nem mesmo em termos individual ou familiar.

A Medicina, na Europa, herdou muitos dos conhecimentos e das técnicas descobertos e prescritos por médicos árabes muçulmanos, ao pesquisar fontes como *Al Irshad* de Ibn Gami'i, *Tazkarat Daoud Al Antaki* (as prescrições de David Antioquia), Ismail El Girgani e *Kitab El Malki*.

---
20 Ali Ibn Abbas El Megousi, *Kamel El Sana'a El Tibi* (As Técnicas completas de Medicina), cap. 28.
21 Ibn Seena, *El Kanoun fil Tib*, v. 2, p. 375.

Muitas pessoas mal informadas ainda acham que o controle da natalidade e os métodos anticoncepcionais são invenções da filosofia e ciência ocidentais. Outros estão convencidos de que os preventivos usados pelos homens durante a relação sexual foram inventados no Ocidente; entretanto, há muito tempo, o Iman El Ghazali mencionou em seus escritos a utilização do "invólucro de pele do homem", ou "preventivo", que era feito de tripa.

A posição tomada pelos países árabes quanto ao controle da natalidade varia de acordo com os índices de crescimento populacional e sua relação com a produtividade e os recursos econômicos da nação. No Kuwait e na Arábia Saudita, só se permite o uso de métodos anticoncepcionais em razão de motivos médicos. Entretanto, em outros países, como Egito e Tunísia, o governo está aderindo ao programa de planejamento familiar. Também enquadram-se nesse caso outros países muçulmanos, como o Paquistão, o Irã e a Turquia. O ponto crucial da questão e as razões por que diferentes medidas são tomadas não estão, portanto, ligados à religião, mas aos fatores econômicos.

As questões sobre planejamento familiar e controle da natalidade foram inicialmente levantadas pela imprensa egípcia cerca de quarenta anos atrás, no dia 29 de janeiro de 1937, quando se solicitou ao Mufti El Diyar El Masria (líder religioso egípcio que interpreta os dogmas) um esclarecimento sobre a posição do Islamismo em relação ao controle da natalidade e ao aborto, tanto com referência aos seus aspectos sociais como aos terapêuticos[22]. A resposta do Mufti foi a seguinte:

1. É direito dos cônjuges tomar medidas individuais com respeito ao controle da natalidade, por motivos médicos ou sociais. Não é essencial a aquiescência de ambos.
2. Antes que um período de dezesseis semanas de gestação tenha-se completado, é permitido tomar-se medidas ou medicamentos que induzam ao aborto, desde que a mulher seja adequadamente orientada e não se exponha a riscos.
3. Todos os Imans religiosos concordam que o aborto, sob nenhuma circunstância, pode ser praticado depois de decorrido este período.

Fica claro, assim, que os métodos anticoncepcionais e o aborto provocado nas dezesseis primeiras semanas de gravidez foram permitidos

---

22 Dr. Ali Shaaban, "Mani El Haml fil Islam", artigo reproduzido nos documentos: *Al Islam wa Tanzeem El Osra* (I.P.P.F., 1974), v. 2, p. 211.

pelas autoridades religiosas do Egito em 1937, quando na maior parte dos países europeus ainda eram proibidos por lei. Durante o mesmo ano, a Associação Médica Egípcia organizou um seminário cuja finalidade era estudar essas questões sob todos os aspectos: médico, social, legal, religioso e estatístico.

Embora a legislação egípcia permita o uso de métodos anticoncepcionais, até hoje o aborto continua ilegal. Alguns países árabes, como a Tunísia e a Somália, legalizaram o aborto, mas a maioria dos países restantes ainda o proíbe legalmente, apesar do evidente apoio à sua prática antes de completadas as dezesseis semanas, sustentado por várias autoridades islâmicas em diversos países, inclusive, como já observamos, o Egito.

O Iman El Ghazali (da Escola Teológica de El Shafei) e Ibn Gazey (da Escola Teológica de Maliki) representam as duas correntes que se opõem rigorosamente ao aborto em qualquer período de gestação.

Algumas autoridades religiosas consideram que o aborto não é proibido pela religião, se for praticado dentro dos primeiros 120 dias de gravidez, o que foi mencionado nos escritos da escola de Hanafi, citado por El Kamal Ibn El Haman[23]. Esses religiosos alegam que o embrião, até esse período, ainda não adquiriu vida humana. Dizem que o Profeta deixou bem claro que *El Rouh* (vida) não desperta no embrião antes do 120º dia[24]. Ibn Wahban El Hanafi, em seus ensinamentos, mencionou a seguinte orientação: "É realmente uma dificuldade atroz se o leite do seio materno secar após a gestação, e o pai não tiver recursos para alugar uma cabra ou um camelo, e assim temer que esta criança possa morrer". Em seguida, ele completa: "Em caso como esse, permitir o aborto não pode ser considerado mais do que uma transgressão, o que significa que não deve ser condenado como os crimes de assassínio devem ser"[25].

As autoridades religiosas são unânimes em condenar o aborto após os primeiros quatro meses de gravidez e insistem no pagamento de uma multa, se este for praticado, exceto se for comprovado que se trata de uma medida essencial para poupar a mãe, "a qual não pode ser sacrificada para salvar a criança, uma vez que ela é a origem de sua vida". Esses casos são classificados numa categoria conhecida como "cometer o menor dentre os males", que é um dos princípios de jurisprudência religiosa. A lei

---

23 *El Mahali*, Libn Hazm, v. 2, p. 35-40.
24 *Daleel El Modaribeen fi Tanzeem El Osra*, Conselho Supremo de Planejamento Familiar, Cairo (Junta de Planejamento Familiar), v. 1 (primeira edição, dezembro de 1971), p. 80.
25 Mohamed El Maki El Nassiri, *Al Islam Wa Tanzeem El Osra* (I.P.P.F., 1974), v. 2, p. 65.

criminal marroquina inspira-se neste princípio islâmico. O Artigo 453 afirma: "O aborto não é punido quando for necessário para salvar a vida da mãe em perigo, contanto que seja realizado abertamente por um médico ou cirurgião, depois de informado oficialmente às autoridades competentes"[26].

Um dos principais problemas enfrentados pela mulher árabe, casada ou não, é a gravidez. Se uma mulher pobre ficar grávida e não for casada, então, é realmente digna de pena. Ela pode pagar com a própria vida por esse erro, muito embora possa não ser culpada, ainda que seja uma simples e indefesa criança que foi violentada e seduzida por um homem, pertencente a uma classe superior. Uma jovem de família rica dificilmente ficará exposta a esse problema, pois seus pais encontrarão uma rápida solução, caso isso ocorra. Provavelmente, ela será casada com um homem de posição social inferior que aparecerá ostentando uma máscara de cavalheirismo, uma vez que está "salvando" a pobre jovem enquanto, na realidade, ele se encontra muito feliz por se casar com uma mulher rica. Por outro lado, se o homem, responsável pelo acontecimento, recusar-se a casar, e não surgir nenhum voluntário, ela pode ser levada a um médico e, já que tem dinheiro, pagar o preço de um aborto ilegal.

Gravidez e aborto são motivos intermináveis de crise na vida de uma pobre operária, mesmo que ela seja casada. Exausta e ainda sobrecarregada por numerosas tarefas em casa, é forçada a evitar, a qualquer custo, repetidas gestações. Concomitantemente, ela pode vir a saber que o governo está incentivando o uso de métodos anticoncepcionais e a prática de planejamento familiar. Contudo, para ela, não é fácil aceitar esses métodos e enfrentar os numerosos obstáculos que resultam de sua formação social, econômica, cultural e religiosa. Por essa razão, a maioria das esposas árabes vive sob constante tensão e ansiedade, temendo uma outra gravidez e a sobrecarga de uma nova criança para cuidar.

Como era de se esperar, todo o peso do uso de anticoncepcionais recai sobre o ombro da mulher. É ela que tem de lidar sozinha com tais problemas, como adquirir as pílulas, tomá-las e sofrer seus efeitos secundários, caso ocorram. É ela quem vai a uma clínica colocar o DIU ou removê-lo se o seu organismo o rejeitar. E se algum desses métodos falhar e ela engravidar, sua única saída, caso não queira enfrentar os problemas de uma nova criança, é recorrer a um aborto ilegal, correndo todos os perigos de uma

---

26 *Ibid.*, p. 66.

intervenção feita sob condições inadequadas, sem os devidos cuidados médicos. E, se procurar um bom médico, terá de pagar o preço que ele pedir, normalmente muito alto porque o aborto é ilegal, podendo, então, tornar-se uma atividade bastante lucrativa.

O aborto continua sendo ilegal na maior parte dos países árabes, constituindo uma área ainda em completa escuridão. Não há estatísticas sobre o número de operações realizadas, apenas uma estimativa calculada em alguns hospitais, onde estão registrados os casos complicados. Entretanto, tem-se observado que a proporção de operações realizadas por motivos de doença tem caído consideravelmente, ao passo que aquelas realizadas para preservar a saúde física e mental da mãe aumentaram em número. Fica claro que isso reflete uma tentativa de preencher as exigências legais relativas ao aborto, pelo menos do ponto de vista formal. Geralmente, se houver razões psicológicas ou mentais, elas estarão diretamente ligadas à situação socioeconômica da paciente, não estando a lei preparada para reconhecer, como legalmente válidas, tais alegações. Assim é que as pessoas e os médicos podem driblar a lei, mas apenas se houver dinheiro disponível.

Como consequência disso, tem-se notado que o número de abortos praticados em mulheres procedentes de famílias abastadas é três vezes maior que o de mulheres provenientes dos setores mais pobres da sociedade, tudo isso medido em números absolutos. Os profissionais da Medicina são, certamente, a válvula propulsora que se move por trás dessas estatísticas, já que o dinheiro é o único veículo que permite à mulher fazer um aborto.

O professor Ismail Ragab (da Universidade de Ein Shams) dividiu os médicos, no que diz respeito ao aborto, em duas categorias[27]: uma pequena minoria que dribla a lei de várias maneiras e realiza a operação, geralmente com o único objetivo de ganhar a maior quantidade de dinheiro possível, e uma maioria que, apesar de se recusar a fazer a operação, mostra-se disposta a indicar um profissional que a faça, apesar de que até mesmo essa indicação seja passível de punição legal.

O aborto, como qualquer outra questão relacionada à mulher e ao sexo na sociedade árabe, ainda é um assunto repleto de contradições, outra prova do duplo padrão moral inerte a uma sociedade patriarcal.

---

27 Dr. Ismail Ragab em um artigo com o título: "Al Ganeen El Moshawah wal Haml El Khata'a", *Health Magazine*, nº 33, 23 de janeiro de 1973, p. 44-47.

No Egito, as estimativas indicam que um entre cada quatro casos de gravidez termina em aborto ilegal, e o resultado é, a cada ano, uma variedade de complicações muito sérias, que afetam muito mais as mulheres de classes mais baixas. O aborto ilegal, no Egito, atualmente é a maior causa de mortes em gestantes.

Não há dúvida que a situação da mulher solteira é ainda mais desesperadora, não apenas do ponto de vista médico, mas, também, moral e social. Os casos mais frequentes ocorrem com as pobres empregadas domésticas, que têm sido submetidas aos avanços e assaltos dos filhos ou maridos de famílias ricas ou de classe média alta. Casos menos frequentes envolvem jovens garotas que acreditaram nos juramentos de homens, que as estiveram cortejando com promessas de casamento que nunca se concretizam.

É um fato que, no Egito, a maior parte dos abortos não é praticada em mulheres solteiras, pois 90% desses casos envolvem mulheres casadas cujas idades variam entre 25 e 35 anos. Entre esses abortos, 80% envolvem mães que já tenham concebido dois ou mais filhos e sentem que suas famílias não têm capacidade para arcar com as consequências socioeconômicas de uma criança a mais.

A legalização do aborto no Egito, ou nos demais países árabes, não trará grandes modificações no que concerne ao número de operações, pois elas estão se espalhando como fogo. Sua importância, no entanto, reside no fato de poder trazer à tona, à luz do dia, o que no presente momento é um procedimento obscuro e criminoso, realizado em segredo absoluto; um mercado negro manobrado por grandes interesses. Sua legalização proporcionará às mulheres de classes mais pobres a possibilidade, pelo menos em princípio, de receber o mesmo atendimento dedicado às mais abastadas, e definitivamente levará ao melhoramento dos serviços disponíveis, à redução da negligência e, consequentemente, das complicações. As mulheres pobres poderão submeter-se a abortos em condições que proporcionem, ao menos, alguns cuidados médicos e limpeza, sendo isso particularmente verdadeiro agora que existe um aparelho sugador, capaz de remover o embrião em poucos minutos, sem a utilização de anestesia e sem causar dor alguma.

10
As noções desvirtuadas sobre feminilidade, beleza e amor

Um dos defeitos mais chocantes das sociedades árabes é o fato de não estarmos acostumados a fazer um exame crítico sobre os valores herdados das gerações passadas e, em particular, sobre aqueles relacionados à mulher, ao sexo e ao amor. Muitos acham que esses valores vieram do céu, mas, na realidade, eles não passam de reflexos de uma sociedade patriarcal, na qual uma classe exerce domínio sobre a outra, e o homem domina a mulher.

Um dos primeiros princípios de honra e amor estabelece que nenhum ser deve subjugar seu semelhante. Se um rico oprimir um pobre, ele estará indo contra aquilo que é considerado nobre. Se um homem possuir uma mulher, como se ela fosse uma propriedade sua, esse relacionamento não pode ser descrito como honrado. Honra é justiça e igualdade dos direitos humanos. Amor honesto é aquele construído sobre justiça e igualdade.

Uma das condições para o amor verdadeiro é um intercâmbio entre o casal e, para atingir esse intercâmbio, é necessário o equilíbrio, a igualdade entre os parceiros. Não pode existir uma permuta entre um patrão e um escravo, entre um elemento superior e um inferior, exatamente como a água não pode escoar para cima sem que haja alguma intervenção especial. O amor verdadeiro não pode escorar-se num relacionamento caracterizado por nenhum tipo de exploração. Está, portanto, correto afirmar que a maior parte dos relacionamentos existentes entre um homem e uma mulher não se baseia em um amor real. O amor descrito pelas canções egípcias, vibrante, repleto de suspiros e crises, não é realmente amor. Tampouco são verdadeiras as emoções por que passam um homem e uma mulher, retratadas na literatura árabe, nem as histórias que relatam um sofrimento por amor – nem o amor cego, a paixão arrebatadora, o amor romântico – são expressões de sentimentos chamados de amor genuíno.

O amor é a mais bela experiência por que um ser humano pode passar, e por ele é possível que toda a potencialidade física, mental e emocional de um homem ou de uma mulher atinja o ponto mais alto de intensidade, imergindo, em seguida, em seu ser.

A ação é um elemento essencial para o amor. O amor platônico ou *Houb Ozri* é uma emoção fraca, uma vez que nele não existe a ação; é um amor baseado na privação, alimentando-se de reações puramente emocionais, destituído de ação.

A mulher árabe, submetida a repressões mentais, sexuais e psicológicas, não tem outra alternativa senão sacrificar a ação. É o homem quem age e cabe à mulher esperar pela atuação dele.

A passividade observada nas mulheres árabes não é uma característica a elas inerente, mas uma imposição da sociedade. Esvaziar uma mulher de sua índole natural é equivalente a libertá-la de suas responsabilidades como ser humano; em outras palavras, é como privá-la de sua própria alma e de tudo aquilo que a diferencia de um animal. Retirada sua parte mais importante, fica apenas sua aparência exterior. Esvaziam-na de tudo aquilo que conta e deixam tão somente sua compleição corporal. Portanto, não resta a ela outra alternativa senão ocupar-se de seu corpo, massageando-o, mantendo-o suave ao toque, removendo os desagradáveis pelos que surgem periodicamente, desnudando-o em algumas ocasiões, e cobrindo-o em outras, de acordo com as oscilações da moda.

A sociedade faz tudo o que pode para incutir em sua mente o fato de que ela é apenas um corpo, e que um cuidado todo especial deve ser dedicado a ele. Os jornais, as revistas e os anúncios, quando se referem à mulher, falam dela como uma carne recoberta por uma camada de pele que requer constantes massagens com diferentes tipos de creme e cujos lábios devem receber uma coloração apropriada.

Entretanto, até mesmo essa carcaça da mulher árabe, sua própria aparência física, não lhe pertence. São os donos das indústrias de confecção feminina, das maiores capitais do Ocidente, quem decidem a forma que ele deve aparentar. A mulher moderna de Bagdá, Cairo ou Túnis não usa a roupa que desejar, mas veste aquilo que o rei da moda capitalista de Paris ou Nova Iorque considerar adequado para ela.

A produção capitalista não se orienta por nada que não seja o lucro para aqueles que possuem as indústrias e para os que comercializam o produto. As necessidades vitais da vasta maioria estão em um plano secundário, sendo somente levadas em consideração quando importantes para garantir o funcionamento da máquina de dinheiro, que para tanto impede que um atrito com o público interfira em sua função. Assim sendo, a maior parte da mercadoria produzida especificamente para a mulher não é realmente necessária às grandes massas dos países árabes, são meros artigos de luxo. É possível aceitar, por exemplo, que milhões de mulheres que exercem trabalhos pesados nos campos e nas fábricas precisem de desodorantes para remover o cheiro do suor que nunca seca em seus corpos?

É isso que torna necessário o apelo ressonante às propagandas. Esses anúncios cobrem todas as áreas da cidade, chamando atenção por suas cores gritantes, *slogans* ou ilustrações provocantes, desenhos de mulheres nuas ou seminuas, sentadas, deitadas ou de pé; acariciando um homem, beijando-o ou olhando em seus olhos. Uma coletânea de sexo barato é usada para chamar a atenção dos que podem arcar com isso, e para promover artigos de luxo em países onde milhões de pessoas não conseguiram ainda satisfazer suas necessidades vitais, como alimentação, vestimenta e habitação. As grandes casas de moda do mundo capitalista naturalmente especulam e utilizam as carências psicológicas e sexuais da sociedade árabe, onde as pessoas são sexualmente reprimidas por conceitos morais, que transformam a satisfação emocional e sensual entre um homem e uma mulher em pecado e profanação. Os capitalistas compartilham também uma enorme responsabilidade com relação aos ambíguos padrões morais que governam a vida da sociedade. Por um lado, estão ocupados em convencer os árabes da necessidade de permanecerem firmes aos valores morais e religiosos, inculcados e difundidos pelas hierarquias islâmicas, e estão gastando grandes somas de dinheiro para fazer reviver o fanatismo religioso. Por outro, em filmes, televisão, revistas, propagandas e livros, eles utilizam a mulher e o sexo como principal argumento de venda para seus produtos e ignoram completamente os códigos morais que estão tentando promover. Esse comportamento parece contraditório; entretanto, existe um sólido raciocínio lógico por detrás dele. O fanatismo religioso alimenta a repressão sexual, levando as pessoas a se preocupar mais com assuntos relacionados a sexo. Essa contida energia sexual pode ser canalizada para o consumo de mercadorias que, associadas ao sexo, são retratadas em vistosas campanhas publicitárias. Além disso, certos fenômenos psicológicos e sexuais de outra natureza, como a violência, os vícios, os desvios sexuais e outros subprodutos de uma sociedade machista, são também usados para a comercialização da produção industrial, aumentando assim a lucratividade.

É notável como os homens das sociedades orientais concentram sua atenção em seios, pernas e quadris da mulher. Na sociedade americana, durante a primeira metade do século XX, os seios da mulher eram a parte de seu corpo que mais atenção chamava, despertando o interesse dos homens. As atrizes de seios grandes e provocantes tinham uma enorme chance de ingressar no mundo do cinema e de se tornarem famosas. A moda, no entanto, mudou na segunda metade do século, pois as pessoas cansaram-se de contemplar as pernas e os enormes seios das mulheres. Os vestidos longos entraram em voga, com generosos decotes que expunham os ombros e o busto; e para seguir a moda, os seios tiveram que diminuir de tamanho, pois já não era bonito mantê-los saltando para fora do decote. A nova tendência da moda passou a ser a exposição da cintura e de uma parte do ventre, numa tentativa de copiar o Oriente (Índia, Indonésia e outros países).

Os capitalistas e aqueles que trabalhavam para eles nunca se cansam de mudar. A corrida atrás do dinheiro precisa prosseguir, e, assim, diferentes partes do corpo da mulher são descobertas, novamente recobertas, para serem mais uma vez despidas. Há muitos artigos para serem vendidos e, felizmente, o corpo da mulher tem muitas partes que se prestam à argúcia desses modernos "sexólogos". Porém, as patéticas nativas que correm ofegantes de um lugar para outro, em busca dos mais recentes lançamentos de roupas e cosméticos, seguindo a moda à risca, nem imaginam que não mais são mulheres, pois se deixaram transformar em simples objetos ou partes de um objeto. Elas não são mais seres humanos, tornaram-se, sob a inexorável pressão de uma sociedade masculina capitalista, meras mercadorias; um par de calças ou luvas, um bracelete, um par de seios, um par de coxas ou – na melhor das hipóteses – uma vagina e um útero.

Todas essas transformações são possíveis em uma sociedade onde a mulher perdeu os elementos essenciais para sua personalidade, onde foi esvaziada de suas qualidades humanas, sendo transformada em um objeto, uma parte do corpo, um instrumento. Às vezes, ela é usada para propaganda, servindo aos propósitos de uma sociedade de consumo; em outras, é um instrumento de prazer, paixão e satisfação sexual, ou um recipiente onde se depositam os filhos, ou ainda uma mercadoria posta à venda no mercado do matrimônio.

Como resultado disso, os mesmos valores dedicados às mercadorias são geralmente dedicados à mulher, que é mais valiosa enquanto é jovem, uma virgem que ainda não tenha sido usada. Seu valor é depreciado, caso ela tenha sido usada anteriormente, tenha sido casada ou já tenha praticado sexo. E, assim, torna-se uma mercadoria de segunda mão. De atitudes distorcidas e doentias como essas nascem os códigos de moral e de virtude. A mulher que tenha tido alguma experiência de vida não só tem menos valor que uma jovem ingênua e inexperiente, como, também, é rejeitada, como se a experiência fosse um estigma.

Os homens árabes, e por que não dizer, a maioria dos homens, não suportam mulheres inteligentes e experientes. Parece até que são temidas por eles, devido à sua capacidade de compreendê-los e enxergar seus defeitos e fraquezas. Uma mulher inteligente sabe muito bem que a masculinidade do homem não é natural, não é uma verdade essencial, é apenas um invólucro imposto por uma sociedade que se estabelece sobre preconceitos sociais e sexuais. A experiência e a inteligência da mulher constituem uma ameaça a essa estrutura social de caráter patriarcal, uma ameaça à falsa posição em que o homem é colocado, a posição de um rei ou semideus em relação ao sexo feminino. É por essa razão que a maioria dos homens teme e até mesmo odeia as mulheres inteligentes. Os árabes relutam em se casar com elas porque sabem que são capazes de revelar a exploração inerente ao matrimônio.

Se o casamento tiver de sobreviver como uma instituição fundamentada na exploração e discriminação à mulher, e na falta de afeição entre os cônjuges, então, é preferível criar e escolher mulheres ignorantes e ingênuas. Um árabe, quando decide casar-se, invariavelmente escolhe para esposa uma jovem virgem, inexperiente, imbuída de uma simplicidade infantil, ingênua, ignorante, uma "gatinha" tola, que não tem a mínima noção de seus direitos, de seus impulsos sexuais, e do fato de que o seu ser tem suas necessidades e deve ter suas ambições.

O homem compra a mulher com o matrimônio para que ela o sirva e se torne um instrumento de seus prazeres, para que cuide de seus filhos, atenda aos membros de sua família e tome conta de sua casa. Sua escolha sempre recai sobre uma mulher muitos anos mais jovem, pois, dessa forma, a juventude de seu corpo estará preservada por muito tempo e ela poderá continuar desempenhando o papel por ele designado, até que ele envelheça. Um homem de quarenta anos não hesita em escolher uma esposa de vinte, ou até de quinze anos; sendo isso perfeitamente normal, desde que sejam preenchidas as exigências de compra e venda do contrato matrimonial. Aquele que se dirige a um mercado para adquirir um escravo ou contratar um empregado, obviamente escolherá uma pessoa jovem que possa trabalhar bastante sem se cansar rapidamente; que não seja inteligente e, portanto, facilmente controlável; que não tenha muitas necessidades a satisfazer; que coma pouco e não exija muito. Dessa forma, o patrão terá certeza de que possui um elemento que produz bastante e consome o mínimo possível, o que beneficia os lucros de uma transação desse tipo.

Isso explica por que os árabes encaram suas mulheres como corpos que devem permanecer sempre jovens. O valor da mulher se deteriora com a idade. Suas atitudes com relação à idade da mulher, à sua juventude e beleza, podem ser compreendidas se considerarmos esse *background*. Essa juventude estende-se durante o tempo em que ela é capaz de fornecer ao marido o prazer sexual, gerar seus filhos e cuidar da família. Em geral, inicia-se com a puberdade, a partir do primeiro ciclo menstrual, estendendo-se até a menopausa. Em outras palavras, a juventude engloba todo o período em que a mulher é fértil, aproximadamente dos quinze aos quarenta e cinco anos.

A vida de uma mulher é, portanto, mais curta do que a de um homem, uma vez que dura apenas cerca de trinta anos. Assim que a mulher não mais apresentar menstruação, sua vida se encerra e ela chega ao que é chamado de *Sin El Ya'as* (a idade do desespero ou da desesperança).

Apesar do fato de a constituição física e biológica da mulher permitir-lhe viver mais tempo que o homem, foi comprovado em recentes pesquisas que a sociedade decretou que o tempo efetivo de uma mulher deva ser apenas a metade do estabelecido para o homem. Considera-se que o sexo masculino atinja o ápice de sua maturidade (física e mental) entre a idade de 40 e 45 anos, que coincide com a idade em que se encerra o ciclo ativo da mulher, a idade da "desesperança". Contraditoriamente, a fase em que ela atinge o pico de sua maturidade intelectual, física e emocional é considerada pela sociedade como a fase de seu declínio, quando se transforma, devido a pressões sociais e familiares, em uma velha inútil, sem mais funções neste mundo, pronta para ser enterrada viva.

Os critérios de beleza também são estabelecidos de acordo com esse *background*. Bonita é a mulher jovem, de corpo escultural, ainda que sua cabeça seja oca. Sua beleza é julgada pelo formato de seu nariz e o contorno de seus lábios. Ela deve envergonhar-se se o tamanho de seu nariz for alguns milímetros maior do que o pressuposto, ou se os seus quadris forem um pouco mais estreitos do que o desejável. Entretanto, com referência à aparência masculina, nada é julgado, a não ser o dinheiro que ele carrega no bolso.

A arte e a literatura árabes sempre exerceram um papel importante no enfoque dado aos conceitos de beleza feminina. Uma quantidade infindável de canções, poemas e romances exaltam a mulher de cabelos soltos, cílios longos, lábios carnudos e seios abundantes. E, já que a beleza é encarada com parcialidade e distorção, é lógico que os conceitos de feminilidade e honradez também o sejam.

A feminilidade implica fragilidade, ingenuidade, negativismo e resignação. Essas são as qualidades que combinam com o papel imposto à mulher pela sociedade, o papel de uma esposa dedicada, a serviço do marido e dos filhos. Para ser considerada feminina, a mulher tem de partilhar das mesmas características identificadas em uma serva obediente e eficaz, bem adaptada a sua posição inferior. A masculinidade, no entanto, caracteriza-se por qualidades totalmente opostas, distingue-se pelo domínio, pela força, determinação, iniciativa e coragem.

A honradez ou castidade de uma mulher é vista como um palito de fósforo que se queima apenas uma vez e depois se apaga. Uma vez perdida a virgindade, a mulher irrevogavelmente perde sua honra, sem nunca a recuperar. A honradez de um homem não tem ligação alguma com sua castidade. Ao contrário, sua castidade pode ser queimada milhares de vezes sem que com isso ele perca a honra.

É um mérito do Movimento de Libertação Feminina, que cresceu em força, tamanho e maturidade nos últimos anos, o estabelecimento de uma nova tarefa, em particular, a de formular novos valores baseados num estudo científico recente, que analisa a fundo as verdadeiras características físicas, mentais, biológicas e psicológicas da mulher, e desmascara as causas reais dos falsos conceitos que têm afetado todos os aspectos de sua vida. Essa tarefa necessariamente levou ao desenvolvimento de uma nova ciência sobre o indivíduo e sua natureza, interligando, pela lógica, os dois componentes da vida humana – o homem e a mulher. Com isso, surgiram também novas ideias a respeito da educação das crianças que, até então, estava fundamentada num sistema de repressão e discriminação sexual, e servia para alimentar o patriarcalismo.

Indubitavelmente, o movimento de emancipação feminina do mundo inteiro deve muito ao pensamento marxista, à divulgação de suas ideias, às lutas de homens e mulheres verdadeiramente socialistas, às batalhas enfrentadas pelas mulheres, contra a discriminação exercida por diferentes sistemas sociais, durante os milhares de anos da história da humanidade, desde que o homem impôs, pela primeira vez, seu domínio e sua tirania sobre a mulher, dentro ou fora do lar. Esse movimento novo e vital para a liberação feminina atinge o seu apogeu depois de longos anos, durante os quais a mulher foi oprimida, aniquilada, queimada viva, vítima do obscurantismo da Idade Média e da Inquisição na Europa, onde era injustamente acusada de bruxaria ou escravizada pelas sociedades feudais dos países do Oriente. É a vitória sobre a humilhação e opressão submetidas às árabes, e a todas as mulheres do mundo. É também a indicação de que um novo movimento político-social juntará suas forças à luta, que se estende a todos os seres humanos, contra a exploração do homem pelo homem.

Novas áreas de conhecimento científico estão elucidando a natureza biológica e psicológica da mulher. Esses novos pensamentos estão mostrando sua força, lucidez e capacidade para contrapor-se mais eficazmente aos conceitos antiquados, que insistem em afirmar que existe uma natureza fundamental e inalterável na mulher, uma natureza que a obriga a exercer os serviços da casa e a cuidar dos filhos e que só lhe permite preencher sua vida com a função de mãe e esposa.

De acordo com as modernas teorias científicas a respeito de estrutura social, econômica e cultural da sociedade, e suas relações com o comportamento humano, não é possível acreditar na existência de um temperamento humano estável e imutável. As características dos seres humanos alteram-se para adaptar-se às circunstâncias e situações em que vivem. Em outras palavras, existe uma grande influência no ambiente sobre tudo aquilo que antes era considerado eterno e inerente à condição humana. Muitos cientistas atualmente chegam até a rejeitar o uso da expressão "instintos humanos", preferindo a expressão "motivações humanas" que, de acordo com eles, se aplica melhor às influências sofridas durante a infância e a adolescência.

A tendência à passividade na mulher e a inclinação à agressividade no homem não são, portanto, uma parte intrínseca de sua natureza, são fenômenos transitórios, interligados à história e à civilização, em que os processos de socialização e o meio ambiente desempenham um papel fundamental. Alguns cientistas afirmam que nem mesmo nos animais existe um temperamento inato, mas apenas uma série de características que variam de acordo com as condições que os cercam.

Há muitas provas de que as qualidades consideradas inerentes ao homem e à mulher foram, na verdade, influenciadas pela sociedade e, portanto, o relacionamento entre os sexos não segue padrões fixos e eternos. Assim é que a moral sexual muda de acordo com as estruturas sociais, econômicas e culturais predominantes. Uma pesquisa sobre o San ou "bosquímanos" do deserto de Kalahari revelou nitidamente a relação entre o comportamento sexual e as necessidades econômicas. Os bosquímanos (membros de uma tribo africana) vivem em pequenos grupos familiares, ao redor de um limitado número de poços que mal satisfazem suas necessidades. As leis que regem seu comportamento sexual são extremamente rigorosas, sendo as relações extraconjugais estritamente proibidas. A razão para tanta severidade é o fato de não desejarem mais crianças e sabe-se que, em muitas ocasiões, eles cometem infanticídio com o nascimento do segundo filho[1].

As características sexuais dos seres humanos amoldam-se às situações em que vivem. Alguns cientistas presumem que os caracteres inerentes são aqueles que predominam dentro de uma sociedade e são comuns à maioria das pessoas. Esse conceito não é válido. Há, por exemplo, sociedades como as do Egito e do Sudão, que impõem a frigidez sexual à maioria das mulheres ao estimular a prática da circuncisão, a qual implica a amputação parcial ou total do clitóris. Como é possível afirmar que todas as mulheres desses dois países são fundamentalmente frígidas por natureza, simplesmente porque a maioria delas realmente apresenta diferentes graus de frigidez, decorrentes da circuncisão? Além disso, como é possível considerar que a frigidez sexual é uma característica da mulher, meramente porque a maioria delas, do Ocidente ou do Oriente, não demonstra entusiasmo pelo sexo nem assume uma atitude positiva diante da relação sexual devido à repressão e à atmosfera moralista que a rodeiam desde os primeiros anos de sua vida?

Seria correto afirmarmos que os homens são sádicos e as mulheres masoquistas, quando sabemos que essas características resultam do patriarcado e da forma como as crianças e os jovens são criados? A civilização de dominação masculina faz discriminações entre os meninos e as meninas. O menino aprende muito cedo a projetar sua personalidade, a preparar-se para a vida, a desenvolver a força, responsabilidade e autoridade, e a assumir uma atitude positiva diante das dificuldades.

---
1 Elizabeth Thomas, *The Harmless People* (Secker e Warbug, 1959).

A menina, por sua vez, é treinada desde o início a se encolher pelos cantos, a se retrair e esconder o seu "eu" verdadeiro, é preparada para uma vida em que precisa ser passiva e frágil, submetendo-se ao domínio do homem e dele dependendo.

Essa segregação entre homens e mulheres leva a uma distorção da personalidade de ambos e impede que atinjam a verdadeira maturidade. O apreço exagerado que um menino aprende a nutrir por seu próprio ego e masculinidade geralmente acabará terminando em um complexo de inferioridade, uma vez que ele sentirá sempre debaixo da imagem idealizada. Por outro lado, a tendência de se exagerar numa menina a necessidade de retrair-se, de assumir um comportamento passivo (sob pretexto da feminilidade e refinamento) leva-a a desenvolver um complexo de superioridade que resulta do sentimento de ser melhor do que a imagem criada para ela.

O complexo de superioridade gera um masoquismo nas mulheres, e o de inferioridade, sadismo e agressividade nos homens. Ambos são mecanismos de compensação e constituem as duas faces da mesma moeda.

A ciência médica, conivente com o regime patriarcal, está repleta de conceitos não científicos cujo objetivo é manter o preconceito contra as mulheres, sustentando-o sob um envoltório científico, para torná-lo mais aceitável. Entre essas "verdades", encontra-se a noção de que o homem é agressivo por natureza e que as guerras são explicadas pela existência de "um centro de agressividade no cérebro" ou por tendências agressivas que fazem parte da psique. Isso nada mais é do que uma tentativa de convencer as pessoas de que as guerras são as respostas às necessidades biológicas, são expressões da natureza humana, que, por sua vez, é imutável e continuará fazendo parte integrante do homem. Semelhantes são as ideias que retratam a passividade como uma faceta inseparável da personalidade da mulher e, assim, desviam sua atenção do fato de que esta se deve unicamente a fatores socioeconômicos.

É natural que o regime patriarcal, tanto do Ocidente como do Oriente, oponha-se a todas as tentativas de mudança e lute pela manutenção de sua existência. As armas usadas por tais sociedades variam de época para época e de país para país.

Em avançadas sociedades ocidentais, algumas das armas mais poderosas são retiradas do arsenal de verdades pseudocientíficas, que não levam em conta o papel fundamental dos fatores socioeconômicos no amoldamento das características humanas. Essas teorias tentam explicar os movimentos revolucionários dos negros, dos jovens ou das mulheres como resultantes de distorções do psiquismo das pessoas envolvidas, e não como o resultado de um desvirtuamento da própria sociedade. Isso não passa de uma extensão das teorias de Freud, que explicavam a rebeldia contra a autoridade como uma exteriorização da incapacidade que as pessoas têm de superar seus próprios conflitos emocionais internos, encerrados nas profundezas do inconsciente.

O que pode satisfazer mais às classes dominantes do que encontrar grandes pensadores e cientistas que conseguem convencer as pessoas de que seus problemas e suas dificuldades são causados por conflitos existentes dentro de seu subconsciente? Ou que as guerras e segregações raciais ou sexuais não são mais do que manifestações de uma agressividade, e de um instinto de destruição inconsciente e inato, relacionados à libido, e nunca são as consequências de um sistema capitalista com suas variadas formas de exploração?

Tais pensamentos pseudocientíficos levam as pessoas a procurar os motivos de seus problemas e dificuldades dentro de si mesmas, dentro de suas próprias mentes, impedindo-as de conscientizar-se da verdadeira causa dessas dificuldades e da necessidade de participar de movimentos sociais que visam a uma mudança da estrutura social.

Na sociedade árabe, o atraso da ciência e da cultura desempenha um papel fundamental no refreamento dos conflitos, impedindo que sejam canalizados em direção ao caminho da verdade. Uma das principais armas usadas para conter a revolta das mulheres e da juventude contra o regime patriarcal e seus valores é o mau uso do Islamismo e suas doutrinações. Não há dúvida alguma de que a onda de fanatismo religioso que tem percorrido muito países árabes nos últimos anos é umas das formas de conter o movimento em direção ao progresso, aplicada pelas classes capitalistas e feudais.

O *slogan* adotado pelos reacionários é esse: "um retorno à doutrinação islâmica". Esse *slogan* é utilizado para mascarar a verdadeira natureza de seus objetivos e esconder o seu desejo de manter as várias formas de exploração pelas quais eles prosperam. Os reacionários tentam convencer o povo de que muitas das dificuldades e crises político-econômicas, que têm sido enfrentadas nos últimos anos, são devidas ao fato de terem-se desviado dos caminhos do Islamismo. Eles se beneficiam da ignorância geral em relação às causas reais de nossos problemas para proclamar que a única solução para o sofrimento dos povos árabes é um retorno à religião;

e afirmam que a miséria que assola milhões é uma manifestação da ira de Alá contra aqueles que se afastaram do Islamismo e de seus ensinamentos.

Associações e organizações religiosas surgiram rapidamente na Arábia em anos recentes e estão ativamente empenhadas em propagar essas ideias, em espalhar falsas noções e advogar falsas soluções aos problemas árabes. Essas organizações também têm consciência do fato de que podem tirar proveito da simpatia que angariam, ao se dirigirem às pessoas em nome da religião e da moralidade.

Diariamente, essa campanha religiosa faz selar os tambores da moralidade islâmica. Contudo, as campanhas comerciais, concomitantemente, cobrem os muros e tapumes das grandes cidades com garrafas de uísque e mulheres seminuas. Qualquer pessoa que passar casualmente pelas ruas do Cairo, de Beirute, Bagdá ou qualquer outra capital árabe notará que as paredes estão lambuzadas de anúncios, nas mãos de alguma mulher, ou cartazes de filmes com mulheres praticamente despidas, estiradas sobre uma cama. Uma grande quantidade de filmes eróticos e vulgares, baseados em histórias superficiais, que dependem, para seu sucesso, das danças do ventre e outras formas de provocação sexual, é usada para distrair um público jovem, sexualmente reprimido. Quanto mais íntima a ligação entre as classes feudalistas ou capitalistas locais com o astuto imperialismo ocidental, tanto maior o número de anúncios e filmes baseados na comercialização do sexo e do corpo da mulher. Em contraste, quanto mais um país se move ao socialismo, livrando-se da dependência econômico-cultural do Ocidente, maiores as chances de se encontrarem as paredes livres de material pornográfico. Isso realmente ocorreu no Egito, no Sudão e na Síria há alguns anos, mas, atualmente, com a mudança da orientação política e com o reforço da influência americana, as principais cidades desses países foram mais uma vez invadidas pela comercialização do sexo.

O monopólio internacional mantém-se alerta a tudo que diz respeito ao mundo árabe. As riquezas naturais, em especial o petróleo, a posição geográfica estratégica e a importância política da região, irradiando-se pela África, Ásia Ocidental e Mediterrâneo, tudo isso tende a tornar a luta contra a exploração estrangeira particularmente aguçada. Não existem tréguas, pois toda vez que um país árabe tenta escapar às garras do imperialismo, irrompem ataques culturais, econômicos e políticos de todos os lados, seguidos de tentativas de fomentar conflitos internos com a coligação de forças oposicionistas ou reacionárias. Aqueles que ousam romper essa tirania têm de ser persuadidos do contrário, o mais rápido possível, antes que seu exemplo contamine os demais.

Quanto mais vigorosa a campanha de comercialização por meio do sexo, quanto mais intenso o mercado de produtos capitalistas estrangeiros, mais forte a pressão religiosa exercida sob a forma de preceitos, ensinamentos, sermões e legislação. O povo deve-se manter, intelectual e sexualmente, subjugado à jurisdição das classes dominantes, que encontram apoio na autoridade de Deus. Não faz muito tempo que alguns líderes religiosos do Egito proclamaram que o poder e a autoridade do governante são uma expressão do poder e da autoridade de Alá. "Aquele que insultar ou desdenhar a autoridade de Alá será humilhado por Ele. A autoridade de Alá pode ser representada por um Emir (príncipe) do Golfo, por um Rei de algum reinado ou por um presidente de uma República. Todas essas pessoas são, sem dúvida alguma, personificações da autoridade de Alá"[2].

Quanto mais ativa a campanha promocional nas capitais árabes, e mais divulgados os cartazes com garrafas de bebidas alcoólicas, acompanhados de ombros desnudos, calculados para garantir que a produção das indústrias ocidentais seja rapidamente consumida, mais extensas e vociferantes se tornam as colunas de jornais e revistas, os programas de rádio e televisão, devotados à campanha da proibição. O álcool é *Haram* no Islamismo e, portanto, alguma coisa deve ser feita para neutralizar a ampla comercialização de bebidas. Às vezes, são promulgadas leis especiais, em geral tão contraditórias que se tornam ridículas e ineficazes. Como exemplo, podemos citar a lei que pune a pessoa que bebe, e não pune o negociante ou estabelecimento que vende. Muito alarido é feito, de modo a provocar o interesse pela bebida, pois o lucro líquido é calculado em função do aumento da demanda e das vendas mesmo à custa de uma consciência culpada. Em muitos casos, a lei é parcial, unilateral. Um pequeno estabelecimento de bebidas de um bairro pobre sobre suas sanções, sendo multado ou fechado, e o proprietário, punido; ao passo que os grandes estabelecimentos de áreas mais afluentes da cidade continuam a vender suas bebidas impunemente.

Um dos exemplos mais típicos do que tem acontecido neste campo é a lei que proíbe o álcool, energicamente aplicada no Egito em 1976[3]. Essa lei permitia o consumo de bebidas alcoólicas nos grandes hotéis ou nos

---

2 *Al Ahram*, Cairo, 24 de julho de 1975. Um trecho do discurso de sua santidade, o xeque El Bakouri, no Congresso Nacional da União Socialista Árabe no Egito, realizado em 23 de julho de 1975.
3 *Al Ahram*, Cairo, 17-18 de maio de 1976.

apartamentos de luxo, com a desculpa de que esses locais eram frequentados por turistas, enquanto se sabe, com toda certeza, que pelo menos os apartamentos de luxo, eram, na realidade, locais destinados à prostituição. De qualquer maneira, sejam esses lugares frequentados por turistas ou por prostitutas, ainda permanece o fato que se localizam em território egípcio, ou seja, em um país muçulmano, devendo, portanto, obedecer às mesmas leis islâmicas aplicadas aos bares ou às residências de distritos mais pobres. Não é possível admitir que uma religião abra exceções apenas para conseguir alguns dólares a mais ou para movimentar a circulação de dinheiro, ou mesmo para encorajar o turismo. É óbvio que uma religião autêntica e racional deve induzir-nos a reforçar e ativar o Islamismo, ainda que com o sacrifício do turismo, em vez de estimular o contrário.

Contudo, a contradição é a essência de toda a lógica baseada na exploração. Assim é que, à medida que as imagens de modelos seminuas ocupam mais espaço em nossas paredes, filmes ou revistas, cada vez mais as mulheres aderem ao uso do véu. Há uma crescente tendência, atualmente, de se impor à mulher uma vestimenta considerada islâmica, sendo a sua modéstia e seu pudor usados como pretexto. Uma vez mais, o corpo feminino deve ser ocultado, porque é profano e perigosamente sedutor.

Eu não posso entender como é possível para uma garota árabe cobrir todo o seu corpo, esconder seus encantos se, a toda hora do dia, encontra-se rodeada de anúncios, incitando-a a tornar-se atraente, a seduzir os homens, a suavizar sua pele com cremes, a deixar seus lábios vermelhos e carnudos, a usar meias finas e transparentes para mostrar a beleza de suas pernas, e a lavar seus cabelos com xampus para deixá-los soltos, macios e sedosos.

Várias mulheres árabes acabam apresentando algum distúrbio emocional, decorrente das tantas contradições a que são expostas. A música e a literatura incessantemente acumulam seus sentidos com associações e sentimentos relacionados ao amor. Se, no entanto, a mulher corresponder aos apelos do amor, será rápida e impiedosamente repreendida e castigada. O mínimo que lhe pode acontecer é ser considerada desonrada e imoral. Nenhum homem desejará se casar com ela, nem mesmo o homem amado. Ele lhe dirá que não pode confiar numa garota que se dá a liberdade de amar um homem antes de se casar, ainda que ele mesmo seja esse homem.

Quanto maior a exploração dos povos árabes, maior é a extração do petróleo e de outras riquezas naturais; mais altos são os lucros embolsados pelos capitais nacionais e multinacionais; mais miseráveis ficam os setores pobres da sociedade árabe, já atolados em miséria e privação, e mais agudas tornam-se a crise econômica e outras dificuldades que assolam o povo. À medida que as dispendiosas mercadorias, importadas dos países ocidentais, invadem o mercado do Cairo, Damasco, Beirute, Túnis e outras cidades do mundo árabe, aumentam as filas de trabalhadores diante de cooperativas e outros estabelecimentos onde se podem adquirir mercadorias por preços razoáveis. Os trabalhadores permanecem em fila durante horas, aguardando a sua vez de comprar um filão de pão, um pedaço de sabão, um pacote de chá ou um metro de pano barato. Ao se descerem as ruas do Cairo, atualmente, é impossível não notar a enorme quantidade de caríssimos produtos importados do Ocidente, que preenchem as prateleiras dos estabelecimentos comerciais; enquanto centenas de pessoas se acumulam ao redor de cooperativas, padarias e açougues populares.

O povo, em sua maioria, enfrenta uma rigorosa crise econômica que tem afetado consideravelmente o seu padrão de vida. As corrupções, desfalques, roubos e todas as formas de violência são aspectos comuns da vida diária, e a incidência desses crimes é tão alta nas cidades grandes do Egito que alguns jornais exigiram a criação de um novo sistema judiciário, chamado "julgamento noturno", para que fosse tomada uma ação imediata contra os perpetradores de agressão armada, ladrões e sequestradores[4].

O repentino aumento de atos de violência, roubos, sequestros, consumo de drogas e álcool e comercialização do sexo é facilmente explicável por aqueles que não se recusam a enxergar. Os pais estão cada vez mais tentados a oferecer suas filhas a matrimônios lucrativos. As empregadas domésticas acabam tornando-se prostitutas ou dançarinas de vulgares cabarés, cuja função é divertir os turistas e os árabes ricos. As relações sexuais que visam ao dinheiro, ou a qualquer espécie de proveito ou segurança material, tendem a prevalecer em detrimento das emoções genuínas, como o amor, a amizade e a afeição.

Ao lado da corrupção moral e sexual, desenvolve-se uma onda de fanatismo religioso. Levantam-se vozes exigindo uma aplicação mais rígida da lei islâmica, clamando por severas punições, como cortar a mão de um ladrão ou apedrejar uma mulher adúltera até a morte. Essas mesmas vozes exigem a abolição de cenas de sexo de todos os filmes e a censura de beijos nos filmes árabes, além da introdução de regulamentos, proibindo os menores de dezesseis anos de assistirem a determinados filmes.

---
4 *El Akhbar,* Cairo, 25 de agosto de 1975.

Insistem ainda que alguns castigos impostos à prostituição aberta ou disfarçada sirvam de exemplo, e que o lugar da mulher é em casa, onde as garotas deveriam ser rigorosamente supervisionadas, estando sob a constante vigilância de seus familiares, e toda vez que saíssem deveriam estar acompanhadas de uma escolta masculina. Alguns jornalistas chegaram até a sugerir que as mulheres que viajassem pelos países árabes e fossem contratadas para desempenhar a dança do ventre ou qualquer outro tipo de dança considerada provocante deveriam ser destituídas da nacionalidade egípcia[5].

Alguns escritores árabes, por sua vez, opõem-se a essa onda de fanatismo brutal e argumentam que, em lugar de se cortar a mão de um ladrão, seria melhor esforçar-se para pôr fim à pobreza; que, em vez de apedrejar uma adúltera até a morte, seria preferível abolir a repressão sexual, permitindo que os jovens tenham uma vida física e mental saudável. Contudo, esses raciocínios coerentes e lógicos são apenas uma gota no oceano do extremismo religioso, pois a lógica e a razão são inimigas mortais da exploração imperialista. A cultura, a arte e a literatura, transmitidas por jornais, filmes, programas de TV, teatro e livros, têm, obrigatoriamente, por objetivo extinguir a voz da razão, impedindo que o povo se conscientize da verdade. Têm também de se recusar a enxergar os motivos que levam tantos jovens a se entregarem ao lento suicídio mental e moral, abandonando-se ao mundo do vício, do sexo e do crime.

Se formos falar novamente de honra, quem devemos considerar menos "honrado": a mulher que empresta seu corpo a um homem, em troca de dinheiro para comprar alimento, ou o governo que negocia com a lógica, a razão e a moral, de modo a permitir que um punhado de pessoas ricas e influentes continue ganhando milhões por ano? A quem devemos punir: ao jovem que, para fugir à miséria, mergulha no mundo dos sonhos fabricados pelos entorpecentes ou aos interesses paramentados que sustentam esse estado miserável a fim de continuar a prosperar?

Em qualquer sociedade onde existe a exploração do homem pelo homem, é natural que os valores econômicos entrem em choque com os religiosos e morais. É por essa razão que as sociedades de regime patriarcal estão entranhadas por contradições, por uma moralidade de duas faces que percorre todos os aspectos de sua vida. Contudo, são sempre os dominados, e não os dominadores; as mulheres e nunca os homens;

---

5 *Al Ahram*, Cairo, 14 de maio de 1976 e 17 de maio de 1976, sob o título "Mofakirat", Usiph Idris e Naguib Mahfouz.

a classe operária e jamais a classe alta, quem sofre as consequências e paga o preço de tais contradições, que se tornam mais intensas em países subdesenvolvidos. As regiões árabes, em virtude de sua agricultura e petróleo, podem ser consideradas ricas economicamente; não obstante, essa riqueza não é compartilhada por seu povo, mas é empossada por incorporações multinacionais e por um punhado de árabes capitalistas ou semifeudais. Isso explica o fato de a grande maioria continuar a viver em uma situação de extrema pobreza, caracterizada por um atraso socioeconômico, que, por si só, se reflete no desmedido atraso intelectual e moral que atinge a todas as esferas.

A opressão econômica, moral e sexual, imposta à mulher, acentua-se com esse retardamento da sociedade. Uma mulher pobre é sempre castigada com mais severidade quando comete algum "erro". A riqueza pode ajudar a perdoar uma mulher, ainda que esta esteja moralmente corrupta, e com muita frequência pode converter um pecado em virtude. O dinheiro pode impedir que uma mulher divorciada fique sem lar, tornando-se uma mendiga ou uma prostituta (legal ou ilegalmente). O dinheiro pode ajudar uma mulher a livrar-se de um filho indesejável numa clínica médica, muito embora o aborto seja considerado um crime.

As mulheres árabes são vítimas de opressão devido aos padrões morais duplos que regem suas sociedades. A exploração econômica exercida nos países árabes não apenas induz a uma pilhagem de seus recursos, como, também, impõe a seu povo padrões morais, resultantes da contradição entre os valores comerciais do capitalismo e os conceitos religiosos herdados do passado.

É a mulher, mais do que ninguém, quem sofre as consequências dessas contradições. Seu corpo tem de ser despido para chamar a atenção das pessoas, provocando-as sexualmente por meio de anúncios, filmes etc., a fim de que as mercadorias sejam vendidas rapidamente. Para facilitar a comercialização de canções, danças e peças teatrais, introduz-se o sexo, que faz parte do jogo em que a mulher é a garantia e seu corpo nu, o prêmio. Todavia, a moralidade religiosa, que está se propagando com a mesma força, insiste que o corpo feminino é profano e deve ser inteiramente ocultado, de tal modo que apenas o rosto e as mãos apareçam.

As mulheres são meros instrumentos, são objetos usados para a propaganda comercial; para o trabalho não remunerado em casa ou no campo; para o trabalho remunerado fora de casa, adicionado ao trabalho não remunerado dentro dela; ou, então, são usadas para gerar crianças, satisfazendo os propósitos de reprodução da sociedade, ou são objetos sexuais utilizados para saciar os desejos dos homens.

Talvez um dos maiores erros da história da humanidade seja o fato de que ela tenha sido escrita de acordo com o ponto de vista dos dominadores, refletindo, portanto, os interesses dessa classe sobre os da classe trabalhadora; os interesses do homem acima dos da mulher. A história tem descrito, com falsidade, muitos dos fatos relacionados ao sexo feminino. As mulheres árabes não são mentalmente deficientes, como os homens e a história, por eles escrita, tendem a afirmar, tampouco são frágeis e passivas. Ao contrário, as árabes mostraram resistência ao sistema patriarcal e à exploração social centenas de anos antes que as americanas e europeias se lançassem a essas mesmas lutas. As americanas não perceberam que estavam dançando de acordo com a música tocada pelos homens até a segunda metade do século XX, tampouco notaram, até essa data, que, quando a palavra "homem" era usada, referia-se a toda a raça humana; o gênero masculino não se referia apenas aos homens, mas, também, às mulheres. É por isso que alguns dos movimentos para a Liberação Feminina da América estão tentando modificar a língua inglesa. As árabes, por sua vez, fizeram as mudanças necessárias há quatrocentos anos, no início do Islamismo. No princípio, o gênero masculino era usado no *Alcorão* para indicar ambos os sexos. As árabes se opuseram a esse uso, dizendo: "Nós nos tornamos muçulmanas exatamente como vocês e agimos como vocês. Contudo, vocês são mencionados no *Alcorão* e nós, não". Naquela época, as pessoas eram designadas muçulmanos (masculino). A partir desse momento, Alá passou a usar no *Alcorão*: "Inna Al Mouslimeena (masculino), Wal Mouslimat (feminino), Wal Mou, mineena (masculino), Wal Mouminat (feminino)"[6].

A história árabe fornece muitos exemplos da resistência da mulher e dá testemunho da força e iniciativa que foram capazes de demonstrar em diferentes períodos de luta. É necessário penetrar profundamente na história para compreender as verdadeiras causas da coragem e presteza demonstradas pelas mulheres em curtos períodos do desenvolvimento da sociedade árabe. Se isso for feito, possibilitará uma compreensão mais aguçada dos fatores que levaram às distorções dos conceitos sobre feminilidade e beleza, e que transformaram a mulher, de ser humano completo, com corpo e alma, em um palhaço que pinta o rosto com as cores da Christian Dior e Revlon, mostra as pernas sob a minissaia, balança-se sobre os saltos

---

6 Mohamed Ebn Saad, *El Tabakat el Koubra*, v. 3, p. 145; e *Alcorão*; "Sourat Al Ahzab", versículo 35.

altos como se tivesse uma doença diferente, aperta seus seios e quadris com estranhas geringonças e arruína seus olhos com o uso de rímeis, delineadores e cílios artificiais. Esse palhaço completa, então, sua fantasia, adotando uma aparência estúpida, um ar de ingenuidade e fragilidade a fim de se tornar uma "fêmea perfeita".

A verdadeira beleza encontra-se na mulher que se assume como ser humano, que não imita uma outra personalidade a fim de agradar a seu marido e impedir que se divorcie ou a abandone por outra mulher; que não adota uma aparência, que não é a sua, com o intuito de arranjar um marido; que se recusa a alterar seu comportamento, sua ambição e concepção de felicidade, para satisfazer as normas da sociedade e evitar que as pessoas a rejeitem ou a considerem anormal. A beleza, acima de tudo, provém da mente, da saúde do corpo, da complementação do ser. A beleza não consiste no tamanho dos quadris, nos depósitos de gordura ao longo das curvas, nem nas camadas de cosméticos, que servem apenas para esconder uma profunda ansiedade e uma falta de autoconfiança.

Até agora, apenas uma pequena minoria de mulheres árabes dedica mais atenção à mente do que às unhas ou aos cílios. Isso, porém, não significa que a mulher tenha um cérebro inferior; mas é um reflexo da educação ministrada desde tenra idade que a transforma em um ser vazio e superficial. A menina árabe aprende muito cedo a dedicar uma exagerada atenção a sua aparência, em vez de se preocupar com o desenvolvimento de sua capacidade de raciocínio.

Muitas são as jovens portadoras de algum tipo de neurose ou distúrbio emocional, provocado pelo seu desejo de preencher os requisitos de beleza e feminilidade que lhe foram impostos. A jovem é levada a sentir que sua vida e futuro dependem do tamanho do nariz ou do comprimento dos cílios. Qualquer diminuição da extensão de seus cílios ocasionará uma verdadeira crise em sua vida.

Para família e sociedade, a inteligência desvirtua o caráter feminino da mulher, assim como o esporte estraga seu corpo. Uma mulher de estatura alta, cabeça bem erguida sobre os ombros, olhar aberto e corajoso, demonstra tendência à masculinidade. A "fêmea" perfeita é submissa, caminha com a cabeça abaixada e deve ter pouca estatura.

De acordo com alguns livros de textos, adotados nas escolas secundárias egípcias, ser muito alta não é conveniente para a mulher. Um dos livros usados no último ano do curso secundário, tanto para meninos como para meninas, faz uma referência ao período de crescimento dos adolescentes e diz que é preferível que os rapazes sejam altos e bem constituídos, e que as moças sejam baixas. Não fica difícil imaginar o complexo de inferioridade que passa a afligir uma garota alta quando ela lê esse trecho do livro[7]. Também não é difícil prever como um rapaz de estatura baixa e de ombros estreitos reage diante desse mesmo texto.

Dessa forma, podemos comprovar como a educação distorce a personalidade dos indivíduos de ambos os sexos, a partir de tenra idade, não importando se esta se processa na escola, no lar ou por outros meios de divulgação. Porém, não é possível avaliar a extensão dos danos causados, a menos que comecemos a analisar os distúrbios orgânicos, psicológicos e mentais que afligem a maior parte de nossos adolescentes. Mais uma vez, fica comprovado que a mulher é a maior vítima de todos esses processos, sendo isto particularmente verdade no que diz respeito à sociedade árabe, que está passando por um período de transição, pulando de um estágio retrógrado para um modernismo copiado do Ocidente, sem que para isso tenha havido uma adaptação adequada. Essa modernização não impede que a sociedade ainda se mantenha incoerentemente presa a muitas tradições antigas, em defesa do Islamismo e dos padrões morais orientais.

Podemos citar como exemplo a sociedade egípcia, na qual muito tem sido copiado do Ocidente, e onde ainda são mantidas certas ideias e comportamentos tradicionais. Muitas vezes, certos aspectos da "modernização" são, na verdade, mais retrógrados do que as velhas tradições. Uma prova disso são as esposas da classe média ou alta que, com o casamento, adotam o nome do marido, costume diferente do nosso, em que a esposa conserva o nome de solteira. Um dos aspectos remanescentes do antigo *status* da mulher árabe é o fato de que ela não perde seu nome simplesmente porque se tornou uma esposa.

Houve muitas ocasiões em que não pude evitar reagir com sarcasmo, em recepções ou festas, onde as pessoas mais influentes da sociedade egípcia se reuniam, ao ouvir algumas mulheres dirigirem-se a outras pelos nomes dos maridos. Elas pronunciavam esses nomes com tanto orgulho e vaidade, como se sentissem que seu valor pessoal dependesse do valor dos maridos, e que ao imitar as mulheres da Europa e dos Estados Unidos estavam dando prova irrefutável de cultura e modernismo. Meu sarcasmo aumentava ainda mais ao descobrir que essas mulheres lideravam organizações femininas, apregoando publicamente os direitos e a liberdade da mulher.

---

7 Ver o *Livro de Psicologia para estudantes do terceiro ano da Escola Secundária* (Artes e Literatura) de Abdel Aziz El Kousy e Sayed Ghoneim (Ministério da Educação, Cairo, 1976-1977), cap. 2, p. 132.

Atualmente, está em moda um novo tipo de mulher, a mulher "moderna, emancipada, americanizada", que acha que a evolução se manifesta na tendência de mostrar as pernas sob minissaias cada vez mais curtas, fumar cigarros cada vez mais longos, beber uísque *on the rocks* ou sacudir-se insinuantemente ao som alucinante da música moderna.

Contudo, sob essa aparência vibrante e descontraída existe a "fêmea" mental, emocional e sexualmente reprimida, a "fêmea" que reveste sua mente com um espesso e quase impenetrável véu, muito embora suas pernas e ombros estejam expostos, a "fêmea" que ainda acredita que a função mais importante da sua vida é casar-se com um homem para servi-lo, obedecê-lo e gerar-lhe filhos – de preferência do sexo masculino.

PARTE DOIS

AS MULHERES NA HISTÓRIA

11
A décima terceira costela de Adão

Até hoje, muitas pessoas nos países árabes, e mesmo no mundo inteiro, acreditam que Eva foi a primeira mulher a aparecer na face da Terra. Acreditam também que ela nasceu de Adão e saiu de uma de suas costelas, como narra a história nos primeiros livros sagrados do Judaísmo, seguido pelo Cristianismo e finalmente pelo Islã. Essas pessoas não se lembram de que as mulheres andavam pelo nosso planeta antes que essas religiões monoteístas descessem aos homens e muito antes que a raça humana soubesse alguma coisa sobre Adão e Eva. Se nos voltamos para a História Antiga, descobrimos muitos fatos importantes relacionados com a posição da mulher no lar e na sociedade. Descobrimos também que as mudanças que afetam seus *status* e papel estavam intimamente relacionadas com a maneira como se desenvolveram as estruturas econômica e social. Desvendar essa relação entre a infraestrutura socioeconômica e a posição ocupada pela mulher constitui a chave para compreender as razões para a degradação que, finalmente, conduziu a mulher, no tempo do Judaísmo, à situação em que ela se tornou uma mera costela do homem.

A civilização egípcia antiga tem mais de 5 mil anos de história e precede o advento do Judaísmo, a primeira das três religiões monoteístas. Podemos estudá-la pelos restos arqueológicos de cidades, templos e outras construções abandonadas, em papiros e numerosas esculturas, pinturas e relevos preservados até hoje.

Os antigos egípcios tinham suas próprias religiões e suas práticas e ritos religiosos antes que as religiões monoteístas entrassem em cena. O Judaísmo foi influenciado de muitas maneiras pela religião dos faraós e, em particular, pelas tendências monoteístas de adoração ao Sol, Aknatoun. Nas sucessivas dinastias da Era Faraônica, conheceram-se períodos em que as mulheres do Egito ocupavam alta posição tanto nos negócios do país como no campo religioso. Quase sempre, durante os milênios em que o Egito floresceu às margens do Nilo, deusas reinaram sobre os destinos humanos, lado a lado com deuses.

O conceito de religião desenvolveu-se na mente humana muito antes que as religiões monoteístas fossem conhecidas. Os seres humanos primitivos criaram a ideia de deuses no mundo ou, pelo menos, de algumas obscuras forças que estavam além de sua compreensão e que eram dotadas de capacidades que eles não possuíam. Essas forças influenciavam ou até controlavam as vidas das pessoas, uma vez que podiam ser generosas e presentear os homens com chuva, boas colheitas e alimento suficiente, se assim o desejassem. De outro lado, muito dano e mal poderia cair sobre o povo, por suas mãos que eram capazes também de semear tempestades, doenças e morte.

Estudos históricos revelam que os mais antigos de todos os deuses eram do gênero feminino. No Egito faraônico, deusas governavam muitas áreas e participavam com deuses na decisão dos destinos dos homens. Podemos citar como exemplo Maait, a deusa da verdade, Naiyet, a deusa da guerra e das águas, Ísis, Sikhmet, Hathour e muitas outras.

A elevação das mulheres às alturas ocupadas pelas deusas foi reflexo de seu *status* na sociedade antes que aparecessem os sistemas caracterizados pela família patriarcal, posse da terra e divisão em classes sociais. Com o advento desses sistemas, o *status* da mulher gradualmente decaiu por um período; mas vestígios do sistema matriarcal, mais ou menos importante, sobreviveram em sociedades feudais ou escravistas, tais como a dos faraós da civilização egípcia antiga.

O sistema patrilinear que identifica os filhos de acordo com o pai e garante que eles deem continuidade a seu nome e herdem suas propriedades só se desenvolveu em estágios mais tardios. As sociedades mais antigas tendiam a seguir o modelo matrilinear em que a mãe era a cabeça da família e onde os filhos eram ligados, em descendência, à mulher que os tinha parido. Essas sociedades eram, portanto, governadas pelo que é conhecido como sistema matriarcal[1].

Nos primórdios da civilização egípcia antiga, um filho legítimo levava o nome de sua mãe e a herança era frequentemente matrilinear (por meio da linhagem materna), uma vez que era a filha mais velha, e não o filho, que a herdava[2]. Na história grega, Heródoto menciona que os luquianos

---

1 Para uma descrição do sistema matriarcal, consultar os escritos de Bachofen, Friedrich Engels, Morgan, E. Sidney Harfland, W. H. R. Rivers e Robert Briffault.

2 Ver *El Mar'a El Arabia fi Misr El Kadeema* (*Women in Ancient Egyptian History*), por William Nazir (Dar El Kalan Publications, 1965), p. 34.

punham o nome da mãe em seus filhos. Tácito, o historiador romano, observa que as tribos germânicas costumavam dar primordial importância à irmã. Na Era Pré-Islâmica, algumas das tribos árabes também seguiam as práticas matrilineares[3]. Na Ásia e África, ainda existem umas poucas tribos que seguem esse modelo.

Na história da humanidade, é bem conhecido o fato de que o elevado *status* da mulher na sociedade e na religião estava relacionado com o fato de as crianças tomarem o nome dela. No sistema matriarcal, as mulheres ocupavam uma alta posição social e até mesmo alcançavam o trono dos deuses. O monopólio estabelecido por deuses masculinos foi relacionado com o sistema patriarcal e a nomeação dos filhos, segundo o nome do pai em vez do nome da mãe. Os sistemas jurídicos relacionados com as estruturas da família, herança e nomeação dos filhos são também um reflexo das relações socioeconômicas numa sociedade. A vida econômica nos estágios primitivos da história humana dependia de atividades simples e restritas como a colheita de frutas e nozes, plantar e arrancar as raízes do solo, matar lagartos e ratos ou caçar certos animais. Essas atividades primitivas obrigavam os humanos a emigrar continuamente de um lugar para outro, em busca de alimentos e campos propícios à caça. As formas de subsistência não deixavam lugar para armazenamento e a contínua vida nômade punha a propriedade privada fora de questão. Na ausência de propriedade privada, as pessoas não eram divididas em classes de governantes e governadas. Todos eram membros iguais da comunidade. Simultaneamente, não havia divisão de trabalho entre os indivíduos ou entre homens e mulheres. Era uma sociedade sem classes, sem discriminação, sem senhores e escravos[4].

Letorneau afirma que, com toda a probabilidade, foi a mulher que descobriu a nova tecnologia da agricultura em razão de sua longa experiência em colher frutas e nozes e arrancar raízes do solo[5]. Foram também as mulheres que se encarregaram dos trabalhos da agricultura e, assim, mantiveram e até reforçaram seu favorável *status* econômico que se refletia

---

[3] Tarikh El Arab Kabl El Islam (*History of the Arabs before Islam*), v. 5, Gawad Ali (publicações religiosas do Iraqi Scientific Council, 1955), p. 258 ss.

[4] Ver Frazer, Shapiro, Spencer e Gillen, Thomas, Dimond, Letourneau, *Property – Its Origin and Development* (Londres, 1892), para um relato sobre a vida dos "bosquímanos" na África Meridional e dos aborígenes na Austrália.

[5] Ver os escritos de Letourneau, Crossland, Robert Loy, *Introduction to Anthropological Civilizations* (Nova Iorque, 1947).

em seu *status* social, relação parental matrilinear e um sistema matriarcal, tudo isso prevalecente nos primeiros estágios da era agrícola.

Nessas sociedades agrícolas primitivas, as mulheres desempenhavam um importante papel na economia social, eram iguais aos homens nas estruturas políticas e ocupavam uma posição de vanguarda em relação ao sistema familiar e ao casamento. Nos clãs matriarcais, os filhos tomavam o nome das mães e eram incluídos no clã materno, e a exogamia, isto é, o casamento fora do clã, era o normal. Em relação ao papel das mulheres na economia social, o homem depois do casamento se mudava para a casa de sua mulher, trabalhava nos campos comunitários e se tornava mais um membro da força de trabalho no clã dela. A necessidade de se expandir a força de trabalho também explica a prática da adoção nestas tribos. Qualquer clã tinha o direito de adotar tantos prisioneiros de guerra quantos necessários. Eles se tornavam parte do clã e trabalhavam em seus campos[6].

A importância econômica da mulher é manifesta pelo fato de que ela era livre para se separar de seu marido por uma decisão pessoal de sua parte, sem mútuo consentimento. O marido era, então, obrigado a deixar o lar e o clã da esposa e a voltar para sua própria família e povo. As crianças, entretanto, eram deixadas com a mãe. As mulheres eram também iguais aos homens nos papéis de liderança nas estruturas políticas; estavam ligadas aos rituais religiosos, cerimônias e formas de adoração e também os dirigiam. Costumes e práticas religiosas não eram diferentes entre homens e mulheres[7].

Entretanto, depois de algum tempo, tornou-se possível a homens e mulheres fixar-se em um lugar. A agricultura tornou-se uma fonte fixa de alimento. Quando os métodos e as técnicas progrediram, a agricultura começou a render produção excedente e a exploração do trabalho de terceiros tornou-se uma possibilidade. A ideia da propriedade privada, especialmente de terras, espalhou-se e tomou o lugar da propriedade comunitária, do clã e, com isso, o direito de permanecer na terra, geração após geração, para cultivá-la[8]. A propriedade privada levou o homem a destituir a mulher de sua prerrogativa de dar o próprio nome aos filhos. Seu objetivo

---

[6] Louis Morgan, Frazer, Gross e outros.
[7] Sarwat El Assiyuti, *The Family System in relation to Economy and Religion* (Arab Renaissance Publications, Cairo, 1966), p. 110.
[8] Letourneau, *Property – Its Origin and Development*, p. 49, 366-7. Também Sarwat El Assiyuti, *op. cit.*, p. 112.

era identificar seus filhos e lhes passar sua propriedade após sua morte. Propriedade e herança destruíram, portanto, o fundamento dos sistemas matrilinear e matriarcal e levaram a sociedade à divisão de classes.

Com a expansão da propriedade privada, essas sociedades antigas tornaram-se agudamente diferenciadas em duas principais classes sociais: de um lado, uma minoria constituída pelos proprietários de terra e os senhores de escravos; e de outro, a grande maioria dos escravos, que não possuíam nada, nem mesmo a si próprios. Estes desenvolvimentos foram acompanhados por uma degradação paralela do *status* e da posição das mulheres que, primeiro nas classes dominantes de terra e concomitantemente no resto da sociedade, passaram a ser dominadas econômica, social e religiosamente pelos homens. As mulheres perderam seu prestígio religioso anterior e deixaram de superintender e dirigir os rituais e cerimônias religiosas. Os homens monopolizaram a religião para seus próprios fins, e deuses masculinos passaram a prevalecer, enquanto as mulheres passaram para os mais baixos graus do *status* religioso. Esse processo ocorreu paralelamente ao desenvolvimento da propriedade privada. As velhas estruturas foram substituídas por sistemas baseados na exploração, e as mulheres foram relegadas às camadas sociais mais inferiores da sociedade. Com a crescente dominação masculina, o sistema patriarcal começou a caminhar lado a lado com a divisão da sociedade em proprietários de terras (ou senhores) e escravos, propriedade dos senhores[9].

O pai tornou-se o cabeça da família, o *pater familias*, e seu chefe religioso. Presidia os rituais e cerimônias religiosos. Com a família patriarcal, a adoração dos antepassados finalmente se estabeleceu como um meio de reforçar a posição paterna[10]. Assim o pai, após sua morte, elevava-se ao nível dos deuses, enquanto as mulheres eram colocadas ao mesmo nível do gado, cujo senhor tem em suas mãos sua vida e sua morte. A mãe e seus filhos foram transformados na mesma espécie de propriedade da terra e dos escravos pelo pai. A palavra *familia,* entre os antigos romanos, de fato significava: campos, casas, dinheiro e escravos que constituíam as riquezas e propriedades de um homem e que passavam para sua linhagem como herança. A mulher era parte desta *familia,* isto é, parte de suas posses. Elaborar em detalhe a história das mulheres nas sociedades antigas ou o culto de adoração às mulheres e deusas seria um desvio do

---

9 Friedrich Engels, *Origin of the Family, Private Property and the State.*
10 Crossi; Ali Badawi; *Abhas fi tarikh El Shara'i* (*Studies in the History of Religious Laws*), (Legal and Economic Review, 1931), p. 731, 746. Também Sarwat El Assiyuti, *op. cit.,* p. 115.

principal tema deste livro, que é a situação contemporânea das mulheres na Arábia e na sociedade islâmica. Entretanto, uma abordagem que procura lidar com o presente, sem lançar nenhuma luz sobre o passado, corre o grave perigo de perder ou mal interpretar algumas verdades fundamentais relacionadas com as mulheres do mundo árabe. O presente tem sua raiz no passado, exatamente como o futuro desenrola-se com base no presente. Assim, nosso conhecimento, nossa compreensão da sociedade e nosso destino são influenciados, em grande escala, pelo que aconteceu anteriormente na história.

Não é possível compreender por que as mulheres vivem da maneira como vivem nos países árabes nem mostrar como sair de sua situação, se não investigarmos a religião na história. Da mesma maneira como não é possível saber por que as mulheres foram relegadas a uma posição inferior na religião, se não soubermos nada sobre seu *status* e sua situação nas sociedades e civilizações que precederam as três principais religiões monoteístas. Levando mais adiante esse argumento, é portanto errado tentar um estudo da mulher na sociedade árabe e islâmica sem se reportar ao Cristianismo e Judaísmo, ambos predecessores do Islamismo e que o influenciaram de maneira marcante em muitos aspectos relacionados com seus conceitos e ensinamentos fundamentais. É igualmente errôneo tratar das religiões monoteístas e da posição nelas ocupada pelas mulheres sem retraçar os caminhos que as ligam com as religiões pertencentes a um passado mais remoto e obscuro.

A história de Adão e Eva nasceu no Judaísmo e, por ele, se gerou a ideia de que aquela mulher era pecadora e o pecado era o sexo. Com essa ideia, a separação entre espírito (alma) e corpo foi consagrada e canonizada para sempre. O Cristianismo seguiu o rastro do Judaísmo e foi até mais longe, fundido e moldando as algemas do preconceito e da rigidez das atitudes e dos valores relacionados com a mulher e o sexo. Para reforçar essas algemas e assegurar sua perpetuação, Jesus Cristo, o Messias, foi forjado como um homem que nasceu como um macho sagrado, um senhor tão casto que as mulheres lhe foram proibidas e as relações sexuais com elas era uma experiência que ele jamais deveria conhecer ou mesmo desejar. Além disso, fizeram-no nascer assexualmente do seio da Virgem Maria, que jamais conhecera o abraço de um homem. Deus a encheu com o sopro de seu espírito e o embrião do Messias se desenvolveu tranquilamente no silêncio de seu útero.

Esses conceitos e pensamentos religiosos conduziram inevitavelmente os seres humanos a se separarem de seus corpos e da vida real. Surgiu, assim, o fenômeno que se chamaria "a experiência alienada da realidade", como uma expressão indicando a cisão da vida humana em duas partes. Desde então, duas noções contraditórias da vida travariam uma batalha para sempre até nossos dias.

Primeiro, existiu a noção humanística, antiga ou primitiva, que acredita na bondade essencial do corpo humano e de suas funções, o que tem raízes nas religiões do Egito Antigo que davam grande ênfase à vitalidade, generosidade e riqueza encarnadas nas qualidades físicas tanto do homem quanto da mulher.

A segunda noção que espalhou largamente sua influência pelo Judaísmo e Cristianismo aliena o corpo da realidade e encoraja uma atitude escapista em relação ao mundo material objetivo. Aqui, a alienação é relacionada ao mundo material, subjetivo ou objetivo, onde o termo material é usado em seu sentido filosófico, e não no sentido mundano que geralmente lhe é atribuído. Os seres humanos escapam para o mundo de espíritos, almas, ideias e ilusões, divorciados da realidade, e baseiam sua concepção do mundo e de si mesmos numa abordagem "idealista". O idealismo, de novo num sentido filosófico, tem sido muitas vezes propositalmente confundido com "ideais" ou "motivos nobres", quando de fato não existe relação necessária entre os dois conceitos.

No Cristianismo, de novo, a mulher foi sacrificada no altar. Vítima do Javé judaico e das práticas religiosas altamente patriarcais relacionadas com o Judaísmo, agora ela cai vítima do culto à Virgem Maria e da castidade do Cristo, colocado acima do nível humano dos desejos e das necessidades físicas. A mulher foi apanhada e espremida entre as duas pedras do moinho dessa luta entre o corpo e o espírito ou alma ou, para expressá-lo de uma maneira diferente, entre o bem e o mal enraizado no corpo e por ele alimentado. Deus criou o homem à sua imagem e Deus era espírito. A mulher, por outro lado, era corpo e o corpo era sexo. Só o homem era uma imagem completa do Deus dos céus, na terra; a mulher jamais poderia se tornar completa senão esposada a um homem, pois, pelo casamento, o corpo da mulher seria, pelo menos, dotado de uma cabeça. Esta cabeça era seu marido. No Antigo Testamento, é possível esboçar a origem dessa imagem acéfala e distorcida da mulher. Ao homem, era permitido orar a Deus sem cobrir sua cabeça, uma vez que era semelhante a Deus e pertencia à sua linhagem. À mulher, entretanto, se mandava que cobrisse a cabeça quando fizesse oração porque, de acordo com uma interpretação religiosa comum, lhe faltava algo essencial. Ela era um corpo sem cabeça. Uma vez que a principal diferença entre o ser humano e o animal reside na cabeça, ou, em outras palavras, no cérebro, somente o homem podia ser considerado um ser humano completo. A mulher era somente um corpo animal dominado por paixão, sensualidade e volúpia insaciável, carregando dentro de si o mal como parte integrante de sua natureza, uma consagração da vontade de Deus e uma encarnação de Satã no ser humano. Todos os profetas conhecidos na história, todos os sumo-sacerdotes, monges e religiosos e servidores da religião, vestidos de batina, foram homens dedicados a Deus e aos quais se exigiu afastarem-se de mulheres por toda a vida, uma vez que elas eram descendentes do diabo.

Artistas da Idade Média deixaram-nos pinturas ou desenhos mostrando mulheres de joelho no chão, atrás de Satã, tentando beijar seu traseiro. No século XIII, Santo Tomás de Aquino e Alberto Magno, considerados os mais proeminentes teólogos de seu tempo, propuseram a ideia de que as mulheres eram capazes de ter relações sexuais com Satã. A Inquisição e seus tribunais buscavam diligentemente as mulheres que tinham dormido com Satã para que fossem queimadas vivas. Havia certos sinais e sintomas claramente definidos por esses conscienciosos dispensadores da justiça. Eram chamados sinais de Satã e, uma vez discernidos na vítima, constituíam prova irrefutável da marca de Satã.

Os homens árabes, tanto na Era Pré-Islâmica como na Era Islâmica, gozavam de alto grau de liberdade sexual dentro da família, por meio de casamentos e divórcios múltiplos, bem como fora dela, com relações sexuais com concubinas e escravas.

Isso não era uma característica exclusiva da vida dos homens árabes; aplica-se a outras sociedades também. Os homens sempre conferiram a si mesmos este alto grau de liberdade sexual, desde que o sistema patriarcal e as relações patriarcais se estabeleceram. Os privilégios especiais dos homens não se relacionam com sua distribuição geográfica, com o país de origem ou com as culturas do Ocidente ou do Oriente, mas, antes de tudo, com a estrutura socioeconômica. Portanto, quando uma sociedade permanece patriarcal e se caracteriza pelas distinções e divisões de classe, são concedidos aos homens direitos e liberdades das quais as mulheres são privadas.

Entretanto, os que têm escrito sobre os árabes, e especialmente as escolas de pensamento imperialista e orientalista, preferiram encobrir essa verdade fundamental. Agindo dessa maneira, têm mostrado ou uma compreensão incompleta dos fatores que governam as relações entre homem e mulher ou um preconceito consciente e premeditado que os faz apresentar o Oriente e os árabes de uma forma depreciativa. Para eles, a liberdade sexual praticada pelos homens árabes é um fenômeno único, desconhecido em outras partes do mundo, e o Islã é a única religião que fez das mulheres o objeto de prazer sexual para os homens. Para eles, o homem árabe é excepcional pelo fato de praticar a poligamia ou as relações extramaritais como parte normal de sua vida. Entretanto, em todos os cantos do mundo e em todos os períodos da história conhecidos desde que o mundo presenciou preponderância do sistema patriarcal sobre a mais antiga sociedade matriarcal, todos os homens têm praticado sexo com outras mulheres além de suas próprias esposas, abertamente ou em segredo, às vezes, escapando por uma escura passagem e outras vezes exibindo suas mulheres para que todos vissem. O Cristianismo julgou a lascívia sexual com maior severidade que qualquer outra religião e impôs a virgindade não só a Jesus Cristo e sua mãe, como, também, aos homens que usam vestes ou hábitos religiosos para se tornarem padres, monges ou frades, a serviço de Deus. Porém, apesar da ortodoxia e da rigidez inerentes aos ensinamentos do Cristianismo, a história é testemunha objetiva do fato de que "os homens santos de Deus" tenham recorrido a diversas maneiras de satisfazer suas necessidades sexuais e de que a prostituição vicejou, no período conhecido pela predominância das atitudes e dos valores puritanos, como nunca acontecera antes. A Reforma de Lutero foi, em parte, uma tentativa para corrigir os abusos que tinham se tornado excessivos dentro da Igreja[11]. Uma de suas críticas era que uma grande parte dos rendimentos da Igreja Católica provinha de tributos pagos pelos bordéis. Ele achava que a Igreja estava trabalhando de mãos dadas com Satã, uma vez que até seu próprio sustento parecia vir de uma das ocupações favoritas dele. Com o dinheiro desses bordéis, com o suor das coxas das mulheres, eram construídas belas mansões para Deus, onde pessoas iam adorar e fazer orações. Contribuições arrecadadas em grande escala de subscrições e obras de caridade provinham de

---

[11] *Enarationes in imose wa*, p. 43, 344, 25-35.

homens que afundavam as mãos em seus bolsos e deixavam cair algumas moedas de prata ou bronze nas caixas de madeira da igreja antes de prosseguir seu caminho para o bordel. Pois não era compreensível que eles buscassem a misericórdia de Deus e seu perdão antes de pecar com uma mulher?

A prostituição era desconhecida até que a família patriarcal se estabelecesse na sociedade[12]. Foi a única solução possível para uma situação em que um único marido era imposto a cada mulher casada, enquanto o homem era livre para ter relações sexuais com outras mulheres além da própria esposa. Apareceu, então, a necessidade de uma categoria de mulheres com as quais os homens pudessem praticar relações sexuais extramaritais sempre que o desejassem. Com essa necessidade, nasceu uma das mais antigas ocupações do mundo, atribuída exclusivamente às mulheres, e para a qual não havia alternativa, uma vez que, em sua ausência, com quem o macho praticaria sua licenciosidade sexual?

Assim foi que o sistema patriarcal estabeleceu a instituição social que veio a se chamar prostituição e, com ela, uma nova categoria social, o "filho ilegítimo" – fruto de relações sexuais entre um homem e uma prostituta.

A prostituta e o filho ilegítimo tornaram-se as vítimas do sacrifício imoladas no altar do deus patriarcal. Ambos deviam pagar o preço pelo surgimento da família patriarcal, sua sobrevivência e seu esforço. Os homens, porém, estavam isentos, exonerados. Nenhum preço foi pago por eles, nenhuma reputação violada, nenhum sofrimento pelo privilégio de gozar a liberdade sexual sem peias. Nada, exceto o processo de desumanização e alienação que veio a ser a porção comum ao homem e à mulher através de longos séculos, desde que os povos da Terra foram, pela primeira vez, divididos em classes, e uma vez divididos, experienciaram o que significava ser discriminado de acordo com sexo, raça, credo, cor e a soma de suas posses terrestres.

A meu ver, os homens árabes foram talvez mais diretos e honestos do que os demais. Não tentaram esconder sua vida sexual atrás de pesadas cortinas ou de uma cortina de fumaça de valores puritanos. Refletiram na literatura e na poesia seu relacionamento com mulheres, criativamente e sem inibições.

Não pertenço à categoria de pessoas que acreditam que procurar prazer sexual seja pecado. Também não penso que homens e mulheres

---

12 T. E. James, *Prostitution and the Law* (W. Heinemann), Ellis, Prost e Shurtz.

que procuram obter satisfação e realização sexual devem ser considerados pessoas que sofrem algum tipo de desvio ou depravação. Ao contrário, é o puritanismo cristão e vitoriano e a ortodoxia que consideram o prazer e o desejo sexual como ações do demônio, e como desvio do que é natural ao ser humano. Tais atitudes foram levadas tão longe que surgiu uma época em que um recém-nascido era considerado impuro enquanto não recebesse o batismo cristão. Essas atitudes foram também a base sobre a qual cresceu a rigidez assexual da Igreja caracterizada por um conjunto de valores frios e severos relacionados com "renúncia ao mundo", castidade, virgindade e pecado sexual.

Esses valores, entretanto, foram aplicados na vida real e na prática, não às classes dominantes, mas às dominadas, não aos homens, mas às mulheres, não aos ricos, mas aos pobres. Atuaram como algemas sobre a mente e grilhões sobre o corpo, tornando tudo mais fácil para que as forças da reação, opressão e ditadura pudessem dominar e domesticar as grandes massas de homens e mulheres sob o seu jugo. A família patriarcal foi uma das importantes mudanças sociais que prepararam o caminho para a divisão da sociedade em senhores e escravos, foi uma pedra angular na estrutura dos antigos impérios construídos sobre a colonização. Da mesma maneira, os valores puritanos da Igreja Cristã, em diferentes estágios de seu desenvolvimento, foram utilizados para fortalecer sistemas construídos sobre a opressão e ainda são parte do arsenal de armas pesadas que mantêm uma barreira contínua na guerra contra as lutas revolucionárias de mulheres, negros e classes exploradas que vivem sob sistemas capitalistas semifeudais, os quais encontram seu principal apoio no imperialismo e no neocolonialismo.

A história tem mostrado a estreita ligação que existe entre economia e religião, entre as relações econômicas e a moral e valores sexuais que predominam em cada sociedade. Esses valores mudam em diferentes períodos, sob diferentes sistemas sociais e com a evolução histórica dos países. Necessidades econômicas e aspirações que, por sua vez, refletem-se em mudanças e imperativos políticos, atuam como um fator crucial moldando os valores que governam nossas vidas e influenciam nossas éticas sexuais. Como exemplo de necessidade econômica engendrada pelo crescimento do capitalismo europeu no começo da Era Industrial, e que encontrou sua expressão e legitimação em esfera de alta moralidade, podemos citar o conceito de *sublimação*, que se tornou uma teoria científica acariciada como uma das conquistas da escola freudiana de psicanálise.

Entretanto, os fatos básicos e sólidos por detrás dessa "nobre" ideia são provavelmente muito diferentes dos que seus propagadores e discípulos pensavam que fossem. A sociedade daquele tempo e, com ela, a classe capitalista emergente tinham necessidade urgente do maior esforço físico possível por parte dos trabalhadores nas acanhadas fábricas e áreas industriais de então. Esse esforço físico, fome de lucro e acumulação de capital, era especialmente necessário num estágio em que a tecnologia e maquinaria sofisticadas estavam ainda por serem descobertas e inventadas. Era imperativo que toda gota de suor e toda gama de energia fossem extraídas dos corpos dos trabalhadores, e isto só era possível levando-se ao extremo a opressão material, social e religiosa. Uma arma importante do arsenal da exploração foi a criação de valores sagrados que faziam do trabalho pesado uma virtude suprema. Como corolário inevitável de uma vida de fadiga, o sexo e os prazeres da vida tinham que ser sacrificados, e o único jeito era mostrar os prazeres como indignos, degradantes, formas inferiores da atividade humana, mais condizentes com o mundo dos animais do que com o mundo dos homens e das mulheres.

Foi dessa maneira que, durante esse período, a acumulação capitalista fez-se acompanhar desses valores puritanos, moralistas e dessas normas de comportamento que encontraram sua origem no protestantismo calvinista. Num estágio mais adiantado, porém, quando as sociedades industriais presenciaram um rápido progresso da tecnologia e maquinaria, quando o esforço físico já não era tão necessário, quando o padrão de vida se elevou e as horas de trabalho decresceram, quando a produção se multiplicara centenas de vezes e o consumo tinha feito rápidos progressos, então perderam seu significado os valores puritanos e os códigos de moral, que ensinavam renúncia e abstenção aos homens e às mulheres operários. Numa era em que o grito por mais consumo se tornou a ordem do dia, pregar a bíblia do sacrifício e a ética do não consumo tornou-se obsoleto. Daí em diante, homens e mulheres tinham que ser ativamente exortados a seguir o caminho dos desejos e prazeres mundanos, a soltar as rédeas às necessidades físicas e adorar o fetiche do consumo. Era também necessário distrair a raça humana que, infelizmente, estava aprendendo e compreendendo mais rápido do que nunca, a refletir sobre as razões de seu sofrimento. Assim, o povo não descobriria o que e quem era responsável pela fome e miséria que sofriam.

É fácil compreender por que a segregação e o véu foram impostos às mulheres num estágio mais adiantado do Islã, enquanto em estágios anteriores era permitido às mulheres moverem-se livremente e mostrar seus rostos a todo mundo. Até hoje, alguns dos países árabes ainda mantêm os costumes que se desenvolveram nas sociedades islâmicas mais recentes. O significado da segregação e do véu não foi a proteção das mulheres, mas essencialmente dos homens. E a mulher árabe não foi aprisionada em casa para proteger seu corpo, sua honra e sua moral, mas, acima de tudo, para guardar intacta a honra e a moral dos homens.

Além disso, o fato de que os homens sentiam a necessidade de prescrever tais costumes e conservar as mulheres longe da participação da vida normal parece explodir o mito do macho poderoso e da fêmea indefesa e frágil. A tirania exercida pelos homens sobre as mulheres mostra que eles tinham avaliado a força inata da mulher e precisavam de pesadas fortalezas para se protegerem contra tal força.

No meu entender, a cultura islâmica repousa sobre as premissas aqui expostas, isto é, que a mulher é forte, e não fraca, afirmativa e não passiva, capaz de destruir, e não facilmente destrutível, e que se alguém precisa de proteção é o homem mais do que a mulher.

Entretanto, isto é apenas um aspecto da situação, pois a verdade tem muitos lados. Do outro lado está o fato de que essa resistência e força inatas da mulher causaram medo no coração do homem primitivo. E foi esse medo ou até pavor que o levou a oprimi-la e subjugá-la com todos os meios a seu dispor, sejam econômicos, sociais, legais ou morais. Todos esses meios tiveram que ser mobilizados e sincronizados para colocar a seu dispor um dominante e formidável arsenal usado exclusivamente para vencer a indomável vitalidade que mora dentro da mulher e está pronta a explodir a qualquer momento. A construção desse arsenal foi uma consequência lógica de uma situação específica. Pois a força potencial que reside num ser decide, por si mesma, o contra-ataque requerido para subjugá-la ou suprimir sua capacidade de resistir. Não é difícil compreender, portanto, por que as mais severas e violentas leis foram aquelas destinadas a governar a vida sexual da mulher e decidir o que lhe era ou não permissível. Ser queimada viva ou assassinada era muitas vezes uma pena misericordiosa imposta pela desobediência a tais leis. Há cientistas e antropólogos que acreditam que a mulher primitiva era forte demais para ser subjugada por leis feitas por homens e que ela levantou encarniçada resistência contra o estabelecimento do sistema patriarcal em seus primeiros estágios e em defesa da ampla liberdade e possibilidade de que gozara até então. Mary Jane Scherfey acredita que um dos fatores que atrasaram a marcha posterior da civilização patriarcal, por mais de 6 mil anos, foi a poderosa natureza sexual da mulher primitiva[13].

Não é difícil compreender por que, até nos nossos dias, há homens que são capazes de matar uma mulher se ela ultrapassa os limites das leis sexuais prescritas ou os códigos morais sobre ela impostos. Frequentemente, ouvimos falar de pais, irmãos ou tios, no Alto Egito, que mataram uma mulher porque na noite de núpcias a defloração não produziu as esperadas manchas vermelhas de sangue num pano branco. Ouve-se também falar de marido que atira em sua mulher porque a viu com outro homem.

---

[13] Mary Jane Sherfey, *The Nature and Evolution of Female Sexuality* (Vintage Books, 1973), p. 137-140.

12
O homem: um deus/
A mulher: uma pecadora

Akhnatoun, o rei egípcio, filósofo e reformador social, foi o primeiro a formular uma religião monoteísta, adorando um só deus – Raa, ou Harakhni, que cintila, brilha e se incendeia no horizonte em forma de uma grande luz (*Shu*) envolto pelo sol[1]. A ideia de Akhnatoun teve uma grande influência em Moisés, o profeta de Israel. E isto se percebe na estreita semelhança que existe entre os escritos no Antigo Testamento e os de Akhnatoun. O Cristianismo herdou o legado do Judaísmo, e o Islã, por sua vez, constituiu seu sistema de ideias religiosas, valores e preceitos com base nas duas religiões monoteístas que o precederam.

Um dos mitos mais famosos partilhado pelas três religiões é o de Adão e Eva. Essa história, que aparece como uma parte do Gênesis da Terra, ocupa em toda a sua beleza e expressivo simbolismo uma parte proeminente tanto do Antigo Testamento como do *Alcorão*.

O primeiro homem, Adão, chegou ao ponto de negar a Eva sua capacidade para ter filhos e atribuiu esse poder a si mesmo, uma vez que, como narra a história, "Eva nasceu de uma costela de Adão". Isso é simbólico e reflete a posição predominante que o homem havia atribuído a si mesmo nesse primeiro período da história, que se caracterizou pela crescente busca da possessão da terra com ganância e cobiça, mercados de escravos onde homens e mulheres eram vendidos como gado, acentuando-se a divisão da sociedade em classes com uma feroz exploração do trabalho não remunerado e o sistema patriarcal nas suas formas mais extremadas.

A história original de Adão e Eva, como é contada no Antigo Testamento e no *Alcorão*, mostra claramente a injustiça sofrida pela mulher e a tentativa de se mascarar sua situação com uma santificação religiosa com

---

1 *Pharaonic Egypt*, Jean Yoyot, tradução árabe de Saad Zahran na série "A Thousand Books" (Ministério do Ensino Superior, Cairo, 1966), p. 209.

a finalidade de destruir qualquer dúvida, discussão e resistência. Pois o que Deus tinha ordenado, nenhum homem ou mulher deve discutir.

Minha primeira e vívida recordação desse sentimento de injustiça me transporta a minha infância no dia em que minha professora leu para nós a história de Adão e Eva. Naquele tempo, eu era ainda uma criança de escola primária. Tive medo de exprimir o que senti e o guardei para mim mesma. Mas, cada vez que me lembrava dessa história, minha mente de criança não podia nem acreditar nela sem aceitá-la. Pois presume-se que Deus é justo e a justiça exige a não discriminação entre Adão e Eva. Deus é dotado de uma lógica infalível. Portanto, como se podem explicar as aberrantes contradições que correm como fios vermelhos pela textura desta tela religiosa? Deus glorifica a mente do homem em seus livros sagrados e faz dele o símbolo do pensamento e inteligência, enquanto a mulher personifica o corpo, um corpo sem cabeça, um corpo cuja cabeça é o homem. Entretanto, na história, Eva é mais inteligente que Adão, é capaz de compreender o que Adão não consegue e se dá conta de que a árvore proibida produz o mais delicioso e embriagante dos frutos – o conhecimento – e com o conhecimento e a capacidade de discernir entre o bem e o mal. Ela foi suficientemente rápida e sensível para perceber que as advertências de Deus para que não se aproximassem do fruto proibido levavam em si um propósito escondido, uma tentativa para esconder alguma verdade e o medo de que uma vez que suas mãos se estendessem para os seus galhos e seus dentes mordessem a polpa suculenta e perfumosa, suas mentes se tornariam capazes de discernir entre o bem e o mal. Daquele momento em diante, eles se elevariam ao plano de seu Criador. O homem que fora criado à imagem de Deus tornar-se-ia, ele próprio, Deus.

Em minha mente de criança, tudo parecia indicar que Eva foi brilhante, enquanto Adão foi como um carneiro que seguiu seus passos.

Num estágio mais adiantado, quando comecei estudos superiores na escola secundária Helwan, estava sentada quieta no fundo da classe quando o professor de Língua Árabe me pediu para analisar a gramática da frase: "Mostafá adora Alá". Eu disse que "Mostafá" era um nome de gênero masculino agindo com a função de sujeito e "adora" era um presente do verbo adorar, na terceira pessoa do singular. "Alá" era um nome cuja função era objeto. O professor mal me deu tempo de completar a última parte antes que ele dissesse de um só fôlego: "Alá tenha misericórdia de nós! Você deve dizer: 'Alá, que senta no trono de toda majestade, nome masculino com função de objeto'." Eu repeti após ele: "Alá, que senta no trono de toda majestade, nome masculino com função de objeto".

Ao pronunciar o adjetivo, masculino, hesitei por um momento e depois continuei. Num rápido instante, me ocorreu uma ideia: "Por que, era Alá masculino, e não feminino?" E lancei a pergunta com toda a impetuosidade que brota de um pensamento original. O professor pôs-se de pé, tremendo de fúria e desaprovação, e gritou em alta voz: "Alá tenha misericórdia de nós! Como pode Alá ser feminino, criança sem-vergonha? Como você ousa colocar Alá entre seres do sexo feminino? Alá é masculino! Masculino! E todos os versos sagrados do *Alcorão* usam ELE e não ELA quando falam de Alá."

Naquele dia, ganhei nota zero em Gramática, acompanhada de uma advertência, ou melhor, uma ameaça de que perguntas semelhantes àquela seriam suficientes para me reprovar no exame final. Entretanto, o professor estava disposto a perdoar minhas perguntas ímpias se não as fizesse mais.

Contudo, não podia parar de pensar. Quando cresci, ocorreu-me a ideia de que a única diferença entre homens e mulheres é que os homens têm o órgão sexual protuberante. Poderia isto significar que também Alá era como os homens, nesse sentido? Então, perguntei a meu pai se Alá possuía um órgão sexual masculino. Como ele tinha a mente aberta e nos tinha acostumado desde cedo a pensar livremente, a questionar e não acreditar em qualquer coisa que não fosse convincente, não tremeu de fúria como meu professor, mas respondeu calmamente: "Alá é masculino, mas não tem órgão sexual porque Ele é só espírito e não tem corpo".

A pergunta seguinte, porém, já estava pronta na ponta de minha língua e nosso diálogo continuou: "Como pode um espírito ser masculino? Existem espíritos masculinos e espíritos femininos?" Ele disse: "Um espírito é um espírito e não é nem masculino nem feminino!"

"Então, por que você disse que Alá é masculino?"

"Alá é um espírito e não é nem masculino nem feminino."

"Por que então todos os versos do *Alcorão* usam o gênero masculino quando se referem a Alá?"

"Porque não é adequado dirigir-se a Alá ou falar sobre ele usando o gênero feminino."

"Então você quer dizer que o gênero feminino é indigno e sofre alguma deficiência, falha ou estigma, enquanto isso não acontece com o gênero masculino?"

"Sim, a superioridade dos homens sobre as mulheres é a verdadeira razão subjacente ao fato de os profetas sempre usarem o gênero masculino quando se dirigem a Alá ou falam sobre Ele. Todos os profetas foram eles mesmos homens e nunca se ouviu falar em profetisa. O primeiro homem na Terra, Adão, foi colocado acima de Eva, pois ele esteve na origem da raça humana, foi mais poderoso e lhe deu a vida por meio de uma de suas costelas. Enquanto Eva incitou-o a comer da fruta proibida e a desobedecer às recomendações de Alá."

Estava, então, completamente confusa, mas não queria dar-me por vencida:

"O que você diz, papai, é bastante contraditório. Como é que Eva, tendo nascido da costela do corpo de Adão, e sendo muito mais fraca do que ele, poderia ter adquirido, de repente, uma surpreendente força que lhe possibilitou convencer Adão a lhe dar ouvidos e desobedecer às ordens de Alá? Nesse caso, seu papel foi positivo e sua personalidade mais forte do que a de Adão, que permaneceu passivo e seguiu sua palavra".

"Sim, mas Eva só foi positiva quando se tratou do mal!"

> É um direito dos seres humanos comuns pedir e esperar prosperidade, alimento, agasalho e segurança do deus feminino. Por outro lado, filósofos, cientistas e artistas procuram conhecer esses deuses e, acima de tudo, chegar à compreensão de sua verdadeira natureza. A diferença entre um ser humano e outro reside no conhecimento. E a diferença entre um Deus e outro também está no conhecimento.

Lembro-me de haver lido essa passagem, quando criança, em um dos velhos livros da biblioteca de meu pai. Provavelmente, eram palavras de Plutarco escritas em seu livro sobre a deusa egípcia Ísis. Apesar de se terem passado muitos anos, ainda me lembro disso e recordo também que Homero considerava o deus Zeus superior a Osíris porque tinha maior conhecimento. A deusa Ísis, no entanto, era a maior entre os deuses porque possuía mais entendimento e conhecimento do que todos eles. Seu nome, Ísis, ele próprio significa sabedoria e conhecimento. A estrutura na qual repousa seu *status* indica o processo de conhecimento revelador e se chama *Izium*, que significa que aquele que entra na *Zona*, ou casa da deusa, atingirá a verdade[2].

---

2 *Zona* é o templo dos ídolos decorado convenientemente. Al Ifsah fi fikh el Logha, p. 697.

Todos os que escreveram sobre Ísis afirmam que seus verdadeiros adoradores não eram o sacerdote vestido de paramentos sagrados e usando barba esvoaçante, mas aquelas pessoas que procuravam a verdade e o conhecimento sem cessar.

Quando lemos a história de Ísis e Osíris descobrimos que foi Ísis a fonte de toda ação, trabalho e criação. De fato, foi ela quem recriou e reconstruiu aquilo que homens, tais como Touphoun, haviam destruído. Touphoun simbolizava tudo que era supérfluo, irracional e caótico. Tudo que era útil e construtivo encontrava sua fonte nas atividades de Ísis, e apenas tomava forma em Osíris, que não era mais do que uma forma concretizada das ações de Ísis.

Por sua virtude, inteligência e conhecimento, Ísis foi capaz de vencer a força maligna de Touphoun quando ele cortou o corpo de Osíris em pequenos pedaços e os espalhou longe. Seu órgão sexual foi devorado pelos peixes nas águas do Nilo, mas Ísis conseguiu ajuntar os pedaços de seu corpo e criá-lo de novo. Ela o dotou de um renovado órgão sexual em lugar do que se tinha perdido.

A história mitológica de Ísis mostra claramente que a mulher nas antigas sociedades era a fonte da criação e da ação. O homem, porém, era o resultado da ação, o resultado da iniciativa e da criatividade versátil da mulher. É por isso que o nome de Ísis significa, de fato, sabedoria, conhecimento e ação rápida. Osíris, por sua vez, somente significa o puro (virtuoso) ou sagrado.

Ísis criou Osíris que, de fato, foi meramente resultado de uma de suas ações. Ela também deu à luz Hórus, seu filho, e comunicou vida ao maior de todos os deuses, do qual se diz ter gerado Ísis ou Atenas pela cabeça.

Iodexus explica que os antigos egípcios retratavam Zeus como incapaz de movimento porque seus membros inferiores estavam colados. Assim também ele ficou completamente isolado, afastado de tudo, por causa de sua enfermidade que o paralisou completamente e era fonte de vergonha. Foi Ísis quem fez a separação de seus membros, com um corte, e lhe proporcionou a capacidade de mover-se e andar[3]. O significado a ser deduzido deste mito é claro, pois foi Ísis quem deu vida, conhecimento e capacidade de movimentar-se a Zeus, Osíris e Hórus. Entretanto, os homens que mais tarde explicaram o significado dessa história não entenderam seu sentido ou talvez fingiram não entendê-lo para que pudessem

---

3 *Isis and Osiris*, traduzido do grego por Hassan Sobhy El Bakri, na série "A Thousand Books", 235. (Dar El Kalam, Cairo), p. 93.

modificá-lo e distorcê-lo a fim de servir a suas próprias finalidades, fazer do deus masculino a Fonte e o Criador e do deus feminino uma de suas criações. Pois não foi Zeus que gerou Ísis pela sua cabeça e não foi Adão que gerou Eva por sua costela?

Assim é que o mito de Adão e Eva não difere essencialmente do de Ísis e Osíris, exceto na elevada santidade que lhe é conferida pelos celestiais livros sagrados que o colocaram, para muitos, fora do alcance de uma discussão racional.

Eva também foi privada de suas capacidades de conhecimento, movimento e criação e assim sofreu a mesma sorte que Ísis. Contudo, quando lemos a história original tal como descrita no Antigo Testamento nos é fácil ver claramente que Eva foi dotada de conhecimento, inteligência e capacidade mentais superiores, enquanto Adão foi apenas um de seus instrumentos, por ela utilizado para aumentar seu conhecimento e dar forma a sua criatividade. Entretanto, apesar do papel relevante desempenhado pela mulher antiga e pelas antigas deusas em relação ao conhecimento, à criatividade e ao pensamento, essas histórias mitológicas tiveram uma interpretação diferente. A verdade foi posta de ponta-cabeça para que o homem pudesse se tornar o deus, o criador, o ser que gerou a mulher.

O homem usurpou o trono da força para tornar-se a fonte e a origem de todas as coisas e a mulher foi relegada à posição de uma dependente fraca e passiva quando, de fato, nos estágios primitivos da história, ela ocupou uma posição predominante. Adão seguiu Eva e Ísis foi mais forte e poderosa que o mais tirano de todos os homens, Touphoun – Touphoun, o deus mau, astuto, conseguiu vencer seu gentil e amável irmão Osíris. Foi Ísis quem veio libertar Osíris e triunfou sobre Touphoun, lutando com ele com as mesmas armas que ele tinha usado, pois também subornou o demônio com suas riquezas.

O conhecimento e as capacidades da mulher se encontram mais remotos e recuados no tempo do que o conhecimento e as capacidades dos homens. A mulher era mais forte de mente e inteligência do que Satanás e sempre foi capaz de vencer demônios e deuses com sua sabedoria e conhecimento. Eva triunfa sobre o Criador quando se mostra capaz de fazer Adão obedecer antes a ela do que a Deus.

Naqueles dias parece que o homem seguia sempre a mulher atraído por sua inteligência e sabedoria. Seu destino haveria de variar através do tempo, passando da participação da inteligência, sabedoria e ação criativa ao extremo oposto de aniquilação, como aconteceu a Touphoun e a outros demônios.

Contudo, o homem quase nunca foi objetivo quando se pôs a interpretar estas histórias mitológicas que claramente refletem o elevado *status* desfrutado pela mulher nos estágios pré-históricos e pré-monoteístas da vida humana.

Alguns analistas insistem que o homem, em certos períodos desses estágios, foi capaz de vencer a mulher pela força das armas e assim usurpar sua vocação divina, sua criatividade e sua capacidade de raciocinar e, dessa forma, veio a atribuir tudo a si mesmo. Na história de Ísis, por exemplo, conta-se que seu filho Hórus lhe cortou a cabeça e abateu a coroa real e divina que ela trazia por ter livrado Touphoun de seu cativeiro e por tê-lo perdoado quando ele lhe foi trazido algemado.

Também no Antigo Testamento decapitou a mulher e fez dela um corpo sem cabeça. O marido por isso tornou-se a cabeça da mulher. Essa é a fonte de uma ideia bem popular que julga as mulheres não terem cérebro ou serem dotadas de menos inteligência do que os homens, apesar do fato de inicialmente as mulheres serem as verdadeiras detentoras de inteligência e de pensamento enquanto os homens eram relegados à situação de seguidores.

A história, porém, sofreu uma mudança fundamental e, com isso, os antigos mitos foram interpretados de forma a favorecer os interesses patriarcais e de classes surgidas com o aparecimento das sociedades escravocratas.

Lembro-me de ter lido em algum lugar das antigas histórias egípcias e gregas que o crocodilo era a imagem de um deus, sendo o único animal que não emite som[4]. O argumento disso era que "a mente de Deus" ou "o trabalho de Deus" não precisam de som para se transmitirem. Essas histórias também afirmavam que Zeus era surdo, pois era privado de ouvidos. Não era conveniente que o deus que governa todas as coisas devesse ouvir a qualquer um. Além disso, como se mencionou antes, ela nasceu com uma enfermidade que o privava de movimento, sendo seus membros inferiores colados. Assim, ele se arrastava como um crocodilo.

Foi a mulher, Ísis, quem foi destinada a conceber-lhe a possibilidade de andar.

---

4   Plutarch, *Isis and Osiris*, traduzido do grego antigo, *ibid.*, p. 108.

13
A mulher no tempo dos faraós

A mais remota e talvez a maior de todas as civilizações antigas tem sido um campo fértil para a pesquisa histórica. Cientistas e egitologistas repetidamente registram o fato de que, nos estágios preliminares da antiga sociedade egípcia, as mulheres eram frequentemente pintadas e esculpidas em paredes e sua estatura correspondia à dos homens, indicando igualdade de *status* e prestígio. Mais tarde, porém, a estatura feminina começou a decrescer, o que significa que as mulheres estavam perdendo posição diante dos homens. Descobriu-se que essa mudança correspondeu ao aparecimento da propriedade privada, fato que se estende da sétima à décima dinastia (2420 a 2140 a.C.). O *status* da mulher permaneceu baixo durante o período do Reino Médio da XI a XIII dinastia e durante o período do Hexus como resultado da predominância da opressão, injustiça e dura exploração de escravos acompanhada pelos primeiros sistemas feudalísticos em algumas áreas. Foi somente no fim do reino (1580 a.C.), após generalizados levantes e rebeliões que varreram o povo egípcio, envolvendo mulheres e escravos em uma luta contra os invasores estrangeiros e os proprietários de terra que a mulher, em grande escala, tornou a ganhar a posição e o prestígio que havia perdido – rainhas famosas assumiram o poder e reinaram soberanamente durante a XVIII dinastia. Por exemplo, Nefertite e Hatchipsoot, renomada por sua forte personalidade e seu reino que durou 22 anos (1504 a 1483 a.C.). A estátua de Hatchipsoot foi esculpida na forma de esfinge com uma cabeça humana e um corpo de leão como símbolo de sua força mental e psíquica. Seu reino foi caracterizado por prosperidade e progresso. Ela demonstrou suas qualidades como governante e como rainha, mas, depois que morreu, Tutemés III a substituiu no trono e ordenou que as estátuas dela fossem destruídas e seus retratos e baixos-relevos fossem apagados das paredes[1].

Contudo, globalmente falando, as mulheres do Egito Antigo não tiveram destaque a não ser durante o Antigo Império, isto é, antes de a propriedade privada e a posse da terra se terem tornado predominantes. Nesse remoto período, a mulher faraônica fazia trabalhos têxteis e manufaturava tapetes que eram comercializados nos mercados e, além disso, participavam da caça lado a lado com o marido. Nas pinturas, sobre as tumbas de família, a esposa tinha estatura igual a de seu marido e mostrava a estima e o respeito que se tinha pelas mulheres, bem como sua igualdade nos direitos e deveres. Esta prática continuou através da III e IV dinastias (por volta do ano 2780 a.C.). Na estátua de Bangan, esculpida nas paredes do templo de Karnak, a esposa precede o marido. A pedra memorial erigida em honra de uma mulher chamada Bisisht, que viveu durante um dos períodos do Reino Antigo, indica que ela presidia um grupo que reunia médicos. Um marido egípcio é julgado por um juiz e punido com cem vergastadas de chicote por haver insultado sua esposa e é admoestado de que será privado de sua parte do dinheiro ganho conjuntamente pelo casal se tornar a insultá-la[2].

As mulheres do Egito Antigo muitas vezes eram também altamente cultas. Um documento mostra que um homem chamado Khanoun Reddi trabalhava como bibliotecário a serviço de uma grande dama conhecida como Nephro Kabith. Ele conta que a dama o nomeou na cidade de Dandeira como supervisor dos depósitos de livros pertencentes a sua mãe, que amava as ciências e as artes[3].

As mulheres no Egito Antigo praticavam esporte, natação e acrobacia e, da mesma forma que os homens, bebiam vinho em reuniões em companhia de homens e brindavam com eles. Às vezes, até bebiam bastante. Um papiro fala de uma mulher que exclama: "Dê-me dezoito copos de vinho. Beberei até que a uva me faça levitar, estou seca como uma palha"[4].

Existem arqueólogos como Armand, Muret e Prested que julgam que, durante esse período, o filho tomava o nome da mãe. As mulheres entravam em todos os campos de atividade e ocupavam uma grande variedade

---

1 Ver William Nazeer, *Women in Ancient Egyptian History* (Dar El Kalam Publishing House, 1965); também Adil Ahmed Sarkiss, *Dar El Kitab El Arabi* (1967) e Jean Yoyot, *Pharaonic Egypt*, vertido para o árabe por Saad Zahran (1966).
2 William Nazeer, *op. cit.*, p. 28.
3 *Ibid.*, p. 16.
4 *Ibid.*, p. 68.

de postos, inclusive o de governador de uma província, magistrado ou ministro, rainha ou deusa. Desconhecia-se o véu e não havia segregação entre sexos. Marido e mulher eram iguais em todos os aspectos até a III e IV dinastias do Antigo Reino. Quando se desenvolveu o latifúndio paralelamente à sociedade escravocata que impôs seu controle sobre o Estado, durante a V dinastia, os homens impuseram o sistema de família patriarcal para que a herança da propriedade fosse reservada a seus filhos[5]. Com o aparecimento do sistema patriarcal, se desenvolveram outros sistemas paralelos, isto é, a poligamia e o concubinato, que desembocaram no nascimento dos primeiros filhos ilegítimos e na perda de *status*, fatos que afligiam as mulheres, degradando-as ao mais baixo nível da sociedade.

O primeiro levante revolucionário feito por escravos contra os latifundiários e o governo que dominava em seu nome se deu na VII dinastia (2420 a.C.). O evento histórico é conhecido como Revolução de Mênfis e se dirigiu contra os proprietários de terras e os monarcas reinantes. O povo egípcio, homens e mulheres, queimou completamente o Palácio Real, expressando seu desprezo pela propriedade e exigindo igual oportunidade para todos, sem exceção. Alguns historiadores, porém, descrevem essa revolta como mera mudança da propriedade das mãos de uns para as mãos de outros e dizem: "Quem era incapaz de encomendar um par de sandálias para si mesmo agora tomou posse dos tesouros"[6].

No entanto, os latifundiários reafirmaram sua posição mais uma vez e, no ano 2160 a.C., o povo egípcio levantou-se em revolta pela segunda vez contra os faraós e seus governantes. A era da X dinastia foi assim introduzida. O concubinato foi abolido e os filhos ilegítimos desapareceram de cena, pois os filhos voltaram a tomar o nome de suas mães. Contudo, os latifundiários contra-atacaram e o segundo período de sua dominação não contestada (1094 a.C.) foi anunciado no dia em que Harhour, o Sumo Sacerdote, tomou o poder. O concubinato tornou-se parte integrante da vida diária e os homens fortaleceram seu direito exclusivo ao divórcio e seu monopólio do sacerdote como uma vocação. Um novo golpe ao sistema de latifúndio foi desferido pelo povo no ano 663 a.C. Subsequentemente, o reinado do rei Mokhoris, que pertenceu à XXIV dinastia, presenciou mudanças fundamentais. Os filhos foram libertados da autoridade do pai, as mulheres reconquistaram seus direitos e os sacerdotes deixaram de

---

5 Adil Ahmed Sarkiss, *op. cit.*, e Jean Yoyot, *op. cit.*
6 *Ibid.*, p. 66.

exercer controle sobre os casamentos, como tinham feito no passado, uma vez que estes tinham perdido sua santidade religiosa. Assim, sob o sistema patriarcal, o homem é investido de autoridade sacerdotal religiosa e o casamento é submetido a estatutos e leis ditados pela religião. O sistema patriarcal é também necessariamente acompanhado pelo concubinato, pela poligamia e por um regulamento rígido e inumano da vida da mulher em todos os aspectos: religioso, social ou sexual.

Paralelamente à expansão da primitiva posse da terra, um sempre crescente número de escravos, intercalado com formas de mão de obra paga, em certas ocupações, tornou-se uma necessidade se a terra tinha que ser cultivada. Essa nova era econômica, apoiada por valores religiosos e sociais adequados, necessitava, portanto, de uma crescente progênie para trabalhar no campo e substituir o grande número dos que morriam, uma vez que prevalecia alta taxa de mortalidade. Um dos valores religiosos que se desenvolveu para responder a essas necessidades foi a ideia de que quanto maior fosse a família, orando a seus ancestrais e por eles, mais fácil seriam suas preces ouvidas. A poligamia, portanto, teve sua origem não apenas no apetite sexual ligado à dominação masculina, mas, também, luta por uma ampla progênie. As esposas eram também uma fonte de riqueza, uma vez que assumiam muitas tarefas pesadas, tanto no campo quanto em casa, sem esperar pagamento algum além do próprio sustento. A sua sorte era a dos trabalhadores não pagos, não melhor do que a dos escravos e, para uma mulher, existir mais esposas na casa era uma bênção. As tarefas podiam ser divididas, pesos podiam ser levantados, por todas juntas, e as dificuldades da vida suportadas por vários ombros em vez de um só. Às vezes, as esposas podiam tornar-se até uma fonte de conforto humano diante da dor, exploração e injustiça.

A poligamia para o homem significava satisfação do apetite sexual. Para reforçar seu direito a diversas mulheres e santificar sua ganância econômica e lascívia sexual, o apoio da religião era necessário. Por outro lado, uma vez que a monogamia para as mulheres era exigida para identificar e reforçar a descendência patrilinear e assegurar que os filhos herdassem a propriedade dos pais, um outro conjunto de valores tinha que ser prescrito e legitimado santificando a posse da mulher pelo homem, tanto econômica como socialmente. Aqui, novamente, a religião veio socorrer o homem.

Entretanto, por sua vez, a mulher não sentia que um só homem pudesse mitigar sua sede de prazer sexual. Ela também precisava de mais do que um marido e, numa situação em que seu único homem era partilhado com outras mulheres, ela era reduzida à frustrante tentativa de encontrar satisfação estando casada com uma fração de homem. O desejo sexual da forte mulher primitiva estava, portanto, fora da proporção com sua real participação na vida sexual.

Como era inevitável, a mulher opôs resistência aos limites dentro dos quais o homem tentou confinar suas necessidades naturais. O homem, por sua vez, lutou contra essa resistência com toda a sua força, numa tentativa de reforçar a disciplina e o controle impostos por ele por meio de um conjunto de leis, preceitos e costumes de ferro. Morte era o preço que a mulher pagava pelo adultério; prisão era um destino mais ameno e um cruel ciúme, talvez o mais leve de todos; ciúme que mais tarde se tornou uma emoção decantada pelo homem moderno como sendo a mais alta expressão do amor, um nobre sentimento descrito com calor pelos homens de letras e poetas, tanto no Oriente como no Ocidente. Otelo de Shakespeare e o ciúme de Otelo que leva ao assassínio de sua amada Desdêmona são um vivo retrato da pústula perniciosa encerrada no homem para sempre, desde que a propriedade privada e a posse da mulher começaram a tecer a teia que aprisionou a alma dele e o alienou de sua própria humanidade.

Um exército de leis e regulamentos baixou do céu e se ergueu da sólida terra para conseguir à força a castidade, a virgindade, a fidelidade conjugal e a obediência só da mulher para que, pela mente do marido, não passasse nem um pálido raio de dúvida de que um estranho pudesse se intrometer no cercado das crianças, acobertado pela escuridão, e tornar-se um candidato a sua herança.

Entretanto, apesar das pesadas armas apontadas para a mulher, apesar dos tabernáculos, sábios conselhos ditos ao ouvido, valores e costumes e um código moral e legal sem misericórdia, a dúvida sobre a fidelidade da mulher sempre se manteve na mente e no coração do homem. Essa dúvida, que tem acompanhado o homem sem cessar desde as eras primitivas até as mais modernas sociedades contemporâneas, é tão forte, tão profundamente enraizada que não pode ser mal explicada, não pode ser mera ilusão. Por detrás dela existe uma realidade objetiva e uma base lógica e uma inexorável realidade. Uma realidade e lógica que, no entanto, mantêm-se contraditórias, absurdas e fictícias porque têm sua base e fonte no antigo padrão duplo que tem governado a vida do homem e da mulher:

um conjunto de padrões para o macho e um escravizante código de castidade e retidão sexual para a mulher.

Esse duplo padrão de moral tem suas raízes no passado, encravadas na subversão fundamental das relações sociais, quando o homem descobriu que podia possuir e que, se possuísse, poderia explorar tanto o escravo como a mulher. A partir desse momento, o destino da mulher estava decidido para milhares de anos. Ela estava destinada a perder sua igualdade com o homem na sociedade, no lar e até no sagrado reino da religião.

Essa degradação do *status* da mulher alcançou seu ponto mais ínfimo na Antiga Roma, onde as mulheres estavam inteiramente nas mãos dos homens e sua mercê[7]. A Idade do Obscurantismo havia começado para ela com as primeiras civilizações, com o alvorecer de uma nova era que surgiu com as promessas e a realidade do progresso humano. Pois a história e a divisão da sociedade em classes tinham determinado que, para que alguns pudessem estar livres para administrar e pensar, para imaginar e inventar, a grande maioria, composta de escravos, trabalhadores e mulheres, tinha de trabalhar arduamente e sofrer.

Foi dessa maneira que a mulher foi destronada de sua posição como cabeça de tribos e clãs, privada de seu direito de dar nome aos filhos nascidos de seu ventre e transformada em escrava. Ela foi aprisionada atrás de paredes como um animal numa jaula, comprada ou vendida abertamente no leilão de escravos ou, sob uma máscara, no casamento. Foi privada de sua liberdade para escolher ou tomar decisão, sendo seu pai ou um dos irmãos mais velhos que decidia com que homem ela devia casar-se e o preço que obteriam por ela. Assim, o *pater familias* romano dispunha das mulheres de sua casa, pois elas eram sua propriedade e uma das fontes de riqueza[8].

Na legislação romana, a dominação do homem sobre a mulher se consagrou em suas formas mais extremadas. O pai não só gozava da prerrogativa de vender sua filha em casamento como também tinha o prazer de pôr fim à vida dela se houvesse necessidade a seu ver. Depois do casamento, esses direitos patriarcais eram transferidos ao marido que, então, legalmente possuía a mãe de seus futuros filhos[9].

---

7 Fouchelle de Collange, *The Ancient City* (Hachette Publications, Paris, 1948), p. 98.
8 Sarwat El Assiyuti, *The Family System as Related to the Economy and Religion*, p. 119.
9 V. Girard, *Roman Law* (ed. francesa), p. 180 ss. e V. Glatz, *The Solidarity of the Family in Greece* (ed. francesa), p. 31 ss.

Durante uma viagem à Índia, em 1974, visitei uma região nas áreas de plantação de chá, perto da cidade de Coonoor, no estado sulino de Tamil Nadu. A região é habitada por certas tribos cuja vida é muito diferente da vida urbana comum ou até rural. Os homens têm funções bastante originais na vida. Não trabalham, mas apenas supervisionam os edifícios e as atividades dos templos e dançam nas festas religiosas. Seus rostos são pintados com pós especiais de cores branca e carmim, seus cabelos crescem longos e flutuantes, usam ornamentos e brincos pendentes de suas orelhas muito semelhantes àqueles com que as mulheres do povo egípcio se ornamentavam. As mulheres, entretanto, depois de trabalhar o dia todo nas plantações de chá ou batata, voltam para casa para cozinhar, lavar a roupa e alimentar seus maridos e filho. Fui convidada para uma festa religiosa organizada por uma dessas tribos, chamada Kothas, na vila Drichijadi. Vi os homens de cabelos longos, rostos pintados e sofisticados brincos, dançando ao redor do templo enquanto as mulheres e meninas olhavam sentadas, a distância, na área que lhes era reservada.

Perguntei ao chefe da tribo por que agiam assim e ele explicou que o solo ao redor do templo era sagrado e, portanto, a mulheres e meninas não era permitido pisar nele com seus pés. Também não era permitido a mulheres e meninas e até a bebês do sexo feminino entrar no templo.

Dentro dos limites dessa vila, havia dois templos. O primeiro, chamado Templo de Shiva, abrigava uma pequena estátua do deus Shiva talhado em pedra negra. O segundo tinha sido construído para a deusa Parvathi, esposa de Shiva, também muito venerada na Índia. Fiquei estupefata ao saber que às mulheres não só era proibido entrar no templo de Shiva, mas, também, visitar a deusa Parvathi, apesar de os aldeões fazerem sua oração diante da estátua de uma mulher. Respondendo a minhas perguntas, o chefe da tribo argumentou que o reino da religião é reservado aos homens, enquanto a terra é o domínio da mulher. Elaborando essa ideia, ele continuou dizendo que as mulheres possuem tudo na vida. Elas trabalham nos campos e em casa e alimentam todos os membros da família. Até os filhos pertencem a elas, uma vez que são elas que lhes dão a vida e os parem. Os homens nunca podem ter certeza de sua paternidade. Nada sobra para os homens a não ser os deuses e os templos. Eles devem, portanto, exercer seu direito exclusivo sobre esses deuses e templos para que não caiam sob o domínio das mulheres.

Nessas tribos, as crianças recebem o nome da mãe, uma vez que a poliandria é comum e as mulheres são casadas com mais de um homem.

O pai da criança é, portanto, desconhecido em muitos casos. Além disso, apesar de a mulher ser a sustentadora da família, uma vez que ela é a única fonte de trabalho e rendimento, seja em dinheiro ou espécie, a tribo é governada por um sistema de tradições e costumes impostos pelos anciões e prescrito, na opinião deles, pelo deus Shiva. Nesse sistema, o homem governa, toma as decisões e distribui os lucros pelos membros da tribo. Em nome de Shiva e seus preceitos, os homens tomam posse do rendimento das mulheres e presidem a vida da família. As mulheres são assim relegadas à posição de simples trabalhadoras ou mesmo escravas, sob o controle dos homens. Como um posterior desenvolvimento desta autoridade masculina, os filhos começaram a seguir a linha de descendência paterna e a monogamia está sendo gradualmente imposta às mulheres para que o pai possa identificar seus filhos.

Essas tribos podem ser identificadas como um estágio intermediário entre o sistema matriarcal que ainda prevalece em pequenos distritos da Índia Meridional e nas sociedades altamente patriarcais do norte. É um dos numerosos padrões que medeiam entre os dois polos opostos da estrutura familiar. Entretanto, neste imenso país que cobre um vasto espectro de fases históricas, podem-se encontrar situações muito diversas. Por exemplo, a quarenta milhas mais ou menos distante de Delhi, existem tribos nas áreas rurais que praticam uma forma sub-reptícia de poliandria. Quando um homem está com uma mulher, suas *chappals* (sandálias) são deixadas do lado de fora da porta para alertar aos de casa que ela tem um visitante.

Todos os indícios mostram que o homem só foi capaz de afirmar sua predominância pela posse, da produção e do controle, tanto da atividade econômica como da região. Ele obtém sua ascendência na religião mediante um tipo de autodesignação que lhe permitiu moldar as leis de conduta e a moral, interpretá-las e impô-las em nome dos deuses que ele representa. O homem sempre temeu a mulher como fonte da vida, dotada de capacidades misteriosas e terríveis, forte, paciente, jovial e trabalhadora incansável na floresta, no campo ou no lar. Quando a produção individual se tornou excedente, a exploração tornou-se possível e algumas pessoas se tornaram capazes de viver à custa do trabalho de outras.

Por que foi o homem quem levou vantagem sobre a mulher? Há diversas teorias que procuram explicar essa mudança. Talvez seja uma explicação plausível o fato de as mulheres estarem mais envolvidas do que os homens na geração e educação dos filhos, especialmente porque era necessária uma numerosa progênie para equilibrar a alta incidência de mortes e a necessidade de mão de obra agrícola.

Sempre me lembro de minha visita à vila Drichijadi como uma repentina abertura para dentro do passado, viva, cativante, mas dolorosa. Ali estavam as descendentes da mulher primitiva, forte, paciente, com suas mãos ativas tornadas grossas, ásperas e com um aperto firme. Ao redor das casas da vila se espreguiçavam os homens, aquecendo-se ao sol, fumando, bebendo, jogando com pedrinhas que seguravam levemente em suas mãos e dedos macios e delicados, enquanto as mulheres trabalhavam duramente, pés nus fincados no chão, cabeças abaixadas, o sol traçando as longas horas de seu trabalho pelo céu de horizonte a horizonte.

14
Liberdade para o escravo, mas não para a mulher

As religiões monoteístas, enunciando os princípios relacionados com o papel e a posição das mulheres na vida, como já vimos, inspiraram-se nos valores das sociedades patriarcais e divididas em classes, prevalecentes na época, e por esses valores se orientaram. Essas sociedades de classes foram construídas sobre a principal divisão entre proprietários de terras e escravos, fossem eles homens ou mulheres.

As mensagens que foram trazidas a seus povos pelos profetas Moisés, Jesus e Maomé, em sua essência, foram um apelo à revolta contra o sistema escravocrata. É verdade que há diferenças de conteúdo e forma de seus ensinamentos revolucionários devido ao fato de cada um ter nascido em época e sociedade diferentes, com suas próprias características sociais e econômicas. No entanto, todos eles têm em comum essa rebelião contra os males e as injustiças da escravidão que variavam em extensão e profundidade, mas estavam sempre presentes.

Como resultado, uma vez que a posição da mulher estava intimamente ligada com as relações econômicas e sociais predominantes na época, era natural que qualquer tentativa para resistir às injustiças sofridas pelo povo e para mudar a estrutura básica da sociedade haveria de influir na posição da mulher e afetá-la em menor ou maior grau. Isto é especialmente verdadeiro nos estágios mais primitivos das transformações resultantes do Judaísmo, do Cristianismo e do Islã. Contudo, a posição da mulher permaneceu inferior à do homem em todas as três religiões, mas especialmente no Judaísmo.

O clã familiar estava incorporado na família patriarcal, sob a incontestada e exclusiva autoridade do pai que era muito semelhante ao *pater familias* romano. Cada clã entre os Filhos de Israel era composto de um certo número de esposas e concubinas, seus filhos e as esposas dos filhos, os netos e os escravos[1]. O cabeça deste grande clã era o pai conhecido como *roshe*[2]. Ele gozava de absoluta autoridade legal e judicial[3], escolhia seu herdeiro de acordo com seu exclusivo desejo[4] e dispunha de suas filhas em completa liberdade, uma vez que era direito seu vender qualquer uma delas a quem quer que pagasse o preço por ele pedido[5]. A vida de uma criança dependia de sua vontade, uma vez que ele podia dar-lhe fim quando bem desejasse[6] ou oferecê-la em sacrifício a Deus[7]. É bem conhecida a história bíblica de Isaac, o filho que se submeteu a Abraão, seu pai, quando este decidiu sacrificá-lo a Javé. Este direito sobre a vida e morte se estendia sobre todos os que viviam no clã, sobre os quais o pai exercia sua absoluta autoridade. Por exemplo, ele podia matar a viúva de seu filho se ela cometesse adultério depois de ter perdido seu marido.

A mulher num clã judaico era parte da *familia,* como em Roma, isto é, uma parte integral da herança do pai composta de dinheiro, propriedades e escravos. O clã compreendia as mulheres, os escravos, as escravas, os bois, jumentos e outras coisas[8]. O marido era chamado o senhor e amo das mulheres[9] e a ele se dirigiam usando a expressão "meu senhor".[10] O nascimento de um menino era ocasião de alegria, enquanto o nascimento de uma menina trazia tristeza e lamentação[11].

Entretanto, apesar dos estreitos grilhões aos quais a mulher tinha que se submeter, o homem era livre para ter tantas esposas e concubinas quantas desejasse e podia até ter relações sexuais com suas filhas. As duas filhas de Lot se revezavam dormindo com seu pai até que ambas ficaram grávidas e pariram filhos. Moab e Bennami Jacó "tomaram para si" duas irmãs[12]. O homem podia divorciar-se de sua mulher a qualquer momento, e o Antigo Testamento conta como Abraão expulsou de seu clã sua escrava Hagir, a egípcia, e seu filho e os deixou no deserto apenas com um pouco de pão

---

1 Levi, *The Family*, p. 79; e Duffaut, *Systems and Organizations in the Old Testament*.
2 Ver I Crônicas (Velho Testamento), cap. 7, versículo 7.
3 Ver Gênesis, cap. 38, versículo 24.
4 Ver Gênesis, cap. 48, versículos 14 ss.
5 Gênesis, cap. 21, versículos 7 ss.
6 Gênesis, cap. 42, versículo 37.
7 Gênesis, cap. 22, versículo 10.
8 Êxodo, cap. 20, versículo 17.
9 Êxodo, cap. 21, versículo 3.
10 Êxodo, cap. 18, versículo 12.
11 Gênesis, cap. 35, versículo 17.
12 Gênesis, cap. 29, versículos 15 ss.

e água. Eles perambularam pela areia escaldante até se perderem; nunca mais se ouviu falar neles[13].

A poligamia era amplamente praticada pelos Filhos de Israel, especialmente entre as famílias mais ricas e os reis. Sabe-se que Davi teve muitas mulheres e, além delas, um séquito de escravas e concubinas[14]. Roboão tinha 18 esposas e 60 concubinas e, por meio delas, 28 filhos e 60 filhas[15]. E Abigah tornou-se poderoso, casou-se com 14 mulheres e teve 22 filhos e 16 filhas[16]. No entanto, Salomão excedeu e ultrapassou a todos os outros reis, pois teve 700 mulheres e 300 concubinas[17]. Começou sua vida de rei com o assassínio de seu irmão mais velho, que tentou competir com ele na herança do harém de seu pai[18].

Em oposição à liberdade sexual quase ilimitada conferida aos homens, as mulheres eram severamente oprimidas. A virgindade era uma condição essencial para que um homem desposasse uma mulher e se ela não pudesse provar sua virgindade, ele se divorciava dela imediatamente. Entretanto, quando a corrupção e imoralidade se alastraram como peste no fim do século VII a.C., o direito do homem ao divórcio não mais foi concedido em alguns casos. Primeiro, se o marido injustamente acusasse sua esposa de não ter sido virgem antes do casamento, o pai e a mãe podiam pleitear para exibir diante dos anciões da cidade um pano com as marcas da virgindade de sua filha, diante do que os anciões decidiriam punir o marido e impor-lhe uma multa de 100 moedas de prata a ser paga ao pai da moça como compensação por haver manchado a honra de uma virgem de Israel. O homem era, então, obrigado a aceitá-la como sua esposa e proibido de divorciar-se dela até o fim de sua vida[19]. Em segundo lugar, se uma moça era virgem e o homem tivesse tido relações pré-matrimoniais com ela, ele era obrigado a casar-se com a moça e a não divorciar-se dela pelo "resto de seus dias"[20]. Se uma mulher divorciada se casasse com um segundo homem, que por sua vez se divorciasse dela ou morresse deixando-a viúva,

---

13 Gênesis, cap. 21, versículo 14.
14 I Samuel, cap. 18, versículo 27; cap. 25, versículos 39 e 43. II Samuel, cap. 3, versículos 3 e 4; cap. 5, versículo 13.
15 II Crônicas, cap. 11, versículo 21.
16 II Crônicas, cap. 13, versículo 21.
17 I Reis, cap. 11, versículo 3.
18 I Reis, cap. 7, versículos 13-25.
19 Deuteronômio, cap. 22, versículos 13-19.
20 Deuteronômio, cap. 22, versículos 28-29.

não era permitido a seu primeiro marido casar-se novamente com ela, pois "ela tinha sido deflorada"[21].

O povo de Israel, naqueles dias, gemia sob a carga e opressão de uma sociedade escravocrata, governada por proprietários que monopolizavam a terra, o gado e o trabalho de homens e mulheres. A família era altamente autocrática e patriarcal, governada pela mão de ferro do pai. Além disso, uma terceira categoria de opressão se levantara: os sacerdotes que haviam atribuído a si mesmos amplos poderes sociais que costumavam aumentar sua autoridade e posição material. Uma das práticas comuns era a da "água amarga". Uma mulher suspeita de infidelidade pelo marido era arrastada até o sacerdote para passar pela repulsiva tortura que deveria provar sua culpabilidade ou inocência. Ela era despida de suas roupas até a cintura, tiravam-lhe os enfeites, desmanchavam-lhe as tranças do cabelo. Era, então, coberta com uma pesada roupa negra amarrada nos seios por uma corda e a faziam passar pelo teste da "água amarga"[22]. Esta consistia em uma mistura preparada por um sacerdote e composta de água sagrada, sujeira do templo e tinta extraída de um pano sobre o qual se invocava, por escrito, a condenação eterna sobre a mulher se ficasse provado que era culpada. A mulher era obrigada a beber essa repugnante e nauseabunda poção num pote de barro e, se sintomas ou sinais de doença aparecessem (inchaço da barriga e moléstia nas coxas), ela era considerada culpada e passível de qualquer das formas de castigo usadas contra as adúlteras.

A atitude da sociedade em relação ao adultério tem variado de acordo com as condições econômicas e sociais prevalecentes nos diferentes estágios do desenvolvimento humano. As sociedades matriarcais das tribos primitivas costumavam conceder liberdade sexual tanto para os homens como para as mulheres. Entretanto, com o desenvolvimento da propriedade privada que reforçou a paixão pela aquisição e posse e o desenvolvimento do sistema patriarcal, o marido começou a exigir completa fidelidade de sua esposa, o que significa que nenhum homem devia aproximar-se dela. Os homens esperavam castidade e virgindade das moças com quem se casariam. As primeiras sociedades patriarcais estabeleceram um sistema de procedimento para lidar com mulheres adúlteras, que se inspiraram e se nutriram em suas opressivas e autocráticas estruturas sociais e na cruel tirania da dominação masculina. Os homens que governavam os destinos

---
21 Deuteronômio, cap. 24, versículos 1-4.
22 Ver Números, cap. 5, versículos 11-18.

do povo de Israel decidiram que uma mulher que cometesse adultério devia morrer ou ser queimada como Javé tentara fazer com a esposa de seu filho Thamar, ou apedrejada até que o último sopro de vida deixasse seu corpo massacrado e ensanguentado[23]. Esta era a lei prescrita no Livro do Deuteronômio[24]. O homem, entretanto, podia fornicar com quantas esposas, concubinas e escravas quisesse e cometer mil adultérios, impunemente. A lei romana era um pouco diferente dos costumes judaicos, uma vez que dava ao homem o direito de vida e morte sobre sua mulher se ela cometesse adultério.

A sociedade islâmica, por sua vez, caracterizava-se por um sistema patriarcal construído sobre a propriedade privada e uma estrutura de classes composta por uma minoria, que possuía os rebanhos de carneiros, camelos e cavalos e que, como negociantes, viajavam para longe pelas rotas comerciais da península arábica, e por uma maioria, que eram os escravos, intercalada de alguns plebeus independentes. A autoridade no Islã pertencia ao homem como cabeça da família, ao supremo legislador ou ao Kalifa (líder policial), ou ao Iman (líder religioso), ou ao Wali (governador de uma província), ou a uma testemunha. Todos estes cargos só podiam ser ocupados por homens. O Islã herdou do Judaísmo a penalidade infligida à mulher adúltera, isto é, morte por apedrejamento. Na realidade, sabe-se de mulheres que foram sujeitas a essa morte selvagem e sem misericórdia, durante a vida do profeta Maomé e mais tarde nos primeiros estágios da expansão do Islamismo. O *Alcorão* estipula que ambos os participantes do adultério, o homem e a mulher, devem morrer apedrejados. No entanto, o fato de o homem poder ter quantas esposas, concubinas e escravas quiser à sua disposição significava que os homens mais ricos ou poderosos não precisavam recorrer ao adultério. O dono de numerosos rebanhos ou caravanas de camelos, os homens que exerciam influência e poder sobre outros, podiam trocar de esposas à vontade e se casar com outras mulheres sempre que vissem um rosto bonito, ou uma jovem ou uma escrava de corpo bem moldado esperando ser vendida no mercado. Por que um homem haveria de cometer o adultério se é direito seu divorciar-se de sua mulher a qualquer momento, casar-se com outra e conservar até quatro esposas simultaneamente e quantas concubinas e escravas pudesse sustentar? As leis religiosas ou *sharia*, portanto, eram

---

23 Gênesis, cap. 38, versículo 24; e Deuteronômio, cap. 22, versículo 21.
24 Deuteronômio, cap. 38, versículo 24; cap. 22, versículo 21.

aplicáveis somente às mulheres quando elas ousavam desafiar o sistema patriarcal que permitia à mulher ter só um marido, uma família e um teto ou alternativamente a deixava virgem e solteira até o fim de sua vida se nenhum homem a pedisse em casamento. As leis religiosas tinham também a finalidade de punir homens mais pobres (que tinham apenas alguns carneiros ou eram pequenos artesãos ou negociantes), trabalhadores pagos e escravos, todos aqueles que tinham dificuldade em se casar ou que cujas posses limitadas lhes impunham uma fidelidade sem convicção e não lhes permitia trocar as esposas ou casar-se com quatro, ou possuir escravas e concubinas que eles olhavam com inveja sendo compradas e vendidas no mercado público.

O Cristianismo, entretanto, difere do Judaísmo e do Islamismo no sentido de ser mais severo na restrição da liberdade sexual não só para as mulheres, como para os homens. Jesus Cristo começou aplicando as leis a si mesmo, e diz-se que praticou completa abstinência durante toda sua curta, mas agitada, ativa e fascinante vida. Ele, portanto, não se casou, como, também, sua mãe, a Virgem Maria, que jamais soube o que era o abraço de um homem, como conta a história no Novo Testamento. Jesus Cristo chegou a dizer: "Ouvistes o que foi dito pelos antigos, não cometerás adultério. Mas eu vos digo: todo aquele que olhar para uma mulher com cobiça já cometeu adultério, com ela, em seu coração"![25]

Até o advento do Cristianismo, os judeus costumavam aplicar os preceitos do Judaísmo incorporados no Antigo Testamento e que permitiam ao marido divorciar-se de sua esposa sem dar razões para este passo. O Novo Testamento, como nos conta o evangelho de Mateus, repudia essa prática como contrária à vontade de Deus: "Os fariseus também foram ter com ele, tentando-o e perguntando-lhe: 'Pode um homem, legalmente, divorciar-se de sua mulher por qualquer causa?' E ele respondendo lhes disse: 'Não lestes que aquele que os fez no começo, os fez homem e mulher?' E disse: 'por esta causa o homem deixará seu pai e sua mãe e se juntará a sua esposa e serão uma só carne? O que, portanto, Deus uniu o homem não separará'."[26]

Entretanto, Jesus Cristo se opôs à morte de uma adúltera por apedrejamento e não deixou os fariseus aplicarem este castigo dizendo uma

---

[25] Mateus (Novo Testamento), cap. 5, versículos 27-28.
[26] Mateus, cap. 19, versículos 3-6.

frase que se tornou famosa: "Aquele que não tiver pecado atire nela a primeira pedra".

O Cristianismo, como o Judaísmo e o Islã, nasceu no seio de uma sociedade patriarcal escravocrata onde Roma imperava e estendera seu império a distantes terras, incluindo a Palestina. Cristo foi, sem dúvida, um líder revolucionário que exprimiu as aspirações e esperanças dos escravos e dos mais pobres da sociedade. Ele se opôs aos judeus ricos que eram carne e unha com as autoridades romanas. Ele se levantou contra as injustiças e opressões dos senhores romanos e lutou obstinadamente por suas ideias progressistas que, naquela época, significavam uma mudança radical na sociedade. Ele tentou construir uma resistência, a seu modo, contra a exploração e corrupção de todos que estavam no poder, fossem romanos ou os de sua própria comunidade. Contudo, em vez de ficar restrito à luta contra o sistema escravocrata, ele passou para a história como um proponente da não violência e um pregador da pureza humana, da piedade humana e de um código moral severo. O alvorecer do Cristianismo, portanto, enfatizou os aspectos morais e espirituais de seus ensinamentos e castigou os que se perdiam nos prazeres materiais e sensuais da vida, inclusive o sexo. Os escravos e suas mulheres eram as vítimas da liberdade sexual e licenciosidade praticada pelos romanos e fariseus da comunidade judaica. Jesus Cristo, atacando vigorosa e descompromissadamente as práticas adúlteras, não só entre as mulheres, como, também, entre os homens, estava na realidade defendendo os interesses dos escravos e das camadas mais pobres da sociedade em que as mulheres eram presas espreitadas, a cada esquina, pelos lobos humanos.

Os valores espirituais do Cristianismo levaram à condenação da poligamia e lançaram dúvidas sobre aqueles que se permitiam mais do que um casamento. No entanto, num estágio ulterior, as hierarquias religiosas, que expandiram e avolumaram os ensinamentos de Cristo, permitiram que se introduzisse novamente o sistema do concubinato. Apesar das limitações colocadas pelo Cristianismo à liberdade sexual, a mulher permaneceu numa situação inferior, sem privilégios, em comparação ao homem. O sistema patriarcal ainda reinou supremo e se tornou ainda mais feroz com a gradual mudança para o sistema feudal, nos últimos anos de sobrevivência do Império romano. Essa mudança ocorreu primeiro fora do alcance do Império onde era difícil o Estado romano permanecer, especialmente diante das contínuas incursões das tribos bárbaras.

A Igreja Cristã, ou melhor, Católica, distanciou-se mais ou menos rapidamente dos ensinamentos originais de Jesus Cristo. A própria Igreja Católica tornou-se a maior proprietária de latifúndio da Europa e suas terras e pastagens ocupavam um quinto de toda a terra cultivada. Era, portanto, natural que os cardeais, a alta hierarquia e os monges ligassem seus interesses estritamente aos interesses dos senhores feudais e assegurassem que seus ensinamentos servissem ao sistema feudal e evitassem que os servos se revoltassem contra seus senhores.

Com o fortalecimento deste sistema patriarcal feudal, as mulheres inevitavelmente continuaram a sofrer atrozmente. A opressão pesava forte em suas vidas, e por toda parte as acompanhava sem piedade a acusação de serem aliadas de Satanás e a fonte do mal e catástrofe para todos os homens. Os homens exerciam total controle sobre as mulheres por meio dos costumes sociais e das leis que lhes eram aplicadas em casa e fora dela. Não encontravam dificuldade em matar ou queimar viva uma mulher pela mais frívola razão. A tortura de mulheres foi comumente usada na Europa[27].

No século XIV, a Igreja Católica proclamou que se uma mulher ousasse tratar de uma doença sem ter para isso treinamento especial, seria imediatamente qualificada como bruxa, sendo sua penalidade a morte[28]. Pois a cura do corpo e da alma é um domínio exclusivo de Deus e somente Ele tem o direito de delegar esses poderes a seus representantes na Terra, os sacerdotes (homens). A morte é, portanto, um justo castigo para a bruxa[29]. Durante o período que estamos descrevendo, os sacerdotes sustentavam que algumas gotas de água benta eram suficientes para curar qualquer doença e que somente eles possuíam o segredo desse conhecimento e o direito para usá-lo.

A mulher foi também vítima dos filósofos e pensadores (homens) que moldaram a opinião pública. Já mencionamos Tertuliano, que insistia na relação entre a mulher e o Satanás. Homens como Tomás de Aquino sustentavam esse ponto de vista, que teve sua origem num estágio muito anterior, com Sócrates, que sabemos ter dito que o homem foi criado para fins nobres, como o conhecimento e os prazeres da mente, enquanto a mulher foi criada para o sexo, a reprodução e a preservação da espécie.

---

27 Diante do sofrimento desumano infligido pela tortura, a mulher tinha que admitir sua culpa, sendo esta sua única saída, e concordar que seu corpo era habitado por maus espíritos e demônios. Veja Jules Michelet, Christina Holi, Thomas Zsass e outros.
28 Jules Michelet, *Satanism and Witchcraft*, p. 19.
29 Citado em Christina Holi, *Witchcraft in England*, p. 130.

Como mencionei anteriormente, o Cristianismo foi contra a poligamia no início. Entretanto, com o estabelecimento do sistema feudal, acompanhado como foi por guerras e fome e alto índice de mortalidade, o cabeça da família, além de satisfazer seus desejos sexuais, queria ter numerosa prole na qual poderia apoiar-se para supervisionar e organizar suas terras e para proporcionar-lhe mão de obra. Como resultado, a poligamia e o concubinato entraram em cena novamente. Entre outros, Santo Agostinho, o filósofo cristão, fez uma alentada defesa do homem dizendo que tal prática não tinha por objetivo saciar o apetite sexual, mas assegurar suficiente reprodução e uma multiplicação do homem na Terra conforme a vontade de Deus e em obediência ao que ele havia mandado. Pois não havia dito Deus aos Filhos de Israel, dos quais haveria de nascer o esperado Messias: "Crescei e multiplicai-vos?"

A monogamia, portanto, na prática permaneceu um código moral só para mulheres, para que o sistema patriarcal não sofresse erosão e colapso. A glorificação da virgindade e da virgem levou a Igreja a elevar a Virgem Maria a uma posição mais alta e ela veio a ser conhecida como a Deusa do Céu e da Terra, uma descrição que havia sido em outros tempos reservada às deusas antigas que foram adoradas antes da Era do Judaísmo. Ao redor da cabeça da Virgem Maria foram colocadas a lua e as estrelas de Ísis e em seu colo o menino sagrado. Isto não era mais do que uma versão modificada de uma velha pintura de Ísis e Hórus. Com a promoção de Maria ao nível de deusa, estabeleceu-se o culto à virgindade mantido com fria rigidez até hoje.

O Islã começou sua primeira ascensão por volta do ano 700 d.C., quando o Cristianismo já era uma religião bem estabelecida. O profeta Maomé foi profundamente influenciado pelas duas outras grandes religiões monoteístas. Nas viagens que ele fez por motivos comerciais, fora de Hedjaz, frequentemente encontrou pessoas que recitavam para ele versos do Antigo Testamento. Maomé, no começo de sua vida, foi um pobre menino pastor vivendo numa sociedade de senhores e escravos, que fervilhava de paixão, cobiça e busca de lucro, cruel para com os homens e sobretudo para com as mulheres, licenciosa, idólatra, corroída por vícios e obscurantismo. Os primeiros ensinamentos do Profeta se dirigiram contra o sistema de classes baseado na escravidão e defendiam os direitos do pobre e da mulher. Mas o sistema patriarcal estava fortemente entrincheirado na maioria das tribos, exceto em muito poucas que ainda mantinham uma ou outra forma das relações matriarcais, e a estrutura, construída ao redor da inquestionável predominância do homem, permaneceu, portanto, tão firme e inabalável como sempre. As contínuas guerras tribais, nas quais muitos homens foram mortos, a necessidade de construir a nova ordem islâmica, o grande número de mulheres prisioneiras de guerra e escravas, tudo levou a se fazer da poligamia uma prática correspondente às necessidades sociais. O Islã, portanto, colocou seu sinete religioso na liberdade sexual para os homens e seu direito de ter várias esposas, bem como concubinas e escravas. Na realidade, mais uma vez foram os grandes possuidores de escravos, chefes de tribos e homens ricos que puderam gozar dos benefícios de tais direitos, uma vez que somente eles tinham meios para comprar ou manter tantas mulheres.

A sociedade pré-islâmica, ou a que foi mais tarde chamada de *El Gahelia* (a Era da Ignorância), foi uma estrutura tribal construída sobre a escravidão. Os prisioneiros de guerra eram considerados propriedades dos vencedores e cada homem levaria para seu clã um número que correspondesse a seu poder e meios. O Islã não trouxe mudanças para essa área e permitia ao homem partilhar sua casa e sua cama com essas mulheres, sem entretanto ter obrigação de se casar com elas. Além disso, esse sistema de concubinato não o obrigava ao reconhecimento dos filhos nascidos dessas relações. Entretanto, se o homem concordasse com esse reconhecimento, o filho era imediatamente considerado livre, isto é, já não era escravo e a mulher, por sua vez, era posta em liberdade após a morte de seu senhor.

A posse de concubinas era também permitida no Cristianismo, depois que o fervor dos ensinamentos de Cristo tinha-se esfriado e, na Etiópia Cristã, até hoje a presença de concubinas ocorre comumente em alguns clãs. O Egito, porém, aboliu essa forma extremada de prostituição legalizada no fim do século X d.C. (durante a Era do Sumo Sacerdote, Abraão, que foi morto em 970 d.C., por causa dessa decisão).

Na história e na literatura dos árabes fervilham, literalmente, essas histórias sobre as vidas dessas escravas e concubinas que eram expostas a diferentes formas de opressão econômica, social e sexual. Elas eram usadas por seus senhores para executar tarefas de casa, tais como limpar, lavar, cozinhar, colher lenha para queimar etc. e, também, para tarefas de outro tipo no lar, como cantar, dançar e prover as necessidades sexuais de seus senhores. Em alguns casos, o senhor as transformaria em prostitutas para ganhar dinheiro utilizando seus corpos[30].

---

30 *El Mehbar*, 240.

Ibn Habid escreveu que, entre os costumes violentos na sociedade (pré-islâmica) *Gahelia,* existia o costume de alguns homens ganharem dinheiro pelas coxas das escravas que às vezes ostentavam uma bandeira branca no mercado para chamar atenção dos que queriam fornicar[31]. Ibn Abbas descreve como: "No tempo da *Gahelia,* eles costumavam forçar as escravas a cometer adultério e, então, embolsavam o dinheiro que era pago pelo homem. É por isso que foi escrito um verso no sagrado *Alcorão*: 'Não forçarás tuas filhas à prostituição se elas quiserem guardar sua pureza intacta, pois tu anseias pelas coisas efêmeras da vida. Mas aqueles que continuam a proceder assim, o que foi feito está feito, e Deus continua a perdoá-los e a ter piedade deles'."[32]

O pai dava suas filhas em casamento, muitas vezes, contra o desejo delas, aos homens que fizessem a oferta mais alta. Quando um marido morria, o tio ou o irmão do falecido visitava a viúva e lançava seu casaco sobre ela pronunciando estas palavras: "Eu tenho o primeiro direito sobre ela". Depois disso, ele era livre tanto para ficar com ela ou vendê-la no mercado de casamento, com ou sem sua aprovação, ou impedi-la para sempre de se casar novamente, ou despojá-la de qualquer que fosse sua herança e dinheiro que o falecido marido lhe tivesse deixado.

Em algumas das tribos árabes, a mulher podia ser raptada à força se o homem tivesse influência suficiente para vencer a resistência dos homens de sua tribo. Uma vez que ele a tivesse levado para sua casa, era seu direito fazê-la viver com ele como sua esposa. O rapto podia ocorrer durante uma guerra, ataque-surpresa ou conspiração. O poeta Hatem El Tai orgulhosamente descreve esse costume numa linha que diz: "Nós não nos casamos com as filhas deles com o seu consentimento, mas as tomamos com a ponta de nossas espadas".

Muitas vezes, as mulheres lutavam desesperadamente para evitar esse destino, mesmo se a morte fosse o castigo por sua revolta. Uma das famosas frases decoradas por essas mulheres era: "el mania wala el dania" que significava: "antes a morte que a degradação". Fátima Bint El Khorshib (Fátima, filha de Khorshib), quando raptada por Gamal Ibn Badr, lançou-se de ponta-cabeça da liteira em que estava sendo transportada e morreu no mesmo lugar, com o pescoço quebrado[33].

---

31 Nasser El Din El Assad, *El Keyan Wal Aghani fi Asr El Gaheleya*, 1960. p. 43-4.
32 *Tafsir El Tabri* (Maimanieh), Cap. 18, p. 92-3.
33 Abu Farag El Asfahani, *El Aghani*, v. 16, p. 21.

A história fala de sofrimentos e torturas muitas vezes culminando com a morte, que era o destino inexorável de escravas suficientemente altivas para se rebelarem contra seus senhores ou até por desobedecê-los ou cantar canções contra os que detinham o poder ou eram chefes de suas tribos. Algumas dessas escravas conseguiram até reunir coragem suficiente para atacar os muçulmanos e insultar Maomé, o profeta de Alá.

Sara foi uma famosa escrava que dirigiu mordazes palavras contra os muçulmanos. Ela estava entre as que Maomé mandou executar no dia de sua vitoriosa entrada em Meca[34]. Na região de El Nagir, narra-se que algumas mulheres se alegraram quando o profeta morreu e Abu Bakr, o primeiro dos Califas, ordenou que suas mãos e seus pés fossem cortados[35]. Assim, mulheres que tentavam manifestar seu protesto ou oposição podiam sofrer cruéis castigos. Suas mãos podiam ser cortadas ou seus dentes ou suas línguas arrancadas de suas bocas. Esta última forma de castigo era comumente reservada para as que eram cantoras. Diz-se que essas mulheres costumavam tingir suas mãos com hena*, imprudentemente exibir a sedução de sua beleza e marcar o compasso com seus dedos sobre tamborins em desafio a Deus e escárnio aos direitos de Deus e seu Profeta. Era, pois, necessário cortar suas mãos e arrancar suas línguas[36].

Contudo, não há dúvida de que, sob o Islã, escravos e escravas tinham direitos de que não gozavam no período precedente. O Islã combateu a opressão dos escravos e dos pobres, opôs-se à injustiça e corrupção e apelou às tribos árabes para que cessassem seus hábitos de alcoolismo e jogo e deixassem de praticar a usura. Mas a proeminente posição do homem comparada à da mulher não foi abalada. O homem permaneceu o senhor e o mentor. O casamento em sua essência era um direito de propriedade ou contrato, o marido possuía a mulher em virtude do dote e pelo fato de sustentá-la. O dever da mulher era obedecer enquanto o marido podia divorciar-se dela quando o desejasse e ter mais de uma esposa simultaneamente.

Assim foi que a mulher árabe muçulmana permaneceu parte da propriedade do homem. Mesmo atualmente, nos países árabes, inclusive no Egito, as mulheres são ainda sujeitas às leis do casamento que não mudaram radicalmente desde aquela primeira época. Qualquer que seja o

---

34 Nasser El Din El Assad, *op. cit.*, p. 91.
35 El Balathiri, *Fetouh El Boldan*, 1966, 1:102.
* Do francês *henné*: pó corante (amarelo ou vermelho) utilizado como tintura nos países muçulmanos. [N.T.]
36 *Tarikh El Tabari*, v. 4, p. 2014-5.

progresso que tenha havido no *status* pessoal das mulheres como esposas ou mães, esse não é devido à lei, ainda apoiada por poderosas forças religiosas e conservadoras, mas às mudanças socioeconômicas que se têm dado no Egito, Iraque, Síria etc.

Um dos nossos mais famosos escritores contemporâneos, o falecido Abbas Mahmoud al-Akkad, muitas vezes cantou louvores ao sistema tribal patriarcal que enfatiza que as mulheres são propriedades dos homens. Uma vez que a segurança é uma necessidade na vida daqueles que habitam o deserto, era essencial que eles fossem conhecidos entre seus inimigos e companheiros por sua capacidade de defender e garantir sua propriedade. Entre todas as formas de propriedades protegidas pelo homem, a mulher ocupa o primeiro lugar[37].

---

37 Abbas Mahmoud al-Akkad, *Gamil Boussaina*, p. 18.

PARTE TRÊS

A MULHER ÁRABE

15
O papel das mulheres na história árabe

Sempre que minhas leituras me fazem retroceder até o Período Pré-Islâmico, fico pasma com o número de mulheres-personalidades que desempenharam um importante papel na sociedade tribal daqueles dias e com o proeminente lugar que ocuparam na literatura, cultura, amor e sexo e na vida social e econômica de seu povo. Houve até mulheres que se tornaram famosas por sua participação ativa e importante em lutas políticas, guerras e famosas batalhas. Foi isto que aconteceu tanto na Era Pré-Islâmica como na Era Islâmica e mesmo durante a vida de Maomé, o Profeta.

A história dos árabes como uma tapeçaria rica e ornamentada é marchetada com os brilhantes nomes dessas mulheres. Para mencionar apenas algumas, podemos relembrar Nessiba Bint Kaab, que combateu com sua espada ao lado de Maomé na batalha de Ahad e não abandonou a luta até ser ferida pela décima terceira vez. Maomé sempre lhe guardou grande respeito e disse: "a posição a ela devida é mais alta do que a dos homens"[1]. Uma outra mulher, Om Solayem Bint Malham, cingiu uma adaga ao redor de sua cintura, acima de seu ventre de grávida, e também lutou nas fileiras de Maomé e seus seguidores. Do outro lado, também houve mulheres que tomaram parte nas lutas e batalhas contra Maomé. Entre elas, esteve Hind Bent Rabia, a esposa de Abou Suffian. Ela usou armadura e máscara de guerreiro na Batalha de Ahad e brandia sua espada antes de enterrá-la num inimigo após outro com golpes mortais[2]. Hind foi uma mulher que insistia em sua liberdade e em tomar suas próprias decisões em sua vida pessoal. Ela disse a seu pai: "Eu sou uma mulher que segura sua vida em suas próprias mãos e sabe o que quer". E seu pai lhe respondeu: "Assim o será"[3].

---

1 Mohammed Ibn Saad, *El Tabakat El Kobra*, v. 8 (Dar El Tahrir Publishers, Cairo, 1970), p. 302.
2 Abdel Rahman El Sharkawi, *Mohammed the Prophet of Freedom* (Kitab El Hilal, Cairo, 1967), p. 171.
3 Mohammed Ibn Saad, *op. cit.*, p. 171.

Hind tornou-se famosa por sua lógica e rápido raciocínio, mesmo ao responder ao Profeta. Com outras mulheres ficou de pé diante dele e proclamaram sua conversão ao Islã. Maomé gastou algum tempo discorrendo sobre os princípios do Islã para o benefício delas. Quando ele chegou ao mandamento divino "não matarás teus filhos", que se refere especialmente ao costume de enterrar meninas recém-nascidas vivas para se livrar delas, Hind disse: "foste tu quem mataste nossos filhos"[4]. Na Batalha de Badr, travada entre os muçulmanos e os Koraishites (membros da tribo de Koraish que se opôs firmemente a Maomé por muito tempo), Hind perdeu três homens de sua família: seu pai Ataba Ibn Rabia, seu irmão Shiba e seu filho Walib Ibn Ataba, irmão de Hind. Depois dessa batalha, Hind jurou vingá-los e fez a promessa de não se perfumar ou se aproximar de seu marido até que o conseguisse. Ela cumpriu seu juramento durante a Batalha de Ahad, na qual os Koraishites ganharam a vitória sobre os muçulmanos.

Uma outra mulher muito proeminente entre os árabes naquele tempo foi Khadija, a primeira mulher do Profeta. Ela era conhecida por sua imponente personalidade, sua independência, tanto social como econômica, pois por meio de comércio ganhava seu sustento. Ela insistia em sua liberdade de escolher seu marido. Exerceu essa liberdade escolhendo casar-se com Maomé, que era quinze anos mais novo do que ela. Enviou-lhe uma mulher, chamada Nefissa, como sua emissária. No livro *El Tabakat El Kobra*, que contém a primeira história completa da nação árabe, o autor Mohammed Ibn Saad refere-se a Nefissa, a emissária, dizendo: "Ela enviou a ele secretamente e me disse para propor que ele se casasse com ela. E ele assim o fez"[5]. Khadija havia, por algum tempo, empregado Maomé para cuidar de seus interesses comerciais e seus negócios. Foi assim que ela veio a conhecê-lo bem.

A sociedade pré-islâmica era composta de numerosas tribos que viviam no deserto e em cidades sob várias situações econômicas. Algumas eram mais ou menos matriarcais na estrutura, como as de Khanda e Gadila[6]. Reis anteriores ao período do Islã, às vezes, tomavam o nome de suas mães como no caso de Omar Ibn Hind. O próprio Profeta se orgulhava de sua descendência das mulheres de sua tribo e costumava dizer de si

---

4 *Ibid.*, p. 172.
5 *Ibid.*, v. 8, p. 9.
6 Abdallah Afifi, *El Maraa El Arabia fi Gaheleyatiha wa Islamiha*. (The Arab Woman in the pre-Islamic and Islamic Periods), (Dar Ihya El Kotob El Arabia Publishing House, Egito, 1921), p. 1950.

mesmo: "Eu sou o filho de El Awatek da tribo da Solayem (Atika Bint Hilal, Atika Bint Mora e Atika Bint El Awkass, todas mulheres de sua tribo)".

A sociedade árabe, neste período *Gahelia*, representou um cruzamento entre os sistemas matriarcal e patriarcal onde, entretanto, o homem mandava. Neste período, refletiu-se o gradual desaparecimento das características matriarcais dentro de uma sociedade que tinha passado para o estágio patriarcal como resultado do controle exercido por homens sobre a economia e sobre a religião. As mulheres nas áreas desertas e oásis gozavam de um grau maior de liberdade do que as mulheres das cidades, porque eram envolvidas na obtenção dos meios de sobrevivência. Essas mulheres do deserto também se misturavam livremente com os homens e não portavam o véu.

Deuses e deusas eram conhecidos na Era Pré-Islâmica e os árabes acreditavam que o deus ou a deusa de cada tribo desempenhava um papel ativo na guerra e combatia para assegurar a vitória para seu povo. As tribos, portanto, costumavam ir para a guerra levando pinturas ou estátuas de seus deuses ou deusas. Abou Suffiam, um dos líderes de Koraish, fez seus porta-estandartes levarem El Lat e Ozza na batalha contra os muçulmanos em Ahad. El Lat e Ozza eram ambas deusas e, com Hind, constituíram uma força feminina que trouxe a vitória sobre os muçulmanos e reforçou a fé da tribo em seu próprio poder! Entretanto, se vencida, a tribo frequentemente renunciava a seu deus fraco e adotava o deus da tribo vencedora ou da tribo conhecida por sua coragem marcial. O resultado foi que a adoração de certos deuses se tornou preponderante e o número de deuses diminuiu com o tempo[7]. A importante posição ocupada por algumas deusas era um símbolo do prestígio relativamente mais alto gozado por mulheres na sociedade tribal árabe e um reflexo dos vestígios da sociedade matriarcal que ainda restavam e eram proeminentes em algumas das tribos[8].

Esses aspectos do matriarcado talvez sejam a razão que explica o papel relativamente importante desempenhado pelas mulheres tanto no Período Pré-Islâmico como na primitiva sociedade islâmica e se manifesta em muitas mulheres caracterizadas por sua forte personalidade, sua habilidade para argumentar e convencer e sua atitude positiva em relação à vida social e pessoal. Muitas delas eram tribos ativas nos campos da produção,

---

[7] Gawad Ali, *History of the Arabs before Islam*, v. 5, Seção de publicações religiosas (Magna El Ilmy El Iraqi Publishing House, 1955), p. 67.
[8] Para o significado da palavra *Ousa*, veja *Lisan El Arab*, v. 2, p. 416.

comércio e negócios. Como resultado dessa participação na atividade econômica, lado a lado com os homens, as mulheres adquiriram personalidade independente, tanto dentro como fora do lar, e eram muitas vezes livres para escolher seus maridos.

Antes do Islã, costumava até acontecer que uma mulher praticasse a poliandria e desposasse mais de um homem. Essa forma de arranjo marital era chamada *zawag el mosharaka* ou "o casamento compartilhado". À mulher não era permitido ter mais do que dez maridos e, se ela passasse desse limite, era qualificada como prostituta. Aisha, a esposa do Profeta, descrevendo o período *Gahelia,* diz: "O grupo podia atingir o número de dez. Eles podiam chegar-se à mulher e penetrar nela. Quando ela engravidava, chamava-os e nenhum deles podia recusar-se a vir a seu encontro. Eles se reuniam ao redor dela e ela lhes dizia: 'Vocês sabem o que aconteceu. Agora dei à luz uma criança. Ela é filho de vocês', então ela nomeava o homem que ela queria como pai e guardião da criança. E o homem não podia recusar."[9]

Asfahami menciona em seus escritos que "quando uma beduína se divorciava de seu marido, ela mudava a porta de sua tenda para o lado oposto, de maneira que se fosse leste se tornava oeste e se fosse sul se tornava norte. Uma vez feita essa mudança, o divórcio era imediato"[10].

Antes do advento do Islã, os árabes praticavam uma forma de casamento chamada *istibdaa*. Mais uma vez, temos uma descrição gráfica do que isso era na realidade por meio das palavras de Aisha. Quando uma mulher se livrava de seu período menstrual e portanto estava pura, o marido lhe pedia para ir procurar (o nome de um homem) e deitar-se com ele. O marido então se conservava longe dela até que ficassem evidentes os sinais indicando que ela havia sido fecundada pelo homem com quem tinha se deitado. Normalmente, o homem escolhido era uma das figuras importantes da cidade, sendo o objetivo ter um filho que pudesse herdar suas altas qualidades. Mas, uma vez que a prova de sua gravidez estivesse fora de dúvida, o marido com toda a probabilidade reassumia suas relações sexuais com ela. A criança quando nascia era considerada prole do pai legal, e não do "grande homem" com quem sua esposa havia se deitado.

---

[9] Aboul Farrag El Asfahani, *El Aghani,* v. 16, p. 2.
[10] *Ibid.,* v. 16, p. 102

Istibdaa era uma forma de relações poliândricas entre os árabes e é ainda praticada em algumas sociedades em que uma mulher estéril pode ter relações extramaritais para engravidar[11].

Quando eu era ainda criança, costumava ouvir as mulheres de minha vila, Kafr Tahla, conversando sobre mulheres estéreis que visitavam o xeque (chefe religioso) e lhe pediam um talismã especial que, uma vez usado por elas, as engravidava. Mais tarde, vim a saber que esse amuleto era um pedaço de lã que ele mandava a mulher introduzir na vagina e que a transformava de mulher estéril em mulher fecunda. Quando tentei descobrir o segredo escondido nesse pedaço de lã, deparei-me com algo muito interessante. Obviamente, alguns desses xeques costumavam umedecer o pedaço de lã em sêmen fresco e pediam à mulher que o empurrasse vagina adentro imediatamente. O encontro entre a mulher e o xeque se dava sempre numa sala escura e portanto ela não percebia ou fingia não perceber o que ele estava fazendo. Seu desejo de ter um filho e apagar o estigma atribuído a sua esterilidade e ausência de prole fazia com que ela fechasse os olhos para o que quer que o xeque fizesse, até mesmo se ele fosse tão longe quanto fecundá-la diretamente sem usar o pedaço de lã. Os xeques seguiam esses costumes, como eles diziam, para curar a mulher infecunda[12], mas era também um meio de satisfazer seus próprios desejos sexuais. Na maioria dos casos, porém, servia às duas finalidades, uma vez que frequentemente era o marido que era estéril e culpava sua esposa injustamente para encobrir sua fraqueza.

O casamento, vivido de acordo com a prática de *istibdaa*, ou o uso de um pedaço de lã impregnado de esperma, ambos são métodos afins à ideia de inseminação artificial que, em sua essência, é a substituição do esperma do pai pelo esperma de um outro homem.

No Ocidente, a inseminação artificial tem sido considerada uma importante inovação e como indício da abertura de mente com que as pessoas enfrentam esses problemas nos países desenvolvidos. Todavia, muito antigamente, quase há 1 300 anos, a mesma ideia era praticada, talvez de uma maneira mais humana, uma vez que o marido em *istibdaa* se libertava

---

11 Adel Ahmed Sarkiss, *Al Zawag Wa Tatawir El Mogtama* (Marriage and the Evolution of Society), (Arab Book Publishing House, Cairo, 1967) p. 108.

12 Práticas semelhantes ocorrem em algumas partes da Índia dentro dos recintos de templos hindus. As mulheres se dirigem ao sacerdote e lhe pedem para curá-las da esterilidade. A escritora Amrita Pritam, em um de seus famosos romances intitulado *That Man*, descreve como tal fato ocorre secretamente para que somente a mulher e o sacerdote conheçam a verdadeira paternidade da criança que eventualmente venha a nascer.

de todo ciúme na esperança de ter um filho saudável e brilhante. O outro homem era apenas usado como fertilizador. Isso nos faz lembrar de Lest Ward, que afirma que o papel do homem nos estágios primitivos do desenvolvimento humano era simplesmente o de fertilizador em relação à mulher[13]. Desenhos primitivos nas paredes da caverna de Cogul, na Espanha, onde as mulheres são mostradas de uma forma completa, enquanto o homem é reduzido a seu órgão sexual, estão em conformidade com a argumentação de Lest Ward.

Na Era Pré-Islâmica, os árabes praticavam também outras formas originais de casamento. Uma delas era chamada *zawag el mutaa* ou "casamento de prazer", que tinha como finalidade nada mais do que proporcionar uma oportunidade legalizada para ambos os parceiros gozarem juntos dos prazeres do sexo. O homem casava-se com a mulher por um certo número de dias, normalmente três, mas que podiam ser mais ou menos dias, e lhe pagava uma soma de dinheiro fixada por mútuo acordo. Ele não era obrigado a reconhecer nenhum filho nascido como resultado dessa breve via conjugal.

Uma segunda forma era *zawag el hiba* ou "casamento de sacrifício", na qual a mulher diria ao homem: "eu me dou a você" significando que nenhuma condição era imposta neste casamento e que ela não teria nenhum direito sobre o homem. Aqui, novamente, o pai não era responsabilizado por nenhuma criança que viesse a nascer dessa relação com a mulher.

Nessas duas organizações maritais, se houvesse um filho, ele receberia o nome da mãe. O Islã, porém, aboliu tais práticas, bem cedo. As mulheres árabes não perderam sua independência e seus traços positivos de personalidade repentinamente. Foi um processo gradual, lento, relacionado com mudanças socioeconômicas que se deram na sociedade, mas elas lutaram com força para não perder seus antigos direitos. Às vezes, foram bem-sucedidas, mas geralmente foram batalhas perdidas que terminaram com a predominância do sistema patriarcal.

Mas as mulheres, mesmo nas primeiras fases do Islã, continuaram a exercer seu direito de escolher seus maridos e essa livre escolha não era um acontecimento raro. Uma das famosas histórias ligadas a esse assunto é a de Leila Bint El Khatim, que foi a Maomé, o Profeta dos Muçulmanos, e lhe disse: "Eu sou Leila Bint El Khatim. Vim para me mostrar ao senhor. Case-se comigo". E Maomé disse: "Eu, por isto, caso-me com você". Mas,

---

13 Lester F. Ward, *Pure Sociology* (Macmillan, 1974), p. 353.

quando ela voltou a seus parentes, eles lhe disseram que ela havia cometido um grande erro. Ela era muito ciumenta e não suportaria as outras mulheres de Maomé, pois era direito dele ter quantas esposas quisesse. Por isso, ela voltou a Maomé e disse: "Eu sou uma mulher de língua ríspida e não posso suportar suas outras mulheres. Portanto, deixe-me livre". Ele lhe respondeu: "Estás livre"[14].

A mulher árabe dessas sociedades antes da Idade Média não só gozava do direito de escolher seu próprio marido, como, também, de contradizer seu homem, separar-se dele com raiva e recusar dormir com ele, mesmo que ele fosse muito importante, mesmo que ele fosse o próprio Profeta, quando elas sentiam que havia razão suficiente para assim proceder. A maioria dos muçulmanos de hoje ficaria surpresa ao saber que, em alguns dos ditos de Maomé, ele explica a importância do jogo sexual para garantir a satisfação sexual como uma necessidade física.

El Ghazali, um dos eminentes filósofos muçulmanos, foi em algumas áreas profundas e suficientemente avançadas para refletir a insistência de Maomé em que um dos fatores que pode levar ao enfraquecimento da personalidade de um homem é praticar o sexo sem jogos e negligenciar a necessidade de ter certeza de que a mulher também está satisfeita. Ele cita o Profeta: "Ninguém entre vós deveria se lançar sobre sua esposa como o fazem os animais. Antes de se unir a sua esposa em relação sexual, deixe que uma mútua comunicação se estabeleça entre você e ela". Então, lhe perguntaram: "E qual deve ser a mensagem?" Ao que ele respondeu: "Uma mensagem de beijos e ternas palavras"[15].

Maomé, como um profeta e líder de seu povo, poderia facilmente ter cedido à tentação de fingimento e hipocrisia em que tantos homens em situação vagamente semelhante a sua caíram. Poderia ter posto uma máscara de sublime desprezo e retidão em relação aos assuntos relativos a mulheres, amor e sexo. Mas essa não era sua maneira de ser nem combinava com as características de um homem autoconfiante e seguro de si mesmo como um ser humano completo. Era-lhe fácil de tratar a si mesmo como uma pessoa capaz de amar as mulheres e as coisas boas da vida. Não sentiu restrições na manifestação de seu amor por uma mulher. Quando Amr Ibn El Aas (futuro conquistador do Egito) perguntou-lhe quem era a pessoa mais próxima do seu coração, respondeu: "Aisha" (sua jovem esposa).

---

14 Mohammed Ibn Saad, *op. cit.*, p. 107.
15 El Ghazali, *Ihya'a Oloum El Din* (Dar El Shaab, Cairo, 1970), cap. 3, p. 734.

Mas Amr Ibn El Aas disse: "Quero dizer entre homens". A resposta não se fez esperar: "O pai dela...".[16]

Uma das notáveis diferenças entre o pensamento Ocidental e o Islâmico em relação ao sexo é a atitude diametralmente oposta com relação à questão da satisfação sexual. No Islã, a satisfação sexual, e não a sublimação ou a supressão, era considerada mais conducente à liberação da total capacidade de trabalho do homem e da mulher, para concentrar-se e criar nos campos dos empreendimentos humanos, quer relacionados com os negócios da terra, quer com os do céu. O Islã considera a mente, o cérebro e a razão dos seres humanos os mais importantes dons concedidos por Alá. O cérebro ou a mente foi dado às pessoas da Terra para que pudessem usá-lo para conquistar conhecimento sobre a vida, a Terra, as pessoas, a ciência e sobre Alá. O conhecimento é a mais elevada forma de adoração para um crente muçulmano. E para que a mente possa devotar-se à aquisição do conhecimento e seja capaz de concentrar todas as suas forças de pensamento, é necessário gastar e liberar a energia sexual, evitando assim o peso que abate a alma e ocupa a mente com assuntos que podem desviá-la do caminho do conhecimento e da adoração de Alá.

Nisso, o Islã está de acordo com as modernas escolas de psicologia que sustentam que a satisfação sexual é uma necessidade para a atividade e a criação intelectual e cultural. Essa abordagem é também muito mais científica do que a de Freud e de sua escola, nas quais a sublimação sexual ou supressão é considerada essencial para o progresso cultural e para a própria existência da civilização.

Recentes progressos da psicologia têm mostrado que a energia sexual insatisfeita não se transforma em criação produtiva, cultural ou intelectual, mas, pelo contrário, tende a se desviar de seu curso normal, conduzindo a todos os tipos de bloqueios e inibições resultantes do acúmulo de energia interna e termina causando distúrbios sexuais e nervosos e outras desordens psicológicas.

Não é difícil ver que o maior reconhecimento conferido pelo Islã e seu Profeta Maomé aos direitos da mulher, na vida em geral e no sexo, foi o resultado direto da posição relativamente elevada que ocupavam as mulheres árabes naquela época, de sua participação mais ativa em vários

---

16 Mohammed Ibn Saad, *op. cit.*, p. 137.

aspectos da vida, quer dentro, quer fora do lar e do proeminente papel desempenhado por muitas mulheres árabes notáveis.

Já é tempo de a mulher árabe moderna se lembrar dessas outras mulheres que viveram na mesma região há 1300 anos, que andaram na mesma terra e respiraram o mesmo ar e ter coragem de recusar e protestar. Mulheres como Zeinab Bint Gahsh, esposa de Maomé, que estando com raiva foi capaz de dizer "não" a um presente do profeta enviado por Alá e "não" de novo, quando o seu valor foi triplicado. Mais uma vez, é Aisha, uma valiosa cronista da vida de Maomé, que descreve o episódio como segue: "O Profeta de Alá carneou e me deu instruções para dividir a carne entre suas esposas. Enviou a Zeinab Bint Gahsh sua porção, mas ela a devolveu. Ele disse: 'Aumente sua porção', mas ela novamente respondeu à sua oferta com uma recusa. Eu disse a ele: 'Sua recusa significa agora que ela o odeia'"[17].

A própria Aisha, apesar de jovem, foi um vivo exemplo de como notáveis mulheres árabes da época permaneceram firmes em muitas ocasiões problemáticas. Ela se tornou famosa por sua vontade forte, lógica, versátil e incisiva e sua eloquência. Possuía uma inteligência tão poderosa que, às vezes, era até uma luz para o inspirado e bem-dotado Profeta de Alá. Não hesitava em opor-se a ele ou a contradizer aquele cuja palavra era todo-poderosa entre os muçulmanos. Hafsa, uma outra esposa de Maomé, julgou conveniente seguir o exemplo de Aisha, o que levou uns dos mais íntimos seguidores do Profeta a comentar: "Você quer criticar o Profeta como o faz Aisha"[18].

Aisha não só censurava o Profeta, mas costumava fazer o mesmo com outros. Ela expressava seus pensamentos com uma lógica direta e incisiva, e um dia Maomé, enquanto estava no meio de outros homens, apontou para ela e disse: "Extraia metade de sua religião desta ruiva"[19]. Ela combateu em diversas guerras e batalhas e esteve ativamente envolvida em atividades políticas, culturais e literárias a tal ponto que o teólogo dos muçulmanos, Orwa Ebn El Zobeir, disse: "Jamais vi alguém que soubesse mais teologia, medicina e poesia do que Aisha"[20]. Isso apesar de não ter atingido a idade de dezoito anos senão após a morte de Maomé.

---

17 Mohammed Ibn Saad, *op. cit.*, p. 137.

18 *Ibid.*

19 Aisha foi chamada a "ruiva" devido à coloração de seu rosto. Ver Ahmed Kharat, *The status of Women in Islam* (Dar El Maarif, Egito, 1975), p. 64.

20 El Sheikh Abdallah El Afifi, *Al Maraa El Arabia Fi Gaheleyatiha Was Islamiha*, v. 2, p. 139.

Aisha era capaz de discutir qualquer assunto com Maomé. Era capaz de discordar dele e dar vazão a sua raiva sempre que ele desposava mais uma mulher.

Rebelava-se contra ele e às vezes até incitava outras esposas de Maomé à revolta. Era capaz até de chegar ao ponto de desafiá-lo em relação a algum dos versos do *Alcorão* que desceram do céu sobre ele. Quando, em um desses versos, Alá permitia a Maomé desposar quantas mulheres quisesse, ela comentou com veemência: "Alá sempre responde imediatamente às tuas necessidades"[21].

A história, nas palavras de Mohammed Ibn Omar Ibn Ali Talib, é a seguinte: "Profeta de Alá, Alá o abençoe e lhe dê paz, não morreu antes que Alá lhe tivesse conferido o direito de ter quantas esposas desejasse e disse a ele: 'Toma para ti quantas delas (mulheres) desejar', e quando esse verso baixou do céu, Aisha disse: 'Realmente, Alá responde imediatamente às tuas necessidades'."

Muitas mulheres árabes de hoje herdaram a tradição de Aisha e daquelas que se levantaram por si mesmas e por seus direitos. Contudo, a maioria das mulheres em nossa região sucumbiu ao pesado fardo de uma sociedade patriarcal de classes e acabou sendo prisioneira do lar, do véu e do sistema que as impede de participar da vida econômica e social de seu grupo.

---

21 Mohammed Ibn Saad, *op. cit.*, p. 140-1.

16 Amor e sexo na vida dos árabes

Uma famosa obra de arte, *As Mil e Uma Noites*, tem sido frequentemente usada por pesquisadores e autores ocidentais, que se dizem orientalistas, como uma fonte de material e informação para a vida do árabe.

Julgam que essas histórias, especialmente as que tratam de amor e intrigas sexuais, trazem um *insight* para a compreensão do caráter árabe e as veem como chaves para abrir as portas do "espírito árabe" e como meios para penetrar nas profundas, ou melhor, rasas águas da mente e do coração do árabe.

Entretanto, qualquer um que tenha o mais superficial conhecimento da literatura árabe sabe que as histórias relatadas em *As Mil e Uma Noites* são apenas um reflexo parcial e unilateral de uma pequena parcela da sociedade árabe, da maneira como vivia e sonhava, amava e fornicava, fazia intrigas e roubava, há mais de dez séculos. Não sei muito sobre o nível alcançado pela civilização europeia naquela época, a situação das questões humanas ali, das ciências e das artes, mas pelo menos sei o suficiente para poder dizer que a sociedade árabe, sem dúvida, tinha avançado muito além.

Muitos estudiosos, escritores e pesquisadores que têm feito comparações entre o Ocidente e o mundo árabe só tiveram exemplos de um período de nossa história que agora já tem mais de mil anos. É preciso ter uma péssima memória para esquecer num gigantesco salto o que é, em termos de tempo, a metade dos anos que transcorreram desde o nascimento de Cristo.

Como podemos retratar os contrastes entre o caráter árabe, no tempo em que pessoas de *As Mil e Uma Noites* voavam em seus tapetes mágicos, e a mentalidade ocidental da Era Vitoriana, quando a natureza flutuava como um espesso véu cobrindo as feições corruptas e empoladas de uma sociedade hipócrita?[1] Não seria mais honesto e científico um estudo comparativo dos estilos de vida dos homens árabes e europeus do mesmo

---

1 P. H. Newby, *A Selection from the Arabian Nights*, traduzido por Sir Richard Burton, Introdução p. vii-xvii (Pocket Books, N. T. 1954).

período, ou pelo menos da Idade Média, quando o clero, que era a *inteligentsia* da época, ocupava-se em induzir as mulheres acusadas de bruxaria a pronunciar as mais obscenas expressões sexuais, e, debaixo de intoleráveis torturas, forçá-las a confessar crimes que eram obrigadas a descrever?[2]

Essa imagem do árabe sexomaníaco cortejando um grande harém é mantida com dúbia insistência até hoje. Sem exceção, filmes, revistas e jornais, que rolam dos carretéis dos produtores ocidentais e das escuras salas de seus monopólios, retratam o homem árabe correndo atrás das saias das mulheres, lançando olhares concupiscentes aos grandes seios de mulheres loiras, esbanjando dinheiro ou saciando sua sede de álcool e sexo.

As mulheres árabes, por sua vez, são retratadas retorcendo-se e girando em danças serpentinas, ostentando seus ventres nus e agitando seus quadris, seduzindo os homens com a promessa de misteriosas paixões.

Essa é a imagem jocosa, reticente e integrante tirada dos palácios de *As Mil e Uma Noites* e das escravas do Califa, Haroun El Rashid.

Acaso é possível acreditar que a imagem distorcida de homens e mulheres árabes seja representativa de sua verdadeira vida e do caráter do mundo árabe de hoje? Pessoalmente, tenho certeza de que não é nem mesmo representativa dos homens e das mulheres que viveram no tempo de Haroun El Rashid.

Talvez tenha alguma autenticidade como reflexo de certos aspectos da vida que levavam administradores de palácios e suas concubinas naqueles tempos antigos. Mas eles eram apenas uma minoria infinitesimal comparada com a vasta massa de árabes que viviam uma existência austera e difícil, onde não havia lugar nem possibilidade de jamais experimentar almofadas de seda, corpos macios e excitantes bebidas para diversão.

A vida sexual dos reis e administradores principescos, quer no passado, quer atualmente, no Ocidente moderno ou no Oriente mais arcaico, para o sul ou para o norte do Equador, tem mantido o mesmo padrão essencial, entremeado com um maior ou menor grau de sofisticação ou refinamento, sadismo ou depravação.

Julgamentos globais que retratam a natureza dos árabes, em geral, e dos homens do mundo árabe, em particular, como obcecados pelo sexo e mais inclinados a procurar os prazeres do corpo do que os homens de outras regiões ou países são, pois, sem fundamentos e incorretos. Sua finalidade é contribuir para uma imagem distorcida dos árabes e mantê-la assim nas mentes das pessoas do mundo inteiro, falsificar as verdadeiras cores

---

2 Franz G. Alexander e Shelton T. Selesnick, *The History of Psychiatry*, p. 68.

de sua luta por independência, progresso e controle sobre o próprio destino e facilitar a tarefa das forças imperialistas, conservadoras e reacionárias que sobrevivem e prosperam por tais meios.

Acredito que a liberdade em todas as suas formas, seja sexual, intelectual, social ou econômica é uma necessidade para todos os homens e mulheres e para todas as sociedades. Entretanto, sinto que a libertação sexual que tem acompanhado a evolução da moderna sociedade capitalista tem-se desenvolvido numa direção muito unilateral e não se tem desenvolvido em conjunto com a libertação econômica e social.

Isso lança alguma dúvida sobre os reais motivos que existem por detrás de uma campanha persistente e sempre crescente instigando homens e mulheres a abandonar suas inibições e crenças sexuais. Também põe em risco as chances de progresso e satisfação humana, uma vez que um desenvolvimento unilateral que não leva em consideração a totalidade da vida só pode levar a novas distorções e monstruosidades.

É por isso que existe uma crescente conscientização de que a liberdade sexual, como é pregada hoje na moderna sociedade capitalista, não tem respostas ou soluções válidas para muitos dos problemas da vida pessoal e da felicidade humana e que é apenas mais uma, e talvez a mais engenhosa maneira, de fazer as pessoas pagarem o preço por uma consumação que se expande sempre, uma acumulação de lucros e a alimentação dos apetites dos gigantes monopolizadores. É um outro ópio a ser aspirado e absorvido para que as energias mobilizadoras sejam dissipadas e não se transformem numa força de resistência e revolta contra todas as formas de exploração.

Nesse aspecto, o Oriente e as sociedades árabes não se diferenciam do Ocidente. Aqui, de novo, é principalmente a necessidade econômica que governa a direção que os valores, a moral e as normas do comportamento sexual devem seguir. Os imperativos econômicos da sociedade árabe exigiram um elevado grau de liberdade sexual para assegurar uma prole numerosa. A poligamia, ao contrário da poliandria, tende a ser mais prolífica. A sociedade árabe ainda primitiva e mal equipada para enfrentar as vicissitudes e durezas da vida do deserto sofreu de uma alta taxa de mortalidade, especialmente entre crianças e recém-nascidos, que tinha que ser compensada por correspondente taxa alta de nascimentos. A força econômica e militar das tribos e dos clãs de uma sociedade que não possuía nem ferramentas, nem máquinas modernas, nem armas, dependia muito do número de seus integrantes. Além disso, a existência simples e bruta da vida no deserto e extrema pobreza das tribos nômades significava que, enquanto o custo do sustento de um filho era mínimo, este filho podia desempenhar papéis úteis às necessidades produtivas da época, sendo capaz de levar mensagens ou cuidar de camelos e carneiros.

Guerras e trabalhos eram parte integrante da vida tribal e surgiram frequentemente quando, então, a perda em mortos era grande. Foi isso que aconteceu especialmente depois que o Islã começou a se estabelecer e expandir. Era natural que essa nova ameaça encontrasse a resistência dos governantes vizinhos e das religiões mais antigas entrincheiradas nas regiões próximas e que assim os muçulmanos fossem obrigados a travar numerosas batalhas, antes que conseguissem estabelecer e estabilizar seu novo Estado. O resultado foram grandes perdas de homens e um acentuado desequilíbrio caracterizado por um número muito mais alto de mulheres, agravado pelas multidões de escravas prisioneiras trazidas das batalhas vitoriosas.

A solução mais fácil e mais natural para tal situação era permitir aos homens desposarem mais de uma mulher e, além disso, escolher entre as mulheres trazidas das guerras, ou vendidas nos mercados, aquelas que eles julgassem convenientes para serem esposas, concubinas ou escravas em suas famílias. Cada homem o fazia de acordo com suas posses e estas variavam em grande escala de um homem para outro. Com o excesso de mulheres, o homem se orgulhava do número das que ele podia manter e, quanto maior esse número, mais motivo tinha ele de se jactar da extensão de seu séquito feminino e de seus poderes sobre as mulheres, fosse no casamento ou no amor. Por outro lado, as mulheres competiam para conseguir os favores dos homens e sobressaíam em sutis seduções para atrair os homens para o casamento, amor e sexo.

Esse foi talvez um fator adicional que ajudou a fazer a mulher árabe mais avançada e positiva no amor e no sexo, características em claro contraste com as atitudes passivas assumidas pela vasta maioria das mulheres que vivem em nossa Era Moderna. Os outros fatores mencionados anteriormente foram os vestígios matriarcais que, na época, eram ainda fortes na sociedade árabe, e as atitudes naturalistas dos ensinamentos islâmicos que impediam o amor e o sexo de serem considerados pecaminosos como eram pelo Cristianismo. Ao contrário disso, o Islã descrevia o prazer sexual como uma das atrações da vida, uma das delícias para os que vão para o paraíso após a morte. Como resultado, as mulheres árabes não hesitavam em ser positivas em relação ao sexo, exprimiam seu desejo por homens, exerciam seus atrativos e teciam sua teia ao redor de quem quer que fosse objeto de sua atenção. Talvez elas estivessem seguindo os passos de sua mãe, Eva, que havia tão habilmente seduzido Adão a sujeitar-se a seus desejos e cair vítima da *fitna*[3], o que resultou em sua queda dos altos céus, no qual ele estava confinado para então pousar com os dois pés na terra sólida e áspera, porém quente e viva.

Para os árabes, a palavra "mulher" invariavelmente evoca a palavra *fitna*. As mulheres árabes combinavam as qualidades de uma personalidade positiva e a *fitna*, ou capacidade de seduzir, a tal ponto que esses dois conceitos se tornaram parte integrante do caráter islâmico que possui, como pedra angular, os poderes sexuais da mulher e que afirma que sua capacidade de seduzir pode levar a uma *fitna* dentro da sociedade. Aqui, a palavra é usada em sentido correlato, mas diferente, para significar levante, rebelião, conspiração ou anarquia que derrubaria a ordem existente das coisas estabelecidas por Alá (e que, portanto, não deviam ser mudadas). Daí nasceu a ideia de que a vida só poderia seguir seu curso regular e normal e sem interrupção, e a sociedade só poderia evitar qualquer ameaça potencial a sua estabilidade e estrutura, ou qualquer ruptura da ordem social, se os homens continuassem a satisfazer as necessidades sexuais das mulheres, as mantivessem felizes e protegessem sua honra. Se isso não fosse garantido, uma *fitna* poderia eclodir, uma vez que a honra das mulheres estaria em dúvida e, como resultado, mal-estar e desordem poderiam irromper a qualquer momento.

A virtude das mulheres tinha que ser assegurada para que a paz reinasse entre os homens, o que não era tarefa fácil diante da *fitna* (capacidade de seduzir) das mulheres.

A contribuição do Islã para a compreensão do amor, do sexo e das relações entre os sexos jamais foi corretamente avaliada, quanto eu saiba, e nunca lhe foi dada a consideração que merece. No entanto, os aspectos contraditórios inerentes à sociedade islâmica refletem-se em uma outra tendência dramaticamente oposta que percorre o corpo dos ensinamentos islâmicos e é a continuação do raciocínio rígido, reacionário e conservador que dominou os conceitos e costumes do Judaísmo e do Cristianismo em assuntos de sexo.

O Islã herdou as antigas imagens de Eva e da mulher, apresentando-as como íntimas seguidoras e instrumentos de Satã, que tem como

---

[3] *Fitna*, em árabe, significa "avassalador poder de sedução da mulher". A palavra combina as qualidades de atração e maldade.

morada o corpo da mulher. Um famoso ditado árabe sustenta que: "Sempre que um homem e uma mulher se encontram, o terceiro que se junta a eles é Satã". Maomé, o Profeta, apesar de seu amor e compreensão pelas mulheres, adverte: "Depois que eu tiver partido, não haverá maior perigo ameaçando minha nação e nada mais capaz de criar anarquia e dificuldades do que as mulheres"[4].

Essa atitude para com as mulheres foi um pensamento dominante mediante todo o pensamento islâmico, e a mulher permaneceu sempre como uma fonte de perigo para o homem e a sociedade por seu poder de atração ou *fitna*. O homem diante de tal sedução foi descrito como inválido, esvaziado de todas as suas capacidades para ser positivo ou resistir.

Apesar de essa ideia não ser nova, ela assumiu grandes proporções na teologia islâmica e foi fortalecida por muitos *Ahadith* (provérbios e ditados).

A mulher foi, portanto, considerada pelos árabes uma ameaça ao homem e à sociedade, e a única maneira de evitar o mal que ela podia fazer era confiná-la em casa, onde não podia ter contato nem com homens nem com a sociedade. Se por qualquer razão ela precisasse sair do recinto de sua prisão, deveriam-se tomar todas as precauções necessárias para que ninguém pudesse entrever sua *fitna* (capacidade de seduzir).

Era, portanto, envolta em véus e túnicas, como se fosse um material explosivo que tem que ser bem embrulhado. Em algumas sociedades árabes, a preocupação em esconder o corpo das mulheres foi tão longe que descobrir um dedo da mão ou do pé por um instante era considerado uma potencial fonte de *fitna* na sociedade, o que poderia levar à anarquia, levantes, rebeliões e à total destruição da ordem estabelecida!

Foi assim que no Islã os filósofos e teólogos enfrentaram duas concepções contraditórias e em termos de lógica mutuamente exclusivas:
1. o sexo é um dos prazeres e atrações da vida;
2. sucumbir ao sexo leva à *fitna* na sociedade – isto é, crise, separação e anarquia.

A única saída para esse dilema, o único meio para reconciliar esses dois pontos de vista conflitantes foi montar um sistema ou estrutura para o sexo, o qual por um lado evitasse a *fitna*, enquanto por outro permitisse abundante reprodução e muito prazer dentro dos limites das prescrições de Alá.

---

4 Abou Abdallah Mohammed Ismail El Bokhary, *Kitab El Gami El Sahib* (1868), p. 419.

O Iman, El Ghazali, explica como a vontade de Alá e sua sabedoria se manifestavam no fato de ele ter criado o desejo sexual tanto no homem como na mulher. Isso é expresso nas palavras de seu Profeta quando diz: "Casai e multiplicai-vos". "Desde que Alá nos revelou seu segredo e nos instruiu claramente sobre o que fazer, abstermo-nos do casamento seria como recusar a arar a terra e desperdiçar a semente. Significaria deixar inativos os instrumentos que Alá criou para nós e um crime contra as razões evidentes por si mesmas e os fins óbvios do fenômeno da criação, fins inscritos nos órgãos sexuais e nos divinos manuscritos."[5]

Para El Ghazali, além da reprodução, o casamento tem por finalidade imunizar contra o demônio, destruindo a agudeza do desejo, evitando os perigos da paixão, guardando nossos olhos afastados do que não deveriam ver, salvaguardando os órgãos sexuais femininos e seguindo as diretivas de nosso Profeta quando disse: "Aquele que se casa assegurou para si mesmo a realização da metade de sua religião. Portanto, que ele tema Alá no que diz respeito à outra metade"[6].

O pensamento islâmico admite a força e o poder do desejo sexual da mulher e, também, do homem. Fayad Ibn Nageeh disse que "se o órgão sexual do homem se levanta, um terço de sua religião está perdido". Uma das extraordinárias explicações dadas às palavras do Profeta por Ibn Abbas (que Alá abençoe a ambos) é que "aquele que penetra uma mulher está perdido em um lusco-fusco e que se o órgão masculino se levanta, é uma catástrofe assoladora, pois uma vez provocado não se consegue resistir-lhe nem pela razão nem pela religião. Pois esse órgão é mais poderoso do que todos os instrumentos usados por Satanás contra o homem".

É por isso que o Profeta, a paz de Alá esteja com ele, disse: "Jamais vi criaturas sem inteligência nem religião mais capazes de vencer homens inteligentes e sábios do que vocês (mulheres)"[7]. Ele também advertia os homens: "Não entreis na casa daquelas onde há ausentes" – significando aquelas mulheres cujos maridos estavam fora – "pois Satanás brotará de dentro de um de vós, como sangue quente". E dissemos: "De dentro de vós também, Profeta". Ao que ele respondeu: "De dentro de mim também, mas Alá me tem dado seu apoio e, portanto, Satanás foi vencido"[8].

---

5 Abou Hamid El Ghazali, *Ihya Ouloum El Dine*, Dar El Shaab Publishers (Cairo, 1970), p. 689.
6 *Ibid.*, p. 693.
7 *Ibid.*, p. 695.
8 *Ibid.*, p. 696.

Do que foi citado anteriormente, fica claro que os árabes estavam acostumados a discutir livremente com Maomé e tratá-lo como um homem comum como eles próprios. Se ele disse que Satã corria em suas veias, eles replicaram que também nas veias dele corria Satã. Ao que Maomé respondeu não ser diferente deles exceto no fato de que Alá o resgatou e subjugou Satanás dentro dele. A palavra árabe que foi traduzida em "subjugado" é *Aslan*, o que significa "torna-se um muçulmano" (conhecer a paz, ser salvo). O significado das palavras de Maomé, portanto, é que Satanás tornou-se um muçulmano. Maomé enfatizou o mesmo ponto quando disse: "Eu fui preferido a Adão de duas maneiras. A mulher dele o incitou à desobediência, enquanto minhas esposas me têm ajudado a obedecer. Seu Satanás foi um herege, enquanto o meu foi um muçulmano me convidando sempre a fazer o bem"[9].

O Islã, portanto, herdou a atitude do Judaísmo em relação a Eva, a mulher pecadora que desobedeceu a Deus, e ao sexo como algo relacionado essencialmente à mulher e a Satanás. O homem, por outro lado, apesar de dotado de uma paixão sexual excessivamente poderosa, não comete pecado a não ser quando incitado a fazê-lo pelo poder diabólico de sedução da mulher. Portanto, prescreve-se ao homem que case e assim se torne capaz de vencer o mal de Satã e as tentações cativantes das mulheres.

O Islã encoraja os homens a se casarem. Maomé, o Profeta dos muçulmanos, diz-lhes: "O casamento é minha lei. Aquele que ama meu modo de viver, siga minha lei"[10].

Apesar de o Islã reconhecer a existência da paixão sexual tanto na mulher como no homem, colocou todas as repressões nas mulheres, esquecendo-se assim de que o desejo sexual delas era também bastante forte. O Islã nunca ignorou a paixão sexual profundamente arraigada nos homens, e, portanto, sugeriu as soluções que garantiriam sua satisfação.

A história islâmica, portanto, foi testemunha de homens que desposaram centenas de mulheres. Sobre isso, podemos mais uma vez citar El Ghazali: "E se dizia de Hassan Ibn Ali que ele era um grande casador e que tinha mais de duzentas esposas. Às vezes, desposava quatro de uma vez, ou divorciava quatro de uma vez e as substituía por outras". O Profeta Maomé, esteja com ele e a Paz e as bênçãos de Alá, disse a Hassan Ibn Ali: "Você assemelha-se a mim e a minha criatividade"[11].

---

9 *Ibid.*, p. 700.
10 *Ibid.*, p. 683.
11 *Ibid.*, p. 697.

O Profeta uma vez tinha dito que lhe fora dado o poder sexual de quarenta homens[12]. Ghazali admite que o desejo sexual dos homens é muito forte e que: "Algumas naturezas são inundadas de paixão e não podem ser protegidas por uma só mulher. Tais homens devem, portanto, preferivelmente desposar mais do que uma mulher, chegando até quatro"[13].

Alguns dos seguidores íntimos de Moisés (El Sahaba) que levavam uma vida ascética quebravam sua abstinência tendo relação sexual antes de se alimentar. Outras vezes, partilhavam a cama com uma mulher antes das orações da tarde, então faziam as abluções e rezavam. Faziam isso para esvaziar o coração de tudo e assim se concentrarem na adoração de Alá. Era assim que expeliam do corpo as secreções de Satã.

Ghazali leva suas considerações mais longe e diz: "Uma vez que entre os árabes a paixão é um aspecto avassalador de sua natureza, se lhes permite que desposem escravas se eles temem que essa paixão se torne um fardo muito pesado para sua crença e leve à destruição dela". Apesar de ser verdade que tal casamento possa produzir uma criança escrava, isso é um mal menor do que a destruição da crença religiosa. Ghazali acredita que a religião não pode ser preservada da destruição a menos que os homens possam desposar quantas mulheres desejarem, mesmo que assim procedendo estivessem prejudicando os interesses das crianças.

É claro que o Islã tem sido condescendente com os homens no que se refere à satisfação de seus desejos sexuais. Isso é verdade mesmo que tivesse levado à escravização das crianças e à injustiça para com as criaturas inocentes ou tivesse sido procurado às custas de uma escrava que ficava completamente privada de seus direitos de esposa e cujos filhos eram destinados a jamais gozar dos direitos de uma criança livre nascida de uma mãe livre.

A questão inevitável que se levanta diante desses fatos é: por que a religião tem sido tão condescendente para com o homem? Por que ela não exigiu que ele controlasse suas paixões e se limitasse a uma só mulher, exatamente como exigiu da mulher que se limitasse a um marido, mesmo tendo reconhecido que o apetite sexual da mulher é tão poderoso quanto o do homem, se não mais?

---

12 Mohammed Ibn Saad, *El Tabakat El Kobra*, v. 8, Dar El Tahrir (Cairo, 1970), p. 139.
13 *Ibid.*

Por que a religião foi tão compreensiva e serviçal nos assuntos do homem, a ponto de sacrificar os interesses da família, das mulheres e até das crianças para satisfazer seus desejos?

Por que, em contraste, foi tão severa com a mulher, que podia ser penalizada com a morte se apenas olhasse para um homem que não fosse seu marido?

O Islã fez do casamento a única instituição dentro da qual a relação sexual podia ser moralmente praticada entre homens e mulheres. As relações sexuais, se praticadas fora dessa estrutura, eram imediatamente transformadas em um ato pecaminoso e corrupto. Um jovem a quem a sociedade não tinha dado as possibilidades de se casar, ou comprar uma escrava no mercado ou arranjar uma concubina, não tinha como despender sua energia sexual reprimida. Nem mesmo a masturbação era permitida.

Uma vez perguntaram a Ibn Abbas o que ele pensava da masturbação. Ele exclamou: "Uf!, é muito má. Cuspo nela. Desposar uma escrava é melhor. E casar com uma escrava é melhor do que cometer adultério!" Assim é que um jovem solteiro ficava em conflito no meio de três males. O menor deles é casar-se com uma escrava e ter uma criança escrava. O seguinte é a masturbação e o mais pecaminoso é o adultério[14].

Desses três males, somente os dois primeiros eram considerados permissíveis. Entretanto, a instituição do casamento permaneceu muito diferente para homens e mulheres. Os direitos conferidos aos homens eram distintos dos que se conferiam às mulheres. Na realidade, não é exato usar o termo "direitos da mulher" uma vez que a mulher, sob o sistema islâmico do casamento, não tem direitos humanos a menos que julguemos que um escravo tem direitos dentro do sistema escravocrata. O casamento, no que se refere às mulheres, é exatamente como a escravidão para os escravos, ou os grilhões da servidão para o servo. Ghazali exprimiu esse fato clara e sucintamente ao falar dos direitos que o marido tinha sobre sua mulher: "Talvez a resposta verdadeira seja que o casamento é uma forma de servidão. A mulher é serva do homem e, portanto, é seu dever absoluta obediência ao marido em tudo o que ele pedir a sua pessoa"[15]. O próprio Maomé disse: "Uma mulher que no momento de sua morte gozar de total aprovação de seu marido encontrará seu lugar no paraíso".[16]

---

14 Abou Hamid El Ghazali, *Ihy'a Ouloum El Dine*, Dar El Shaab Publishers, (Cairo, 1970), p. 697.
15 *Ibid.*, p. 746.
16 *Alcorão*, "Sourat El Nissa'a, versículo 129.

O direito de que goza uma mulher no Islã é o de receber de seu marido o mesmo tratamento que as outras esposas recebem. Entretanto, tal "justiça" é impossível, como o próprio *Alcorão* o disse: "Não serás capaz de tratar tuas mulheres com igualdade mesmo que faças muito esforço"[17]. O Profeta mesmo preferiu algumas de suas esposas às outras. Alguns dos pensadores muçulmanos se opuseram ao casamento poligâmico por esse motivo e sustentaram que o casamento com mais de uma mulher, no Islamismo, estava ligado a uma condição que, por si mesma, era impossível de se cumprir, isto é, tratar diferentes esposas exatamente da mesma maneira e evitar qualquer injustiça a uma ou a outra. Um homem deseja sua nova esposa mais do que a precedente, senão ele não a teria desposado. Justiça, neste contexto, deveria significar igualdade no amor ou, pelo menos, ausência de qualquer tendência para gostar mais de uma esposa e assim preferi-la à(s) outra(s)[18].

Alguns pensadores muçulmanos interpretam os dois versos relevantes do *Alcorão* de maneiras diferentes: "Case-se com quantas mulheres desejar, duas, três ou quatro. Se você teme não as tratar igualmente, então case-se só com uma, você não conseguirá ser justo com suas mulheres mesmo sendo muito cauteloso"[19]. Eles julgam que justiça nesse contexto simplesmente significa prover as mulheres com igual porção de meios naturais para satisfação de suas necessidades e não se refere à igualdade no amor e afeto do marido por suas esposas[20].

A questão, porém, é: o que é mais importante para uma mulher ou para qualquer ser humano que respeita sua dignidade e suas qualidades humanas: justiça na distribuição de algumas piastras[21], ou justiça no verdadeiro amor e no tratamento humano? É o casamento uma simples transação comercial na qual uma mulher obtém algum dinheiro de seu marido ou uma profunda troca de sentimento e emoções entre um homem e uma mulher?

Mesmo que supuséssemos o impossível e chegássemos a uma situação em que o homem tratasse suas esposas com igualdade, não seria possível chamar a isso um "direito", uma vez que o primeiro e mais importante critério de qualquer direito é que seja gozado por todos

---

17 *Ibid.*
18 *El Zamakhshari*, v. 1, p. 143, e *El Kourtoubi*, v. 5, p. 407-8.
19 *Alcorão*, "Sourat El Nissa'a", versículos 3 e 129.
20 *El Kourtoubi*, v. 5, p. 20-2; *El Galadine*, v. 1, p. 27; *El Hassas*, *Ahkam El Koran*.
21 Unidade monetária egípcia. Cem piastras equivalem a uma libra egípcia.

os indivíduos sem distinção ou discriminação. Se um homem desposa quatro mulheres, mesmo que as trate igualmente, ainda significa que cada uma delas tem apenas um quarto de marido, enquanto ele tem quatro esposas. As mulheres aqui são iguais só no sentido de que sofrem igual injustiça, exatamente como nos tempos antigos, todos os escravos eram "iguais", naquele sentido, dentro do sistema escravocrata. Isso não pode, de maneira alguma, ser considerado igualdade, justiça ou direitos para as mulheres.

Os sistemas de escravos e feudal surgiram para servir aos senhores de escravos e proprietários de terras feudais. Da mesma maneira, o sistema de casamento foi criado para servir aos interesses do homem contra os da mulher e dos filhos.

El Ghazali, ao falar dos benefícios do casamento para os homens, exprime-se com estas palavras:

> O casamento alivia a mente e o coração do homem do peso de cuidar da casa e se ocupar com cozinhar, varrer, lavar louça e prover as necessidades da vida. Se o ser humano não sente paixão para viver com uma companheira, acha muito difícil ter uma casa para si mesmo. Uma vez obrigado a se encarregar de todas as tarefas do lar, desperdiçaria a maior parte do seu tempo e não seria capaz de se devotar ao trabalho e ao estudo. Uma boa mulher, capaz de dedicar-se à arrumação da casa, é uma ajuda inestimável à santidade religiosa. Se entretanto as coisas vão mal nessa área, o coração se enche de ansiedade e perturbações e a vida se torna presa de coisas que expulsam a paz. Por essas razões, Soleiman El Darani disse: "Uma boa esposa não é criação deste mundo, pois, na realidade, ela lhe permite ocupar-se com a vida do além e assim é porque ela cuida dos negócios de seu lar e, além disso, alivia suas paixões".[22]

Assim, um homem não pode dedicar-se a sua vida religiosa ou ao estudo se não tiver uma esposa que esteja completamente preocupada em gerir os negócios de seu lar, servir a seu marido, alimentá-lo, lavar suas roupas e prover suas necessidades. Mas não temos razão se perguntamos: E a esposa? Como pode ela dedicar-se a sua vida religiosa e buscar conhecimento? É claro que ninguém jamais pensou no problema com base nesse ângulo, como se fosse uma conclusão *a priori* que as mulheres não

---

22 Abou Hamid El Ghazali, *Ihya Ouloum El Dine*, p. 699.

têm nada a ver com religião ou estudo. Que sua única função na vida é cozinhar, varrer, lavar roupa, lavar louça e cuidar dessas tarefas que Ghazali descreveu como uma fonte de problemas e perturbações para o coração e que acabam com a paz da vida.

Fica claro que a mente das mulheres e suas ambições, seja no campo da ciência ou da cultura, foram completamente descartadas para que o homem pudesse se consagrar por inteiro a esses campos da atividade humana. Ele, além do mais, impõe à mulher os problemas e as inquietações do coração e da mente que resultam de se estar ocupado com tais afazeres domésticos, depois do que, ela é acusada de ser ignorante e sem convicção religiosa. A mulher carrega todas essas cargas sem receber nenhuma remuneração, exceto comida, roupa e casa de que necessita para manter-se viva. O homem não só explora a mente da mulher, anulando-a para alcançar seus fins, ou pelo menos impedindo-a de desenvolver seu potencial pela ciência, cultura e conhecimento, não só mergulha toda a vida dela no trabalho em seu proveito, sem recompensa, mas, também, a usa para satisfazer seus desejos sexuais de acordo com suas necessidades. Isso é considerado um dos deveres da mulher e ela deve responder a seus desejos a qualquer momento. Se ela não o faz, ou fica doente, recusa ou é impedida por seus pais, é direito do homem divorciar-se e, além disso, privá-la da pensão.

Entre os deveres sagrados da esposa, está a obediência total ao marido. Não lhe é permitido discordar dele, fazer perguntas ou mesmo contestar certos pontos. Por outro lado, não se espera que o homem obedeça a sua mulher. Pelo contrário, considera-se indigno um homem fazer o que sua mulher sugere ou lhe pede. Omar Ibn El Khattab disse uma vez: "Discorde de suas mulheres e não faça o que elas pedem. Assim você será abençoado. Porque é dito: 'Consulte-as e então aja de outro modo'." O Profeta aconselha: "Não viva como escravo de sua mulher". O líder religioso muçulmano, El Hassan, vai mais longe quando afirma: "Sempre que um homem começou a obedecer às vontades e aos desejos de sua mulher, o desfecho foi Alá lançá-lo às chamas do Purgatório"[23].

Um dos direitos de uma mulher é receber uma soma de dinheiro como dote ao se casar e outra soma de dinheiro como pensão, se ela se divorciar. Além disso, o homem deve dar-lhe alimento, roupa e moradia. Entretanto, a mulher não pode especificar nenhuma condição relativa à

---

23 *Ibid.*, p. 706.

casa em que vai morar. Pode ser uma cabana feita de madeira, barro ou uma linda casa de tijolos, dependendo das posses do marido. Ela não pode determinar o valor do dote ou da pensão, ou o alimento e vestuário que lhe serão oferecidos. Tudo isso é decidido pelo marido, de acordo com sua avaliação dos meios financeiros de que dispõe e de como quer gastá-los.

De acordo com as leis islâmicas, uma mulher pode pedir que seja paga para amamentar seu filho[24]. O marido é obrigado a pagar-lhe com seus rendimentos, se a própria criança não tem fontes financeiras reservadas para si. Se estas existem, a mãe é paga por elas. A mãe não é obrigada a amamentar a criança se não o quiser, mesmo que se lhe ofereça pagamento. Pode pedir que seja paga desde que não haja outra mulher que tenha voluntariamente concordado em amamentar a criança, sem objeção do pai. Contudo, se existe tal mulher, a esposa já não tem direito de pedir nenhum pagamento pela amamentação.

Aqui, de novo, é a vontade do marido que é decisiva, uma vez que pode impedir a mãe de ser paga pela amamentação, buscando outra mulher para essa finalidade, voluntária ou paga por menos dinheiro.

A mãe também pode ser escolhida para criar os filhos, mas aqui também é prerrogativa do pai escolher uma outra mulher que possa oferecer seus serviços voluntariamente ou por menos pagamento.

Tais direitos limitados são quase insignificantes, cercados que estão por condições impossíveis e não podem ser considerados de valor algum. Pelo contrário, propiciam ao homem a possibilidade de dispensar os serviços da mãe da criança logo que ela pede que seja paga e assim, de fato, a obriga a abrir mão de seu direito ao pagamento pela amamentação ou educação da criança. A grande maioria das mulheres, incapaz de se imunizar à tendência da sociedade e das famílias a exagerar e santificar as funções da maternidade, não são capazes de fazer outra coisa senão sacrificar-se por seus filhos e dar-lhes tudo, inclusive suas vidas. Sacrificar uma pequena importância de dinheiro é, pois, um assunto sem nenhum peso.

A exploração, à qual uma esposa e mãe se expõe, fica clara a partir do número de funções vitais que ela desempenha sem ser paga. Ela é cozinheira, faxineira, arrumadeira, lavadeira, empregada doméstica, enfermeira, governanta e professora das crianças, além de ser um instrumento de satisfação sexual e prazer para o marido. Tudo isso ela faz sem nada receber a não ser sua manutenção em forma de alimento, vestuário e

---

24 Sheikh Mohammed Mahdi Shams El Dine, *Al Islam wa Tanzeem El Waledeya*, Al Ittihad El Aalami Litanzeem El Waledeya. El Maktab El Iklimi Lilshark El Awsat wa Shamal Afrikia 1974, v. 2, p. 84.

casa. Ela é pois o trabalhador que recebe o pagamento mais baixo que existe no mundo.

A exploração da mulher é construída sobre o fato de que o homem lhe paga o salário mais baixo que se saiba ter sido pago para animais de carga humanos. É ele que decide quanto ela recebe, seja em forma de algumas piastras, alimentos, roupa ou simplesmente um teto sobre sua cabeça. Com essa parca recompensa, ele pode justificar a autoridade que exerce sobre ela. Os homens exercem sua tutelagem sobre as mulheres para que, como diz o *Alcorão*, eles lhes garantam a subsistência.

O senhorio do homem sobre a mulher é, portanto, reforçado pelas magras piastras que lhe paga e, também, pela imposição de um só marido para assegurar que o dinheiro que ele possui não seja herdado pelo filho de um outro homem. A preservação dessa herança é a força motriz que existe atrás das severas e rígidas leis que procuram manter a lealdade ao marido a fim de que nenhuma confusão venha afetar a linha de descendência. Não é o amor entre a mulher e o marido que se procura nutrir e cultivar por meio dessas leis. Se fosse o amor entre o casal a base dessa busca de lealdade entre marido e mulher, tal lealdade seria exigida igualmente de ambos. Entretanto, uma vez que a lealdade é procurada apenas na mulher, impondo-se-lhe a monogamia, enquanto ao homem é permitido multiplicar e diversificar suas relações sexuais, torna-se evidente por si mesmo que o devotamento conjugal não é um valor humano, mas um dos instrumentos sociais de opressão exercidos contra a mulher para assegurar que a herança se conserve intacta. A linha de descendência que se procura preservar é, naturalmente, a do homem. Assim, o adultério por parte da mulher, sua violação das promessas nupciais feitas no dia do casamento, significa a imediata destruição da descendência e herança patrilinear.

O dinheiro é, portanto, o fundamento da moral, ou pelo menos da moral prevalecente em que a propriedade, a exploração e a herança são a essência do sistema econômico. Porém, na religião, presume-se que a verdadeira moral depende dos valores humanos. O *Alcorão* diz claramente: "A mais alta estima é dada por Alá àqueles que têm o coração mais puro"[25].

Mencionamos anteriormente que a sociedade bem cedo tomou consciência da poderosa natureza biológica e sexual da mulher e esse poder foi comparado ao de Satanás. Era pois inevitável que sua lealdade e castidade só pudessem ser garantidas impedindo-a de ter relações com quaisquer

---
25 *Alcorão*, "Sourat Sab'a", versículo 37.

homens a não ser com o próprio marido. Também não podiam ter relações com o pai, o irmão e os tios paternos e maternos. Essa é a razão existente por detrás da segregação que se criou entre homens e mulheres e a condenação da livre mistura entre eles, segregação que se levou a efeito, aprisionando as mulheres dentro das quatro paredes do lar. Esse confinamento da mulher do lar permite a realização de três objetivos inter-relacionados:
1. garante a lealdade da mulher e a impede de se misturar com homens estranhos;
2. permite-lhe devotar-se inteiramente aos cuidados do lar, do marido, das crianças e dos filhos e idosos da família; e
3. protege os homens contra os perigos inerentes às mulheres e contra seus poderes de sedução que são tão fortes que, ao se defrontarem com eles, os homens perdem dois terços de sua razão e se tornam incapazes de pensar em Alá, na ciência, no estudo.

Os filósofos muçulmanos, que tão frequentemente proclamam tais opiniões, herdaram a maior parte de suas ideias do mito de Adão e Eva, considerando a mulher uma réplica de Eva, dotada de poderes destruidores e perigosos para a sociedade, para o homem e para a religião. Acreditam que a civilização se construiu gradualmente na luta contra esses poderes femininos, numa tentativa de controlá-los e suprimi-los para proteger os homens e evitar que suas mentes ficassem preocupadas com as mulheres em detrimento de seus deveres para com Alá e a sociedade.

Para preservar a sociedade e a religião de tais males, era essencial segregar os sexos e subjugar as mulheres a ferro e fogo, quando necessário, pois só ferro e fogo podem forçar escravos a se submeter a leis e sistemas construídos em base à exploração. O *status* da mulher dentro do casamento é ainda pior que o do escravo, pois a mulher é explorada tanto econômica como sexualmente. Isso sem falar da opressão moral, social e religiosa exercida sobre ela para garantir a manutenção da dupla exploração dela. Os escravos, pelo menos, são gratificados com alguma recompensa material pelos esforços que fazem. Mas a mulher serve ao marido, às crianças e aos idosos em sua casa sem para tanto receber pagamento algum. E o escravo pode ser libertado por seu senhor, tornar-se um homem livre e assim gozar dos direitos dos homens livres, entre os quais o mais importante é o reconhecimento de que possui um cérebro e uma convicção religiosa. Contudo, a mulher, enquanto for mulher, não tem chance ou esperança de jamais possuir o cérebro e a convicção religiosa de um homem. Pois às mulheres falta inteligência e fé religiosa.

Uma vez que os homens têm mais inteligência e sabedoria do que as mulheres, tornou-se direito deles, e não das mulheres, ocupar os postos de administradores, legisladores, governadores etc. Uma das condições primárias, no Islã, para tornar-se um líder político (Iman) ou um governador (Wali) é ser "macho"[26]. Só depois são considerados a piedade, o conhecimento e a competência.

Pode-se fazer uma lista das ideias mais importantes sobre as quais o Islã se baseia ao tratar da questão das mulheres e o sexo:

1. Os homens devem exercer tutela sobre as mulheres porque são seus provedores econômicos. São também superiores às mulheres no que concerne à razão, à sabedoria, à piedade, ao conhecimento e à convicção religiosa. Autoridade é o direito dos homens, e obediência é o dever das mulheres.

2. As energias dos homens devem-se empregar em adoração, atividades religiosas e na busca de conhecimento. Isso se consegue fazendo com que as mulheres se dediquem a servir a seus maridos no lar, preparando comida e bebida, lavando a roupa, fazendo limpeza e cuidando das crianças e dos idosos.

3. Os desejos sexuais dos homens devem ser devidamente satisfeitos, de forma que possam concentrar-se, com o coração e a mente livres, em atividades religiosas, na adoração a Alá, na busca do conhecimento e no serviço da sociedade. Isso também objetiva assegurar que a religião seja salvaguardada e a sociedade preservada de ser solapada e mesmo desintegrada. O desejo sexual se deve satisfazer mediante o matrimônio, cujas finalidades são reproduzir e também experienciar um dos prazeres prometidos a ser gozado no paraíso, de forma que os homens possam sentir-se motivados a praticar o bem e assim serem premiados na vida do além. Constitui direito incontestável dos homens satisfazer plenamente suas necessidades sexuais casando-se com várias mulheres ou tomando para si escravas e concubinas. A masturbação, porém, é um mal e o adultério, um mal ainda maior. "Aqueles que não podem casar-se permaneçam castos para que Alá lhes conceda suas riquezas. Aquele que pode casar-se, e que amadureceu sem casamento, tome uma esposa. Se porém, não puder, abstinência é seu caminho."[27]

---

[26] *Al Imam Abou Hamid El Ghazali*, Dar El Shaab Publishers (Cairo, 1970), cap. 3, p. 202.
[27] *Alcorão*, "Sourat El Nour", versículo 33.

4. A sedução feminina e o poder de tentação são um perigo e uma fonte de destruição. Os homens devem se proteger dos poderes sedutores das mulheres e isso se garante confinando-as a seus lares. O homem se expõe às aniquilações, se ele sucumbe às tentações das mulheres. Segundo as palavras de Ibrahim Ebn Adham, "aquele que se acostuma às pernas das mulheres nunca será fonte de coisa alguma".[28]

5. Proíbe-se às mulheres deixar o lar e entrar no mundo exterior dos homens, a não ser que surja uma necessidade urgente como doença ou morte. Se uma mulher sai de casa, cubra seu corpo completamente e não exponha seus atrativos ou o que quer que seja capaz de seduzir o homem. Seus ornamentos estejam escondidos e seus órgãos genitais externos sejam encobertos.

O Islã exorta os homens a se casarem e até chega a considerar o casamento uma obrigação religiosa. Um dito árabe familiar diz o seguinte: "O casamento é metade da religião". Não só se pedia que os homens se casassem, como, também, se lhes permitia tomar várias mulheres e ter relações extramatrimoniais a seu bel-prazer, quase sempre vivendo com concubinas ou escravas.

Eles eram levados a vangloriar-se do número das mulheres que possuíam e a falar com orgulho de sua potência sexual.

A potência sexual do homem tornou-se parte da cultura árabe e, dentro dessa cultura, significava masculinidade e virilidade. Era uma vergonha para o homem ser impotente ou sexualmente fraco. Obviamente, só uma mulher poderia conhecer esse fato e julgar se o homem era sexualmente deficiente e nisso reside uma outra fonte de força oculta da mulher que aumentava os perigos que representava. Por isso, os homens deviam se proteger da mulher e a sociedade o fazia, assegurando que os olhos dela fossem impedidos de ver o que quer que fosse fora do lar (tal como um animal que fica cego ao ser mantido na escuridão), cobrindo a face com os mais espessos véus e obscurecendo sua mente de forma que se tornasse incapaz de discernir o fraco do forte. Essa é a origem do maior valor atribuído à virgem por ocasião do casamento em comparação com a mulher. A virgem pouco ou nada conhece sobre homens e sexo, enquanto a mulher possui experiência, obtida de suas anteriores relações com homens e do conhecimento das artes do sexo. Facilmente sabe distinguir onde está a fraqueza de um homem e onde reside sua força. Por isso o reduzido valor

---

28 Abou Hamid El Ghazali, *Ihy'a Ouloum El Dine*, Dar El Shaab Publishers (Cairo, 1970), p. 706.

atribuído à viúva e à mulher divorciada. Contudo, o Profeta Maomé não concordava com essas regras gerais de conduta masculina na sociedade árabe. Casou-se catorze vezes com mulheres divorciadas ou viúvas. A única virgem com quem se casou foi Aisha. Em relação a esse assunto, era também muito mais progressista e muito mais aberto que a maioria dos homens de hoje que ainda prefere casar-se com uma virgem e ver as tradicionais manchas de sangue no lençol ou pano nupcial. É por isso que, especialmente em zonas rurais, o costume da defloração, por meio do dedo do marido ou da *daya*, é ainda difundido e tem por finalidade demonstrar a prova vermelha da virgindade sobre um pano branco, símbolo da pureza e da honra familiar preservada.

Como já vimos, o *status* da mulher e as atitudes para com ela mudaram rapidamente após a morte de Maomé. Na própria essência do Islã e em seus ensinamentos como praticados na vida do Profeta, as mulheres ocupavam uma posição relativamente alta. Mas depois que foram segregadas dos homens e obrigadas a viver no recesso do lar, os valores de honra, respeito por si mesmas e orgulho, característicos da sociedade tribal árabe, tornaram-se intimamente e quase indissoluvelmente ligados à virgindade e à proibição de as mulheres saírem para o mundo exterior. Diz um provérbio popular dos palestinos, muito conhecido até meados do século XX: "Minha mulher nunca saiu de casa até o dia em que a carregaram para fora"[29]. Recordo-me de minha mãe quando descrevia minha avó e contava que somente duas vezes ela saiu à rua: a primeira vez foi quando deixou a casa paterna e foi com o marido morar após o casamento, e a segunda vez, quando foi carregada da casa do marido para o cemitério. Em ambas as ocasiões nenhuma parte de seu corpo esteve descoberta[30].

A separação entre o mundo dos homens e o das mulheres era tão rigorosa que a mulher que ousasse sair pela porta de sua casa era sujeita a ser maltratada pelas mãos dos homens. Estes podiam limitar-se a olhares grosseiros e insolentes ou recorrer a palavras ou insultos obscenos, mas muitas vezes as coisas iam mais longe. Um homem ou um rapaz podiam estender a mão e pegar a mulher pelo braço ou pelo seio. Às vezes,

---

29 Tewfik Canaan, *Kawaneen Gheir Maktouba Tatahakam fi Makanat El Mara'a El Filistineya* (*Magalat El Torath, Wal Mogtam'a*) El Takadoum Publishers Al Kouds (Jerusalém), nº 2, 1974, p. 39.

30 Minha avó materna viveu no Cairo (1898-1948). Passou toda sua vida fazendo os serviços de casa e cuidando de seu marido e filhos. Pertencia a uma família de classe média, ou melhor, classe média alta. Por outro lado, minha avó paterna, que viveu durante quase o mesmo período em nossa vila Kafr Tahla, jamais soube o que era usar o véu e saía para trabalhar nos campos ou para comprar e vender no mercado todos os dias, da mesma forma como outras mulheres do povo o faziam também.

meninos podiam atirar-lhe pedras nos caminhos e nas ruelas de cidades e vilas, seguir seus passos, gritando em coro palavras ou insultos sexuais que rebaixavam os órgãos de seu corpo. Quando menina, eu tinha pavor de sair nas ruas de alguns bairros do Cairo quando cursava a Escola Secundária (1943-1948). Quando eu passava, gritavam grosseiros insultos como: "Maldita boceta da tua mãe" ou: "Filha da puta fodida pelos homens". Em alguns países árabes, as mulheres eram expostas à agressão física ou moral nas ruas simplesmente porque seus dedos apareciam por entre as mangas de seus vestidos[31].

A tendência dos homens a ferir qualquer mulher pega a cruzar o limiar de sua casa, e por isso os limites externos do mundo que lhe eram prescritos pelo homem, ou que ousasse invadir os domínios reservados para homens e passar por eles, prova que estes não podem considerar a mulher meramente fraca e passiva. Pelo contrário, a consideram como um agressor perigoso no momento em que ela passa as fronteiras, um agressor a ser punido e obrigado a voltar imediatamente para o recesso de seu lar. Essa atitude revela a força da mulher, força contra a qual o homem procura proteger-se de todos os modos possíveis. Não só aprisiona a mulher em seu lar, mas, também, cerca o mundo masculino de todos os tipos de barricadas, arames farpados, fortificações e até armas pesadas.

Dessa forma, o mundo feminino é visto pelos homens como uma área cercada, povoada de segredos obscuros e enigmáticos, cheio de todos os sombrios mistérios da bruxaria, poder diabólico e obras de Satã. É um mundo no qual os homens só entram com extrema cautela e com uma oração pedindo a ajuda de Alá, o Deus que somente nos pode dar força e mostrar o caminho. É assim que o homem árabe de algumas zonas rurais do Egito entra numa casa onde haja mulheres, pronunciando uma série de nomes de Alá, rapidamente com os lábios e fazendo beiço: "Ya Hafez, Hafes, ya Lateef, ya Sattar, ya Rab, ya Satir, ya Karim" (Oh grande protetor, todo-poderoso, Deus de compaixão, que sois o único escudo contra toda a desgraça, protetor contra o mal, o bondoso e generoso). Em algumas sociedades árabes, o homem às vezes acrescentava *destour*, que é a mesma palavra usada para espantar os espíritos maus ou os demônios[32].

---

31 Tewfik Canaan, *Kawaneen Gheir Maktouba Tatahakam fi Makanat El Mara'a*, p. 40.

32 Frequentemente, eu ouvia a palavra *destour* repetida pelos moradores da vila, homens ou mulheres, nas reuniões para *zar* (sessões de exortação) quando os maus espíritos eram mencionados. Um dos presentes gritava *destour*, que significa: "Ó, Deus, afasta os maus espíritos de nosso caminho". A mesma palavra é usada para abrir o caminho para um homem, especialmente quando mulheres estão presentes e se lhes pede que se retirem ou são advertidas de que um homem está para entrar. A palavra também significa "ordem estabelecida", "constituição" ou "leis constitucionais".

Também aqui se observa difundida a ideia de estreita ligação entre as mulheres e os demônios ou maus espíritos. Ela remonta à história de Eva e à crença de que ela foi positiva e ativa quando se tratou do mal, um instrumento das maquinações de Satanás. O desenvolvimento de uma teologia Sufi do Islã caracterizada por renúncia do mundo, meditação e amor a Alá (que se tornou o culto do amor em geral) permitia às mulheres elevar-se ao nível dos santos. Contudo, o número de mulheres santas conservou-se extremamente baixo em comparação com o dos homens. Assim, quando se tratava de espíritos maus, 80% deles eram considerados como espíritos femininos[33].

A história dos árabes mostra indubitavelmente que as mulheres tinham menos medo dos homens que os homens das mulheres. Contudo, a tragédia dos homens árabes, ou melhor, da maior parte dos homens de todo o mundo é que eles temem a mulher embora a desejando. Entretanto, penso que se pode dizer que os homens árabes, em alguns períodos, em especial na Era Pré-Islâmica e no início do Islamismo, foram capazes de vencer seus medos das mulheres em um grau muito maior do que o homem ocidental. Ou talvez, mais precisamente, o desejo dos homens em relação a suas mulheres era mais forte do que as inibições geradas pelo medo. Isso se deve à diferença das condições objetivas existentes nas sociedades árabes, em comparação com o Ocidente, e ao fato, comentado anteriormente, de que o Islamismo, ao contrário do Cristianismo, reconhecia a validade e a legitimidade do desejo sexual.

Como resultado, sexo e amor ocupavam um lugar muito mais importante na vida dos árabes, em sua literatura e nas artes. Mas, paralelamente a esse florescimento de paixões que ligava homens e mulheres, havia uma tendência oposta e quase igualmente forte nos ensinamentos dos filósofos e sábios e nas obras literárias de escritores e poetas, a qual alertava contra o entregar-se aos prazeres do sexo. Conjuravam-se os homens a não se tornar "apaixonados" por mulheres ou a tornar-se vítimas de suas seduções. Uma das famosas admoestações do proeminente pensador árabe Ibn El Mokafa reza: "Saiba bem que uma das coisas que pode causar o pior dos desastres no campo religioso, a maior exaustão do corpo, o maior ônus para o bolso, o maior mal para a mente e a razão, a mais profunda

---

33 Tewfik Canaan, *El Yanabi'i El Maskouna Wa Shayatin El Ma'a* (fi filistine) *Magalat El Torath Wal Mogtama*, El Takadam Press (Jerusalém), nº 2, julho de 1974, p. 38.

decadência do cavalheirismo do homem e a mais rápida dissipação de sua majestade e altivez é a paixão por mulheres"[34].

Ibn El Mokafa, sem dúvida, dirigia suas admoestações àqueles homens que possuíam "majestade", "altivez" e um bolso bem cheio, visto que só aqueles que possuíam essas armadilhas poderiam perder esses atributos por causa do amor a mulheres. Outros homens, que constituíam a grande maioria do povo, que não possuíam nem majestade, nem altivez, nem meios de qualquer espécie, não podiam aproveitar dessa recomendação, nem mesmo dar-lhe o mínimo de importância. Estavam completamente, ou quase completamente, destituídos de todas as posses terrestres e por isso, às vezes, não tinham nem mesmo os meios para ter uma única mulher legítima, pagar seu dote e criar seus filhos. Não se podia esperar que tais homens se exibissem em cenas de amor e paixão.

Na sociedade árabe, como em todas as sociedades governadas por um sistema patriarcal, em que existem diferenças enormes entre os vários níveis sociais, amor e sexo, liberdade sexual e licenciosidade, uma vida de prazeres era privilégio de apenas uma pequena minoria. A grande maioria de homens e mulheres estava destinada a se retorcer num leito de pregos, ser consumida pelas chamas, do sacrifício, subjugada pelo peso de tradições, leis e códigos que proíbem o sexo a todos, exceto àqueles que podem pagar seu preço.

Os árabes, expostos como eram a carestias e asperezas da vida do deserto, às dificuldades e perigos para prover as necessidades básicas numa sociedade atrasada e selvagem e a suportar a exploração de sua própria classe dominante e dos vizinhos, eram conhecidos por sua fortaleza, paciência e capacidade para suportar todos os tipos de privações, seja com relação ao sexo, comida ou até mesmo água. Porém, como os povos de todo o mundo, em todos os estágios do desenvolvimento humano, também foram capazes de encontrar compensação de outra forma. Isso explica por que o povo árabe gostava tanto de ouvir as histórias de *As Mil e Uma Noites*, palpitantes de paixão, de lindas mulheres e seduções do sexo. Essa avidez para ouvir e repetir o que tinha sido contado por mais de mil noites suscitava uma imaginação febril e substituía com ilusões o que a vida não podia lhes oferecer. Essas histórias, como Sadek El Azm as descreve, têm como tema incidentes e acontecimentos que foram tramados ao redor de uma intrincada teia de paixão e amor, que aparecia

---

34 Ibn El Mokafa, *El Adab El Saghir, Wal Adab El Kebir*, Maktabat El Bayan (Beirute, 1968), p. 127.

tanto mais fascinante quanto menos de acordo com os códigos morais e as leis religiosas que controlavam a vida em sociedade, e com a maneira em que se concebiam o bem e o mal, o legítimo e o ilegítimo, o permissível e o proibido. Assim é que (nas histórias) as esposas traem seus maridos com amantes e escravos, virgens encontram-se secretamente com seus belos eleitos e os homens abandonam suas esposas e procuram fora suas amantes, nos arroubos de suaves noites de verão. Todos aqueles de que tratam essas histórias estão comprometidos com a única ocupação, a de dar livre vazão a seus ardentes e voluptuosos desejos, com todos os meios disponíveis, mesmo que isso implicasse mentir, enganar, trair a confiança de pessoas e fugir do confronto com as consequências dos próprios atos. A predominância desses temas nas histórias populares desse livro são o eco dos anseios que jazem sepultados nas profundezas escondidas de cada homem e cada mulher condenados que estão a viver todos os dias sob a mó triturante da vida de rotina, sonhando com a chance de experienciar as emoções de uma paixão violenta.

Mas onde está a saída dessa situação quando tudo ao redor das pessoas se levanta como uma vigilante sentinela atenta, pronta para desviar seus passos dos caminhos excitantes, sinuosos e perigosos? A única porta que permanece aberta é a das lendas e histórias nas quais as pessoas podem viver em fantasia o que lhes é proibido, na realidade, por costumes e tradições[35].

Pois os costumes e as tradições que prevaleciam na sociedade árabe impunham ao sexo limites que, na prática real, eram muito mais severos do que a liberdade que lhes era concedida. Tendiam a criar uma aguda separação entre amor e sexo e entre corpo e alma, uma herança do judaísmo que a humanidade carregou consigo e que foi o resultado direto da condenação do sexo para sempre com o estigma do pecado e de algo sujo e degradado. O árabe, portanto, relacionava o amor com a alma e acreditava que era uma pura emanação do espírito, exatamente como o amor de Alá, ou da pátria ou o sentimento e afeto que se tem por uma mãe. O sexo e o corpo, entretanto, eram rebaixados ao nível dos desejos terrenos, animais que não deveriam manchar o nobre sentimento do amor.

Logo, o amor romântico no Ocidente tem sua réplica no *El hob El ozri* entre os árabes. A separação entre o sexo e o amor foi levada tão longe que o árabe cavou um profundo abismo entre o amor e o casamento. Não era permitido ao homem casar-se com uma mulher que ele

---

35 Sadek El Azm, *Fil Houb Wal Houb El Ozri*, Manshourat Nizar El Kabbani, (Beirute, 1968), p. 69.

amava. São muitas as famosas histórias árabes de *hob ozri*, como a de Gamil, que se apaixonou por Boussaina. A fim de separá-la de Gamil, seus pais a obrigaram a se casar com um horrendo homem de um olho só. Outra famosíssima história é a de Keiss, renomado poeta árabe, que encheu o céu e a terra de poemas que compôs para cantar o seu amor por Laila. Também ela foi impedida de se casar com ele e foi dada em casamento a um outro homem. E ainda a jovem Afra, que teve de ficar para sempre separada de Orwa Ibn Hizam, o homem que a amava tão profunda e apaixonadamente.

A tragédia de *hob ozri* é um tema muito comum na literatura árabe e na poesia. Os árabes, através dos séculos, têm expressado em canções e versos as torturas do amor e a prazerosa dor da separação e o desejo entre amantes privados um do outro. Como um exemplo, citemos Ibn Hazm, que diz: "O amor é uma doença fatal, um estado de êxtase, uma enfermidade pela qual anelamos. Aquele que não é afligido por ela procura suas dores e aquele que por ela é apanhado não quer jamais se curar"[36]. Ele continua a dizer em verso: "O sofrimento que se abateu sobre mim através de você, minha esperança na vida, é a fonte de meu êxtase. Jamais me separarei de você até o fim de minha vida".

Essa tendência masoquista de sentir prazer na dor não se limita só ao árabe, mas é peculiar a toda a humanidade desde que o corpo foi separado da mente e o sexo equacionado como o pecado. O ser humano, como espécie, tem sido diferenciado dos animais pelo tamanho relativamente maior de seu cérebro e pelo contínuo desenvolvimento e evolução que se deu nesse órgão mais digno do corpo e que foi necessário para vencer os perigos espalhados pela Terra, as revoltas da natureza e as catástrofes da vida. Penso que uma das maiores aflições que desabaram sobre a raça humana, em toda sua história, foi a separação entre o corpo e a alma e o inexorável resultado que se originou dessa separação, isto é, a equação de sexo com pecado. Poder mais destrutivo do que todas as feras da floresta tiveram essas ideias, e os seres humanos poderiam ser destruídos por elas se não fosse a maravilhosa capacidade do cérebro para adaptar-se e se submeter à contínua evolução. Qualquer animal sem raciocínio confrontado com essas ideias teria apenas uma dessas duas alternativas: ou completa abstenção das relações sexuais (o que inevitavelmente levaria à extinção da espécie) ou continuar praticando o sexo (o que levaria à morte engendrada

---

[36] Ibn Hazm, *Toh El Harriama*, p. 11.

por um terrível sentimento de culpa e infelicidade pela repetição de um ato equivalente ao pior dos crimes). Ambas as alternativas conduziriam à morte.

Mas o cérebro do ser humano, que para todas as finalidades práticas é a única arma que o homem possui na vida, teve essa maravilhosa capacidade para adaptar-se e se desenvolver e que o tornou capaz de vencer essa ideia, da mesma forma que venceu os leões e os tigres na floresta. Os seres humanos não o fizeram lutando corporalmente com essas feras perigosas, mas as venceram pela inteligência e argúcia, fugindo ou escapando para cima das árvores quando encurralados. De maneira semelhante, os homens não venceram essas ideias destruidoras por meio de um confronto face a face e resistência ostensiva, mas seguiram a mesma tática de escapar, flanquear e desaparecer em busca de proteção e saída da armadilha. O masoquismo ou prazer na dor foi, portanto, um estratagema protetor pelo qual o ser humano tentou esconder-se de um poderoso sentimento de culpa, dizendo, na realidade: "Sim, praticando sexo, sou culpado de pecado, mas atenuo meu pecado experienciando essa quase intolerável dor, na qual encontro até algum prazer".

Freud cometeu um grave erro quando expôs suas teorias sobre a psicologia da mulher e descreveu o masoquismo como uma pedra angular essencial, com a qual a mulher nasce. Pois a mulher não está sozinha ao ser masoquista. O homem também tem em comum com ela as mesmas características e ambos são vítimas do pensamento que conduziu à separação do corpo em relação à alma. Entretanto, uma vez que os males do corpo e do sexo eram atribuídos mais às mulheres do que aos homens, é natural que o sentimento de culpa na mulher fosse mais forte e profundo do que no homem. Ela sente mais necessidade de experimentar dor e sofrimento para que possa expiar seu pecado. O Antigo Testamento inspirou a mulher com a ideia de tal sofrimento quando disse: "darás à luz teus filhos em meio a dores e gemidos". Freud cometeu o erro de procurar as causas do masoquismo na natureza biológica e psicológica da mulher, mais do que na história e no desenvolvimento da sociedade.

Alguns pensadores árabes têm se oposto aos conceitos que criam um hiato artificial entre corpo e alma e têm tentado fazer as pazes entre eles. Um desses pensadores é El Sheikh Abou Ali El Hassan Ibn Ali Ibn Seena (conhecido como Avicena), que morreu no ano 1027 d.C. Ibn Seena estava adiantado em comparação com os pensadores ocidentais em sua abordagem científica que vê o homem como um ser total, e em sua apreciação do corpo e de suas percepções sensuais. Foi um dos primeiros homens de ciência e conhecimento que insistiu na luta para vencer a separação entre corpo e alma para que se reconstituísse o liame original e íntimo que existe entre sexo e amor. O homem é um ser total para Ibn Seena e não pode ser fragmentado e dividido em partes separadas.

Em seu famoso livro *Al Kanoun Fil Tib*, Ibn Seena diz que a psique ou alma, exatamente como o sexo, é composta de duas forças, uma força consciente e uma força motora. A força consciente é também como o sexo e, por sua vez, é composta de duas forças, uma força consciente a descoberto na superfície, e uma força consciente escondida, sepultada nas profundezas. A força consciente, sem véus, é sensual e ligada aos sentidos[37].

Para sua época e, certamente, à frente da ciência ocidental, Ibn Seena percebeu, com um notável grau de clareza, as pontes que ligam a psique ao corpo e o fato de a primeira ser dividida em consciente e subconsciente. Por isso, Freud não foi o primeiro a conceituar essa divisão da psique humana, o que se diz ser uma descoberta da ciência ocidental.

Uma das mais importantes contribuições de Ibn Seena foi seu ensaio sobre o amor[38]. Nesse ensaio, talvez pela primeira vez, o amor entre marido e mulher foi visto desempenhando um papel positivo. Ibn Seena aqui novamente liga a brecha existente entre a atividade da psique animal (como era então descrita) e a psique expressiva do homem (consciente, ligada à fala), e entre os dois polos do amor físico natural ou corporal (sexo) e amor espiritual. Ele atribuía ao eu inferior, o corpo, um papel e sustentava que ele participa, com esse papel, lado a lado do eu superior expressivo e racional (expressivo aqui no sentido da fala). O amor pela beleza humana, ou, em outras palavras, o amor sexual é considerado um veículo pelo qual o homem pode se aproximar de Deus. Assim, Ibn Seena, em seu ensaio, sustentava seu pensamento essencial sobre o eu ou a psique e seus componentes e lhe conferia um lugar justo na totalidade de seu pensamento filosófico. Ultrapassou seus antecessores e foi o primeiro homem de ciência e conhecimento a construir um conceito de elevada harmonia entre o corpo e o eu (a alma, psique ou mente). Dessa forma, divergiu de todos os que viam o corpo e a alma engalfinhados em contínua e persistente luta, tornando-os obsoletos. Ibn Seena, contudo, repetiu os erros que outros homens tinham

---

37 *El Kanoun Fil Tib*, El Sheikh Abou Ali El Hassan Ibn Ali Ibn Seena, v. I, p. 71.

38 Gustav Von Grebenaum, *Estudos de Literatura Árabe*, p. 83. O ensaio de Ibn Seena sobre o amor foi traduzido em árabe pelo dr. Ihsan Abbas. A. J. Denomy, *Uma pesquisa sobre as origens do amor cortejador nos estudos medievais* (1945), v. 6.

cometido antes ou haveriam de cometer mais tarde. Como Sigmund Freud, ele considerava o homem uma coisa e a mulher outra. Ele julgava que a urina da mulher tinha menos brilho que a do homem por causa da inata curiosidade dela[39]. Citamos a seguinte passagem de seu livro *El Kanoun Fil Tib*: "A urina das mulheres é sempre mais grossa, mais branca e tem menos brilho do que a do homem. Isto se deve a sua curiosidade inata, à fraqueza de sua digestão, ao maior diâmetro da abertura através do qual jorra e ao fato de as secreções do útero se misturarem com a urina."

Mesmo assim, Ibn Seena foi um brilhante filósofo, pensador e homem de ciência. Não se lhe tem dado o devido valor no mundo ocidental, enquanto a outros homens, por muito menos, tem-se dado maior importância. Não é difícil de descobrir a razão disso. Não vivemos num mundo neutro, e nossa civilização tem sido preconceituosa, favorecendo as mentes e contribuições dos ocidentais brancos em detrimento dos orientais de pele escura, exatamente como tem sido preconceituosa em relação aos homens contra as mulheres. O preconceito não pode ser explicado pela natural superioridade proclamada por alguns "cientistas" e pelas alegadas qualidades de maior inteligência e criatividade, mas antes por uma proposital tentativa de apagar a herança cultural de povos que foram outrora colonizados, visando a romper a continuidade entre seu passado, presente e futuro e assim tornar a tentativa de subjugação imperialista e reacionária mais fácil para os que ainda sonham em manter versões mais modernas de velhos impérios coloniais.

O preconceito de Ibn Seena em favor da urina dos homens não é de maneira alguma mais notável e ridículo do que a inclinação de Freud em favor do pênis do homem, inclinação que ele levou tão longe que toda sua análise da psicologia da mulher foi construída sobre o fato, tão crucial para ele, de que elas tinham sido privadas do sinal-privilégio de possuir uma protuberância masculina na parte inferior de seus ventres. Freud acredita que as mulheres não são como são, isto é, mulheres, mas são homens sem o pênis e não querem admitir esse fato, o fato de que são homens castrados e vivem na esperança, de algum dia, conseguir ter um órgão sexual masculino[40].

---

39 *El Kanoun Fil Tib*, Ibn Seena, p. 146 (Tabit El Halabi), Moassasset El Halabi Wa Shorakah, Cairo.
40 Sigmund Freud, *Some Psychological Consequences of the Anatomical Distinction Between the Sexes, Selected Papers*, v. 5 (Hogarth Press, 1959).

17
A heroína na literatura árabe

A imagem que se tem da mulher por meio dos escritores e poetas árabes, não só nos tempos mais antigos, mas, também, na literatura contemporânea, não difere exceto nos detalhes da imagem apresentada no Ocidente. Sejam quais forem as diferenças que existem, são devidas principalmente às mudanças de lugar e tempo ou ao fato de alguns escritores serem mais avançados do que outros. As variações são superficiais e de maneira alguma influenciam na imagem essencial da mulher que permanece sujeita ao homem pelo sistema patriarcal, seja no contexto de uma sociedade industrial, seja no de uma situação agrícola, feudal ou capitalista, retrógrada ou adiantada, oriental ou ocidental, cristã ou muçulmana.

O conteúdo da arte e da literatura depende essencialmente de uma luta intrínseca pelo trabalho. Essa luta pode acabar em sucesso ou fracasso, mas é sempre o tipo de drama ou tragédia que merece ser narrado, descrito e registrado, seja ele alegre, triste, trágico ou cômico. Muitos são incidentes e situações estranhas na vida, que inspiram choro e riso ao mesmo tempo.

Uma das mais importantes lutas é aquela que se travou e continua sem interrupção entre o homem e a mulher, desde o dia em que ela foi despojada de seu direito natural e racional de dar seu nome a sua descendência. O traçado da linhagem de um filho e seu nome relacionados com o pai, apesar de ter durado milênios, nem por isso se tornou mais natural e justo. Uma injustiça estabelecida e honrada por sua duração jamais adquire a qualidade de justiça simplesmente por causa do tempo que passou ou de sua antiga herança. A luta entre homem e mulher começou com o estabelecimento do sistema patriarcal e se perpetuou pelos séculos até hoje. O macho da espécie humana jamais perdeu seu medo de que um dia a mulher se tornasse vitoriosa e reconquistasse os direitos que perdera. A prova desse medo está nos grilhões e nas cadeias com que circundou o corpo e a mente da mulher, grilhões e cadeias que tomam a forma de leis rigorosas e santificadas ou teorias científicas sobre sua psicologia e seu eu, ou certos códigos morais ou mesmo emoções que se apresentam em forma de amor, nobreza e proteção, mas cuja real substância é o ciúme, o poder de aquisição, a dominação e a posse. A prova desse medo quase obsessivo é o fato de o homem jamais ter desistido da tentativa de limitar a liberdade da mulher e controlar todos os aspectos de sua vida, às vezes plenamente consciente do que está fazendo, outras vezes sem mesmo ter consciência de seus próprios motivos. Como se, no momento em que abandonasse sua vigilância ou cuidado, as coisas pudessem virar de ponta-cabeça e a mulher já não permanecesse inferior ao homem, mas se tornasse um ser superior, não mais fraco, porém infinitamente poderoso.

Durante os últimos cinco ou seis mil anos, o homem empregou toda a sua capacidade e imaginação para inventar uma grande variedade de laços para envolver e prender a mulher. Entretanto, durante todo esse tempo, jamais conseguiu dissipar esse seu arraigado medo da mulher e a necessidade que sente de vigiá-la cuidadosamente. A conclusão óbvia é que essa extrema vigilância deve ser bem fundada, construída sobre profundo raciocínio e motivada por fatores básicos naturais. A primeira boa razão que explica tal atitude é que o homem violou a natureza e impôs uma situação artificial, pois a mulher, desde o dia em que foi feita mulher, há milhões de anos, tem gerado filhos e lhes conferiu a filiação como natural consequência de um fato natural. O homem só descobriu os segredos da geração de uma criança e seu nascimento recentemente. O homem permaneceu enterrado em quase total ignorância, por muito tempo, e quando não se conhece algo, teme-se. Ele, portanto, tinha medo da mulher, medo de seu misterioso poder de gerar filhos e os dar à luz. Não lhe era possível livrar a mente e o coração de um medo que tinha carregado dentro de si por milhões de anos. Alguns séculos de luz não eram suficientes para dissipar as pesadas nuvens negras de medo irracional, acumulado desde o começo da vida humana na Terra.

Tão pouco tempo, se comparado com os milhões de anos que se passaram desde que os primeiros ancestrais do homem perscrutavam ansiosamente pela escuridão das altas árvores na floresta, não podia erradicar de sua memória a imagem da mulher-mãe, doadora e criadora da vida e antiga deusa de todos os tempos.

O mito de Adão e Eva é a história do medo que o homem sente da mulher. Não fosse por causa desse medo, ninguém teria pensado em atribuir o mal, o pecado e os poderes diabólicos a Eva. Pois a mulher-demônio não é nada mais do que a encarnação do medo inato que o homem tem da mulher. A mulher que, por seu poder, bruxaria e beleza sedutora, foi capaz de levar Adão a uma armadilha, fazê-lo, de uma só vez, cair do alto céu à mesquinha Terra e se tornou causa de sua destruição, de seu pecado e de sua morte, deve realmente ser uma criatura horrenda e amedrontadora. Hoje, ninguém pode negar que, no alvorecer da humanidade, a mulher não tenha sido realmente um ser terrificante.

A Psicologia enfatiza o estreito laço que existe, na psique humana, entre o medo e o ódio. O medo, na realidade, alimenta o ódio, e o ódio, por sua vez, sustenta o medo. Eles andam juntos e a continuidade de um depende da continuidade do outro.

Freud admitia que o homem detesta a mulher e que ele a vê como uma fonte de perigo. Em seu ensaio, *O Tabu da Virgindade*, sustenta que o homem tem o hábito de projetar seu ódio interno no mundo externo, isto é, relacionando-o a algo que ele detesta ou alguma coisa com a qual não tenha familiaridade[1]. O homem também considera a mulher como uma fonte de perigo, e a primeira relação sexual entre ele e a mulher é sempre cercada da aura do perigo. Assim, Freud, o homem de ciência, civilizado e moderno, em seus sentimentos em relação à mulher, não difere essencialmente do macho tribal de algumas partes da África que acredita que, se uma mulher passa por cima da perna de um homem, ele se torna impotente; ou se uma mulher o toca durante o período menstrual, pode cair morto.

Se o medo da mulher tem deixado sua marca até no pensamento científico, as artes e em especial a literatura também têm sofrido dessa doença profundamente arraigada. O pânico que Freud experimentava ao se defrontar com uma mulher tem sua réplica quase perfeita na aversão de Bernard Shaw pelo sexo feminino. No campo da literatura, Bernard Shaw não está sozinho em sua misoginia, e muitos são seus semelhantes que participam de seus sentimentos, entusiasticamente. Entre os escritores árabes, posso citar duas proeminentes figuras: Teufik El Hakim e Abbas Mahmoud El Akkad. E as ideias de Freud sobre a passividade das mulheres se refletem nas obras de Tolstói. Tchekhov, por sua vez, canta os louvores à fragilidade e fraqueza da mulher em sua história chamada *Meu Amor*, exatamente como Abbas Mahmoud El Akkad, em suas copiosas reflexões

---

1 Sigmund Freud, *The Taboo of Virginity* (1918) em Standard Edition, v. 2 (Hogarth Press, 1957).

sobre diferentes aspectos da vida árabe e egípcia, mostra-se encantado com essas "qualidades femininas".

> As mulheres se refugiaram em sua passividade sexual e retraimento, pois a natureza fez delas uma presa a ser conquistada pelos homens mais poderosos e competitivos. A mulher deve esperar até que o mais digno dos homens consiga alcançá-la e, então, ela dará sinais de correspondência, resposta que será ambígua, pois é composta de duas forças contraditórias, mas iguais. De um lado, sua liberdade de escolha e, de outro, a lógica da situação que lhe é imposta e à qual ela nada tem a dizer. Uma perfeita ilustração disso é o comportamento das galinhas, que pacientemente esperam pela luta entre os galos ou anseiam pelo desejo do macho sem parecer que querem resistir-lhe, realmente.[2]

Cantar os louvores e as virtudes da passividade da mulher, como sendo uma expressão de sua natureza fundamental, conduz inevitavelmente a uma agressão a quaisquer traços positivos ou força que ela possa mostrar, uma vez que estes são considerados contraditórios com relação às suas características inatas e às próprias qualidades que fazem da mulher o que ela é. Uma mulher positiva e forte é necessariamente um ser anormal ou um aborto da natureza e, portanto, me tece ser vilipendiada ou odiada ou, no mínimo, criticada e ridicularizada.

O ódio do homem pela mulher forte e positiva é tão grande que ele projeta sobre ela os antigos medos que tem carregado através dos séculos nos mais profundos recessos de seu próprio eu. Assim é que a força e o caráter das mulheres eram considerados uma prova irrefutável do mal, engano, hipocrisia, astúcia, propósitos obscuros, prontidão para o mal, atração satânica, poder de sedução, bruxaria e poder demoníaco.

Se, conforme Abbas Mahmoud El Akkad diz, a mulher é passiva, espera pela vontade do homem e lhe responde com iguais medidas de liberdade de escolha e absoluta submissão, como se explica que um outro autor egípcio, Zaki Mobarak, veja na mulher a encarnação do demônio que leva o homem à perdição e à queda de seu alto pedestal, sobre o qual se levanta para cair no mais profundo abismo; ou que Ibn Mokafa'a, o pensador árabe, considere a mulher capaz de esconder, com inteligência de homem, a riqueza, altivez e a majestade do homem? Como pode sua

---
2 Abbas Mahmoud El Akkad, *El Mara'a Fil Koran* (Dar El Hilal, Cairo), p. 35.

passividade inata transformar-se num instante, numa atitude forte, ativa e positiva, como foi o caso da esposa do Faraó que tentou seduzir José? A bela mulher se lhe ofereceu, quando então ele chamou a Deus: "Meu refúgio e protetor, Deus, que tendes escolhido para mim o melhor lugar de descanso!" Não fosse o fato de ele ter recebido a prova do poder de Deus, e ser um de seus fiéis servidores, sem dúvida teria sucumbido aos encantos da mulher ou caído em tentação e pecado[3].

O homem, de fato, colocou-se num beco sem saída quando decidiu que a mulher era passiva por natureza. Desde então, qualquer sinal de ser positiva tinha que ser considerado como alguma obscura maquinação ou desejo de fazer o mal, sinal de astúcia, hipocrisia e falsidade. A literatura árabe está, portanto, repleta de personagens femininos cheios de astúcia, de forma que o homem estaria em perigo mortal se delas se aproximasse. São descritas como peritas na manipulação das artes da conspiração, falsidade e sedução feminina. O próprio El Akkad caiu vítima de sua lógica. Ele afirma que a mulher é um ser passivo e, depois, algumas linhas abaixo, proclama apaixonadamente que ela tem capacidades especiais para fazer o mal e uma natural inclinação para os piores tipos de fraude que são peculiares ao ego feminino: "O engodo feminino pode ser considerado certamente um engodo característico da mulher, pois se relaciona com um dos traços da natureza feminina que encontramos em todas as sociedades. Não é nem imposta pelo costume nem pela lei, e jamais deixa a mulher, por mais que ela queira ou deseje."[4]

El Akkad aplica-se em levar sua lógica tão longe e com tanta impetuosidade que chega até a querer privar a mulher de sua capacidade de ser voluntariamente enganadora ou astuta e repete a que seus antepassados filósofos e pensadores fizeram quando despojaram Eva de seu papel positivo no mal. Afirma que fossem quais fossem os males de que ela era acusada, estes não eram resultado de sua própria vontade e escolha, mas um mero reflexo da vontade de Adão ou dos desejos e desígnios de Deus.

Na literatura árabe, tem havido muitos escritores que se tornaram famosos por sua profunda inimizade e ódio pelas mulheres. Exemplos destes são: El Ma'ari, El Akkad e El Hakeem. El Akkad foi descrito como o "arqui-inimigo da mulher" e seu ódio pelo sexo feminino se refletiu claramente em muitos de seus escritos. Sobrepujou em sua intensidade a inimizade fria

---

3 Tafseer El Tabri (El Matba'a El Maimania bi Mis), v. 12, p. 98-103.
4 Abbas Mahmoud El Akkad, *Woman in the Koran* (Dar El Hilal, Cairo), p. 17-18.

demonstrada por seu mestre Schopenhauer. El Akkad descreve a mulher como alguém que permanece uma criança grande em todas as fases da vida, com todas as características que, em sua opinião, estão associadas com as crianças, tais como imprudência, imaturidade mental, tendência para a imitação e dependência de outros, o ser volúvel e caprichoso e dado à mentira e à hipocrisia. Ele acredita que essas características são vestígios de uma natural selvageria e primitividade que o passar de milênios não conseguiu mitigar ou refinar[5].

Mas El Akkad, quase no mesmo fôlego, defende ideias diametralmente opostas. Sob sua pena, vemos esta criatura que não cresceu, esta criança imatura, esta galinha passiva subitamente transformada em uma força mais poderosa do que qualquer outra. É sob esta luz que ele retrata a mulher em seu romance *Sara*. Ela é a força pela qual todas as coisas vivas no Universo e no ser humano se exprimem[6]. Para o autor, essa força é tão poderosa, esmagadora e injusta que não difere de modo algum de um governo tirânico. Em um de seus poemas, ele exprime seus sentimentos como segue:

> Minha amada, quão cruelmente injusta és
> E quão grande é minha dor.
> Teu império é poderosíssimo,
> Mas não proferes uma só palavra para explicar.
> A maior tirania que um homem pode sofrer
> É a tirania que ele mesmo se impõe.
> Tu me feriste profundamente
> E, entretanto, beijo a mão que segura o afiado gume.
> A pior dor que um homem pode suportar
> É a dor na qual encontra prazer e alegria.[7]

Eis um exemplo de como o ódio pode transformar-se em sentimento doentio que encontra prazer na crueldade, na injustiça e na dor. Pode transformar-se em amor masoquista que aceita a humilhação e se rebaixa e se arrasta e até beija a mão que lhe inflige castigo e crava um punhal no coração do amante.

O masoquista Akkad, porém, logo passa por uma metamorfose e se transforma num violento sádico, cheio de agressão contra a mulher. Para

---

5 Abbas Mahmoud El Akkad, *Al Insan El Thani*, p. 7-8.
6 Abbas Mahmoud El Akkad, *Sarah*, Silsilit Ikra, nº 108, p. 109.
7 Abbas Mahmoud El Akkad, *Diywan El Akkad*, p. 302.

ele, a mulher deve ser severamente dominada pelo homem. Ele deve governá-la sem piedade e assegurar-se de que não cairá cativo de sua *fitna* e de sua beleza. A beleza de uma mulher, em sua opinião, não é uma beleza genuína, não tem integridade por si mesma e não é livre em seu voo, pois para existir depende de ser apreciada pelo homem. Um homem sozinho é livre porque é totalmente independente. Sua existência, como entidade, não depende de ninguém mais e, portanto, a beleza verdadeira é a beleza do homem. A beleza da mulher é na verdade apenas "uma feiura".[8]

A inimizade e o sadismo de Akkad para com a mulher vão tão longe que não só se permite o direito de infligir dor e sofrimento às mulheres e traí-las, mas, também, conclama outros homens a fazer o mesmo. Seus poemas refletem muito claramente seus sentimentos um tanto perversos, e em seu esboço da mulher em linhas como: "És repreensível se desejas mulheres, o que não foi nem mesmo a intenção de seu criador", e "Traia-a! Nunca sejas leal ou verdadeiro para com ela! Só assim serás realmente fiel àquilo que é mais importante e essencial nela".[9]

Akkad quer dizer que é somente por meio da traição que um homem alcança o coração de uma mulher e conquista seu amor. Pois a mulher, segundo ele, só é leal a um traidor e só o ama se sente que ele a odeia ou a abandona. Ela jamais diz "sim", a não ser que queira dizer "não". A mulher é escorregadiça, astuta, mentirosa, é tecida de falsidade e desejo de fazer o mal.

O *Alcorão*, ao descrever as mulheres, diz: "Sua deslealdade é realmente grande". Akkad continua explicando que fazer o mal aos outros, tecer conspirações e enganar é parte da natureza da mulher e constitui suas armas contra o homem, quer este homem tenha amor ou ódio por ela em seu coração: "Não adianta amontoar acusação e recriminação sobre ela, pois não se desviará de seu caminho. Amor à falsidade é sua natureza. É seu escudo de proteção, a cobertura de sua maquilagem e o exercício mental que lhe dá vida e vitalidade. Engodo é a arma de suas conspirações usadas contra amigos e inimigos."[10]

Sadismo e masoquismo são duas faces de uma mesma moeda e, portanto, não surpreende encontrarmos doses substanciais de ambos nos escritos e nas poesias de Akkad[11]. No entanto, ele procurou exagerar

---

8 Abbas Mahmoud El Akkad, *Hathihi Al Shagara*, p. 42-50; *Motala'at fil Kotoub wal Hayah*, p. 67.
9 Abbas Mahmoud El Akkad, *A'asir Maghreb*, p. 57.
10 *Ibid*.
11 Abbas Mahmoud El Akkad, *El Mar'a fil Koran El Kareem*, p. 22-3.

os aspectos sádicos e agressivos de sua atitude para com as mulheres, provavelmente como um mecanismo de compensação nascido de um secreto complexo de inferioridade e tendência mais em conformidade com a forma exterior de uma masculinidade inflada, porém vazia. Com ele, essas atitudes se tornam uma dominação tirânica, um impetuoso, mas impotente desejo de governar as mulheres. Para essa finalidade, ele se inspirou largamente no *Alcorão* e se baseou em suas passagens que fazem os homens responsáveis pelas mulheres e superiores a elas, uma vez que, em se tratando delas, não é a razão que controla suas vidas, nem a força de vontade, nem uma firmeza de opinião[12].

Entre os autores masculinos que tenho lido, tanto do Ocidente como do mundo árabe, seja qual for a língua em que foram escritos ou a região de que provêm, nenhum sequer foi capaz de se livrar dessa velha imagem da mulher que nos foi legada do passado remoto. Nem mesmo se salvam os escritores famosos por sua apaixonada defesa dos direitos humanos, valores humanos e justiça e sua vigorosa resistência à opressão e à tirania de qualquer tipo. Tolstói, com seu grande talento literário e sua denúncia dos males da sociedade russa feudal e burguesa, ao falar das mulheres, não encontrou nada melhor para dizer do que: "A mulher é o instrumento do demônio. Na maior parte, são sem inteligência. Mas Satanás lhes empresta sua cabeça quando elas agem sob suas ordens."[13]

A literatura árabe está entulhada com a imagem da mulher-demônio, possessa de muitas faces:

> Às vezes, quando você olha para ela, você se sente como se estivesse na companhia de uma criança brincalhona abrindo seus inocentes olhos com toda a simplicidade, assombro e ingenuidade de natureza espontânea, sem artifícios ou falsidade. Então, um momento depois, você olha para ela de novo, talvez no mesmo dia, e se encontra diante de uma velha e astuta criatura que exauriu sua vida na prática diária da conspiração fomentada contra outras mulheres e homens. Ela ri e lhe mostra um rosto que não serve para nada, senão para o vício. Então, ela ri de novo (talvez alguns minutos depois) e você está na presença de uma mente imbuída de honra e uma inteligência aguda de sarcasmo, uma mente como a dos

---

12 Abbas Mahmoud El Akkad, *Sa'at*, p. 20-1.
13 Tolstoy, *Memoirs*, 3 de agosto de 1898, citado em Abbas El Akkad, *Hathibi El Shagara*, p. 88.

filósofos, e sabedoria que só possuem os que têm a experiência de uma longa vida de lutas.[14]

Nesses "pensamentos", Akkad uma vez mais contradiz sua afirmação de que as mulheres são destituídas de cérebro para pensar e que os homens devem trancafiá-las em casa, entre quatro paredes, por serem criaturas sem inteligência ou piedade religiosa ou moral, idólatras que jamais souberam o que é crer"[15].

Akkad e outros homens de letras contemporâneos do mundo árabe não se distanciaram muito das posições de seus ancestrais de centenas de anos atrás e a imagem da mulher que pintam não difere muito das curvas exóticas das escravas heroínas do "clássico" *As Mil e Umas Noites*. A mulher continua a aparecer em cena como uma caprichosa *vamp*, uma escrava bonita e brincalhona, uma mulher-demônio imbuída de astúcia e capaz de conspiração, uma sedutora que cativa com sua paixão. Ela é tão positiva e dinâmica como Satanás e seus espíritos maus, quando se trata de sexo e amor. A mulher continua sendo uma escrava em todos os aspectos do papel que a fazem representar, seja o de rainha ou de escrava comprada no mercado. Pode ser a filha de um rei, lutando corajosamente, enquanto seu amante treme de medo, porém ela sempre terá de chamá-lo de senhor e servi-lo, exatamente como Mariam El Zanaria colocou-se a serviço de Nour El Dine. Na maior parte das histórias, é comprada e vendida, e assim as características e os comportamentos de escrava se tornam uma parte natural de seu ambiente e de seus trajes[16].

As Mil e Uma Noites pulsam com centenas dessas cativantes criaturas que usam mágica e bruxaria para conquistar seus amantes. As mulheres rogam pragas contra seus maridos para que deixem de ser obstáculos no caminho de seus desejos. É interessante notar que, nesse livro, a bruxaria é monopólio desses sedutores seres, versados nos segredos da conspiração aplicados em chegar onde desejam, isto é, nos braços de seu amante. Soporíferos, drogas, anestésicos são todos usados por essas mulheres para que seus maridos caiam em sono profundo e elas possam fugir para o leito de um outro homem. Assim, o livro oferece uma imagem de mulher com sua própria lógica intrínseca e, portanto, seu próprio sistema peculiar de rituais, que servem para manter e reforçar a imagem herdada

---

14 Abbas Mahmoud El Akkad, *Sarah*, p. 115.
15 *Ibid.*, p. 84.
16 Soheir El Kalamawi, *A Thousand and One Nights* (Dar El Maaref, Egito, 1976), p. 303.

do passado. Esse fenômeno se repete por todo o livro *As Mil e Uma Noites*, desde a história do Sultão Mahmoud, administrador das Ilhas Negras, no começo do primeiro volume, pelas quase intermináveis noites, até a história de Kumar El Zamari e sua amante, no quarto volume. Falsidade, astúcia, conspiração em *As Mil e Uma Noites* são invariavelmente relacionadas com mulheres, amor e sexo.

No entanto, Shawahi e muitas outras mulheres mencionadas nessas lendas, de fato, refletem a personalidade positiva e forte da mulher árabe que participava sem hesitação da política e da guerra, cingia a espada, vestia sua armadura e lutava na linha de frente do campo de batalha. Hind Sint Rabia, mencionada anteriormente, que matou muitos seguidores de Maomé, na Batalha de Ahad, era desse tipo de mulher. É por isso que, em *As Mil e Uma Noites*, a mulher que luta não é retratada como uma muçulmana, mas antes como uma velha bruxa má ou uma feiticeira.

Exatamente como algumas mulheres árabes conquistaram fama, nos campos de batalha, na política e *fitna*, outras se tornaram famosas por sua versatilidade, criatividade e conhecimento de literatura, artes e ciências. Houve mulheres livres e também escravas que alcançaram alto nível nesses ramos. Assim é que El Raskeed preferia desposar mulheres que tinham suficiente cultura e presença de espírito para dar uma resposta sábia a questões filosóficas ou a problemas práticos que pudessem surgir, ou que eram suficientemente versadas em poesia para completar com graça e harmonia uma linha ou estrofe que conquistasse sua admiração. Nas lendas de *As Mil e Uma Noites*, tais ocorrências encontram lugar na forma de notícias originárias de oitos escritos literários.

A mulher aparece em sua melhor e mais poderosa forma quando é apresentada como gênio ou espírito em *As Mil e Uma Noites*. Os homens caem vítimas de sua beleza e fascinação e se submetem a grandes sofrimentos e até a torturas para conseguir seus favores.

O espírito ou gênio da mulher ocupa um lugar proeminente nessas lendas, que mostram que o poder e força das mulheres permaneceram uma ideia e sentimento profundamente arraigado na mente e emoções dos povos árabes. Tal força e poder continuaram ligados a poderes sobrenaturais de espíritos, demônios, feitiçaria, *fitna* e sexo. Entretanto, a mulher, na literatura árabe moderna, não tomou a forma e substância desses espíritos. Descartou a forma e conservou a substância. É, portanto, humana exteriormente como as outras, mas intrinsicamente permaneceu um espírito imbuído da mesma natureza fundamental que a leva a praticar a falsidade, trair, conspirar contra os outros e seduzi-los para dentro de suas armadilhas. Assim, a mulher pertence muito mais ao mundo dos espíritos do que ao mundo dos seres humanos. Zaki Mobarak descreve o que considera serem suas características quando diz que as mulheres têm um poder maior do que Satanás e todos os demônios juntos para destruir os homens. Akkad exprime o mesmo ponto de vista, mas atribui a capacidade da mulher para a destruição, traição e sedução a sua fraqueza inata. Eva não comeu o fruto proibido e tentou Adão a fazer o mesmo por nenhuma razão a não ser porque sua natureza a faz desejar tudo que não é permitido. Como resultado dessa fraqueza fundamental, ela é dada a seduzir e tentar os outros. Para Akkad, a árvore proibida simboliza e encarna tudo o que existe dentro da mulher na forma de desejo de ser subjugada, de desenvolver o prazer que ela sente na rebelião, do capricho que gera o prazer de se conter, da suspeita e da tendência para duvidar, de uma fraca e congênita obstinação, de uma curiosidade ignorante e de uma incapacidade para resistir e vencer, exceto quando se trata de suscitar paixão pelo exibicionismo e sedução[17].

Tewfik El Hakim recebeu o título de "inimigo da mulher". Neste campo, ele contribuiu com pensamentos muito semelhantes aos de El Akkad, apesar de diferirem nos detalhes. Em sua história *El Robat El Mokadass* (*O Laço Sagrado*), El Hakim mostra uma mulher que se rebela contra sua própria vida. Mas essa rebelião, segundo a história, não se deve à ambição intelectual ou a um desejo de fazer algo que valesse a pena em sua vida, mas, antes, a preencher o vácuo emocional com que as circunstâncias a afligem. O intelectual nesta história, que de fato representa o autor, afirma que aquela mulher não tem mais suficiente convicção ou motivos religiosos, e que o papel dele é despertar sua consciência e levá-la a perceber que está fundamentalmente errada. Hakim, por sua vez, descreve a mulher como uma criatura sem lealdade nem fidelidade, exceto a seus instintos mais baixos e desejos físicos, e que se comporta de uma maneira muito semelhante à da heroína de Akkad, Sara, que não dá a maior importância aos valores religiosos, intelectuais ou sociais.

Não se pode deixar de sentir que tanto El Akkad como El Hakim carregam dentro de si um medo, ou até pavor, desta criatura feminina, dotada como é, de excepcionais poderes e vitalidade sexual, características que dificilmente se enquadram dentro dos limites dos valores convencionais

---

17 Abbas Mahmoud El Akkad, *Hathihi Al Shagara*, p. 15.

religiosos, morais e sociais. Para El Hakim, a mulher acredita que prazer e divertimento são direitos seus e ela fala disto em termos cheios de confiança e desafio, nascidos de legítimos direitos[18].

A literatura árabe também reflete o conceito de honra ligada à virgindade, discutida na primeira parte deste livro. Na realidade, esse conceito não progrediu muito desde seu nascimento e suas formas primitivas e absurdas. Em sua novela *Do'a El Karawan*, Taha Hussein descreve essa atitude convencional para com a virgindade. A jovenzinha é abatida como uma ovelha, por seu tio materno, auxiliado e encorajado pela mãe dela, que o autor retrata como uma pessoa tão fraca, que não só é incapaz de proteger a própria filha, mas ainda participa com o tio da matança. O tio fica totalmente livre e em parte alguma é visto como criminoso, mas antes como homem digno de respeito por defender a honra de sua família (um provérbio árabe muitas vezes repetido diz: "a vergonha só pode ser lavada com o sangue"). O jovem engenheiro responsável por ter manchado a honra de Hanadi também escapa do castigo e, no fim da novela, é gratificado com o amor da irmã da vítima, Amna. No começo, a história movimenta-se ao redor do desejo de Amna de se vingar do jovem que foi a Cama da horrível morte de sua irmã. Segundo as palavras dela: "Agora não existe um modo de se evitar a luta entre nós. Vai chegar o momento, mais cedo ou mais tarde, em que saberemos se a vida de Hanadi foi tirada sem preço ou se ainda existe na Terra alguém capaz de vingar o sangue que foi derramado."[19]

Amna, em nenhum instante, pensa em fazer vingança contra seu tio cuja mão ergueu a faca que pôs fim à vida de sua irmã. O autor em sua novela diz sobre as mulheres: "Elas são um estigma que devia ser ocultado, um *horma* que necessita ser protegido e um *ard*[20] que se deve conservar intacto".

Taha Hussein, em sua novela, considera a mulher desamparada, desde que tenha perdido a virgindade, impotente quando decide vingar-se dos que lhe fizeram injustiça, e reduzida a nada no momento em que se apaixona[21]. Ela gravita inerte dentro da órbita do homem, sem armas nem poder ou força ou vontade de fazer algo, nem mesmo prover a própria

---

18 Tewfik El Hakim, *El Robat El Mokadas*.
19 Taha Hussein, *Doa'a El Karawan* (Dar El Maaref Publishers, Cairo), p. 135.
20 Esta palavra, *ard*, tem um sentido especial em árabe. Significa a honra de um homem encarnada por meio da ascendência feminina. Seu dever é o de manter sua honra intacta prevenindo qualquer um (exceto o marido) de ter quaisquer relações com uma dessas mulheres. Isso é especialmente dessa forma com referência à proteção da virgindade.
21 Taha Hussein, *Doa'a El Karawan*, p. 151.

subsistência. É sempre vítima, destruída e aniquilada. Ela é aniquilada pelo homem, mas, também, um repositório de outras coisas: amor, ódio e vingança e uma total sujeição ao homem que se estende a todos os aspectos de sua vida material, psicológica, emocional ou moral. A seu tempo, Taha Hussein mostra alguma simpatia para com a mulher, mas seu sentimento é sempre o de um árabe convencional, a piedade condescendente de um macho poderoso e superior que olha do alto de seu pedestal para a fêmea mais fraca e inferior, lá embaixo. Descreve a luta sexual entre Amna e o engenheiro. O macho lutando com todas as armas e poder à sua disposição contra a fêmea que é vencida, subjugada e quebrada de antemão, uma luta que ilustra quase perfeitamente todos os matizes de uma relação sadomasoquista tanto no herói como na heroína.

Nas obras literárias de Naguib Mahfouz, talvez o mais célebre de todos os escritores egípcios, a mulher continua sendo "uma mulher", seja pobre, seja rica, ignorante ou culta. Do começo ao fim, ela é fundamentalmente a mesma, uma vez que sua honra não vai além de um hímen intacto e uma casta vida sexual. Na maioria dos casos, sua queda e a perda de sua honra se realizam pela pobreza. Isso constitui, talvez, um passo adiante, uma vez que antes de Naguib Mahfouz, os autores masculinos atribuem a perdição de suas heroínas a seus instintos mais baixos, suas paixões (no sentido de desejo sexual), sua fraqueza feminina ou a deficiência de mente ou cérebro. Ao contrário, para Naguib Mahfouz, os pecados das mulheres são atribuídos a razões econômicas (pobreza). Apesar disso, sua concepção de honra permanece a mesma e seu reino continua concentrado na área limitada dos órgãos genitais externos.

Apesar de Naguib Mahfouz ser progressista no que diz respeito à justiça social, sua atitude e conceitos em relação à mulher não diferem muito dos de seus predecessores. Ele lhe concedeu o direito à educação e ao trabalho ajudando o pai ou o marido e dando uma contribuição à renda da família, sob a condição de não ultrapassar os limites da moral e da religião (moral no sentido da família patriarcal) e o padrão duplo em vigor na sociedade em que um homem e uma mulher se unem em amor ou relação sexual, mas, segundo o qual, só a mulher é passível de ser considerada desonrada ou decaída. Mahfouz, às vezes, torna-se de entusiasmo e, pelas palavras de seus personagens, exorta à construção de uma sociedade socialista e imagina um estilo de vida mais humano e próspero: "A esperança de ser capaz de realizar o que ele sonhara em sua imaginação, sem transgredir os preceitos da religião, trouxe um sentimento de felicidade a seu coração."[22]

Era inevitável que Naguib Mahfouz fosse presa de contradições insolúveis. Ele permite à mulher trabalhar e ganhar na sociedade e ao mesmo tempo nega sua liberdade individual. Permite-lhe amar, mas a estigmatiza como uma mulher decaída, se ela realmente se casa. Considera o casamento a única legítima e permissível relação entre um homem e uma mulher, mas, quando uma mulher pensa em termos de casamento, ele a acusa de conservadorismo, precaução e incapacidade para o amor. Um de seus heróis, comentando o desejo de sua namorada de contratar casamento com ele, diz: "Ela quer me desposar, não quer me amar. Este é o segredo de sua precaução e frieza."[23] De vez em quando, ele a descreve como um animal sem cérebro ou crença religiosa e, em outras ocasiões, vê nela a fonte de todo o poder expresso nas coisas deste mundo: "Nenhum movimento emana de um homem a não ser que, por detrás dele, haja uma mulher. O papel desempenhado pela mulher em nossas vidas é semelhante àquele que desempenham as forças da gravidade que se estendem entre as estrelas e os planetas."[24]

Separação entre amor e casamento foi resultado de um conceito herdado de remoto passado que glorificava *el hob el ozri* ou amor romântico e que considerava o casamento, do qual o sexo faz parte, relativamente pecaminoso. Isso levou à divisão das mulheres em duas categorias: a fêmea caracterizada pelo poder de sedução e paixão sexual e a mãe pura, virtuosa, virgem destituída de sexo ou paixão.

A literatura árabe é tecida, do começo ao fim, de inúmeros exemplos dessas duas opostas e contraditórias categorias de mulheres. A mãe simboliza um amor grande e nobre, enquanto a fêmea simboliza um tipo degradado de amor. O sagrado respeito com que os homens árabes envolvem suas mães aparece claramente em canções, poemas, novelas e cultura.

A esperança da vida da maioria das heroínas é legitimar sua existência pelo casamento. O mundo da mulher limita-se a pensar nos homens e sonhar com um marido. Depois do casamento, a mulher se ocupa exclusivamente com a arte de segurar seu marido. A mãe treina sua filha no

---

22 Naguib Mahfouz, *Bidaya Wa Nihaya*, p. 302.
23 *Ibid.*, p. 298.
24 Naguib Mahfouz, *El Sarab* (Maktabat Misr), p. 310.

aperfeiçoamento dessa arte e lhe diz: "Você deve ser uma nova mulher para ele, a cada dia, uma mulher desafiante, tentadora e sedutora."[25]

O homem que se casa com uma mulher que trabalha fora possui uma forte personalidade e é autoconfiante, no entanto, é visto como um fraco e dominado por sua esposa[26]. Ele é qualificado como alguém que se opõe a sua mãe que sempre o preveniu contra permitir a sua esposa a sair para trabalhar. Naguib Mahfouz descreve este marido como um fracassado porque leva uma vida em que as decisões ficam com a mulher, que detém a autoridade.

Naguib Mahfouz retrata a mulher, Rabab, como tendo amor verdadeiro por seu marido e nutrindo paixão por um outro homem. Ela trai seu marido com o amante, e o autor não a perdoa, e a faz morrer durante um aborto.

Para o homem, a mulher feminina representa perigo e um antigo medo, ambos relacionados com sexo. Ele, portanto, a quer pura como sua mãe, em outras palavras, não uma fêmea, mas passiva e fraca como um anjinho. Ao mesmo tempo, ele ancora em seu peito um ardente desejo pelas fêmeas. O poder de sedução e encanto da mulher o cativa, mas tem medo dessas qualidades porque, quando defrontado com elas, sua resistência cai por terra.

A maior parte dos escritores árabes contemporâneos mostra ódio pelas mulheres audazes e emancipadas. O herói de um dos livros de Abdel Hamid Gouda El Sahar sente asco ao ver sua amada Kawsar em trajes de banho. "Seu sangue lhe subiu quente à cabeça e foi tomado por um sentimento de impaciência e aversão. Ela lhe pareceu superficial e repugnante."[27]

A maioria das histórias e novelas retrata o homem de tipo conservador, dominado pela repulsa quando se defronta com uma mulher culta que se mistura livremente e dança com homens. Contudo, ao mesmo tempo, ele é tomado por igual se não maior repulsa quando está na presença de uma mulher cujo rosto se esconde por detrás de um véu ou que vem de uma família pobre e pode ser desencaminhada por causa de sua pobreza. A mulher culta e emancipada, entretanto, a seus olhos cai muito mais baixo do que qualquer outra só porque é liberada. Dilacerado por todos os lados por essas forças conflitivas, suas defesas desmoronam completamente e ele acaba num estado de confusão: "Ele se sentiu como se tudo tivesse

---

25 El Mazni, *Ibrahim El Thani*, p. 52.
26 Naguib Mahfouz, *El Sarab*, p. 249.
27 Abdel Hamid Gouda El Sahar, *Kalifat El Zamam* (Maktabat Misr, Cairo), p. 325.

ruído ao seu redor e enveredou cegamente pela estrada como alguém que está perdido. Profundamente, em seu coração, se manifesta o sentimento de estar cercado por um mundo estranho e hostil."[28]

Os homens árabes estão tornando-se cada vez mais inseguros e confusos com o crescente número de mulheres que procuram e encontram emprego fora de casa e estão participando ativamente da vida da sociedade. Esse movimento para fora do aprisionamento doméstico tomou importância especialmente depois que as ideias socialistas começaram a se espalhar pelos países árabes. A literatura árabe já começou a refletir essa crescente tendência e os conflitos e problemas que dela se originam. Os homens tendem a apoiar a ideia de as mulheres procurarem uma carreira ou emprego e buscar trabalho para ganhar dinheiro, mas, para eles, isso continua sendo simplesmente uma ajuda para sustentar as responsabilidades financeiras da família e deveria ser apenas uma função secundária para a esposa, cujo papel principal é cuidar do marido e dos filhos. A mulher ideal das novelas é ainda a bela, quietamente angelical e obediente fêmea que não mostra nenhuma especial ambição ou altivez. A mulher perfeita é pura, doce e gentilmente sem pretensão como sempre foi. Uma mulher com coragem ou ambição, de olhos bem abertos e que mostra audácia e força, é ainda considerada feia, repulsiva, grosseira e vulgar. Em outras palavras, ela simboliza a prostituta, a fêmea decaída e degradada.

A divisão das mulheres em duas categorias separadas é muito clara nas obras de Naguib Mahfouz e especialmente em sua famosa *Thoulathia* (*Trilogia*). Neste romance, temos o papel da pura e virtuosa Amina e seu polo oposto, a prostituta Hania Om Yasseen. Outros personagens são a bela, retraída e tímida Aisha, cujo oposto é a feia, altiva e imprudente Khadiga. O romance também apresenta dois tipos de amor, o amor romântico e *hob ozri*, em que santidade e pureza reinam supremas e, de outro lado, as paixões, do sexo e da sensualidade, proibidas e pecaminosas, como encarnadas nas vidas das prostitutas e cadelas degradadas.

Os escritores árabes, portanto, têm copiado a categorização das mulheres institucionalizadas pelo sistema patriarcal. Pois neste sistema a mulher pertence ou a uma categoria composta de mães puras, sagradas e frígidas, castas e respeitáveis esposas, ou à categoria que agrupa a prostituta, a amante, mulheres quentes, apaixonadas e sedutoras, mas desprezadas.

---

28 Abdel Hamid Gouda El Sahar, *El Nikab* (Maktabat Misr), p. 284.

Naguib Mahfouz tentou usar a agressão sexual como um símbolo de agressão contra uma nação ou um povo. Na mesma noite em que Yaseen decide violar a empregada negra de sua esposa, o pai força a vizinha Om Maria a dormir com ele, enquanto as tropas britânicas invadem o distrito de Cairo, onde ele mora. Mas, apesar desse simbolismo, em nível individual, a honra e integridade da mulher continuam para Naguib Mahfouz algo totalmente diferente da honra e integridade do homem. A honra da mulher é preservada ou perdida, dependendo mais do tipo de relações sexuais que tem com homens do que de outros aspectos de sua vida.

É irônico então que, na literatura árabe, a mulher prostituta desempenhe um papel muito mais importante do que o da mulher pura e virtuosa. É como se a pureza e a virtude não fossem suficientemente atraentes para despertar interesse, seja na vida real, seja nas histórias de homens e mulheres citadas pela imaginação do artista. A prostituta parece simbolizar a mulher real, a mulher sem véu nem máscara. Ela é uma mulher real porque levantou de sua face a máscara da astúcia e já não sente necessidade de fingir que está apaixonada ou simular virtude e dedicação.

A literatura árabe contemporânea está cheia dessas figuras de prostitutas. É esse particularmente o caso dos romances de Naguib Mahfouz, que gosta muito de envolver suas personagens prostitutas em "névoas de humanidade", que são os vapores de seu espírito superior temperado com gentileza e ideias socialistas. Para ele, são as circunstâncias que fazem essas mulheres caírem. Entretanto, sua compreensão da situação delas não se deslocou de uma análise superficial de suas condições sociais para uma conscientização profunda e sensível da tragédia que as mulheres são forçadas a viver, ou uma profunda compreensão dos fatores reais que têm feito delas vítimas de inexorável injustiça.

Autores árabes e homens de letras do passado ou do presente não têm sido capazes de penetrar na área crucial da tragédia sexual e moral da vida das mulheres e, portanto, têm sido incapazes de exprimir qualquer coisa realmente digna sobre o assunto.

PARTE QUATRO

ABRINDO CAMINHO

18
Pioneiros árabes da libertação feminina

A região leste do mundo árabe caracteriza-se por ter sido o berço das mais antigas civilizações conhecidas da história, tais como a do Egito, da Babilônia e da Mesopotâmia. Essas civilizações, em particular a do Egito Antigo, foram a fonte de uma tradição cultural que o progresso fez chegar até a Europa Ocidental, e de inspiração e conhecimento no campo das Artes e da Ciência a homens e mulheres ocidentais que se empenharam na descoberta humana e a levaram ainda mais avante.

Por sua vez, os árabes foram os iniciadores e os agentes de mudanças profundas e abrangentes que repercutiram até a Espanha no Ocidente e até a Indonésia no Oriente, após o estabelecimento do Império Islâmico. No entanto, apesar de terem prestado profundas e valiosas contribuições à história e ao desenvolvimento da civilização humana, as nações árabes estão incluídas entre as subdesenvolvidas ou em desenvolvimento, rotuladas, com uma grande parte da população da Terra, como nações de Terceiro Mundo.

As forças do imperialismo que, em ondas sucessivas, lançaram-se violentamente sobre o vale do Nilo e sobre as nações árabes, despojaram-nas de grande parte de suas riquezas materiais e culturais.

Essas forças não só ocultaram muitas verdades históricas, como, também, distorceram ou falsificaram as contribuições que grandes pensadores e sábios árabes fizeram à causa do progresso humano e às áreas vitais da Ciência e da Arte. Por isso, contribuições de homens como Ibn Seena (Avicena) e Ibn Khaldoun têm permanecido quase desconhecidas quer no Ocidente, quer no Oriente.

Atualmente, os países árabes são a arena de uma luta contínua sustentada pelo neocolonialismo, uma luta implacável, em todas as frentes, seja ela econômica, política, social ou cultural, nas quais todas as forças e armas são empregadas. Os recursos naturais desses países ainda estão sob o domínio do imperialismo e de grandes multinacionais que sugam de suas terras tudo o que podem oferecer. A grande maioria da população ainda sofre doenças, miséria e ignorância. Todos os dias esse povo vê os bens da terra que lhe pertence serem sugados para que a riqueza se acumule, em proporções jamais imaginadas, nas mãos de uma ínfima minoria que detém o poderio econômico na América e na Europa, e nas mãos de um pequeno número de governantes árabes que continuam a lhes prestar estreita colaboração.

Os povos árabes, homens e mulheres, ainda resistem aos poderes que os privam de seu direito a uma existência humana e pacífica. Continuamente têm eles se insurgido contra governantes reacionários ou lutado para expulsar invasores estrangeiros, como os da Pérsia, Turquia, França, Grã-Bretanha ou da América.

Através dos tempos, o Egito tem permanecido o coração do mundo árabe, não só por sua localização estratégica e sua população, mas, também, por sua longa história na resistência contra o colonialismo e o imperialismo. O Egito tem desempenhado uma liderança revolucionária nas lutas políticas das nações árabes e tem sido um centro cultural de primordial importância.

O Egito e o mundo árabe passaram por muitas décadas sombrias particularmente durante o século XIX, quando as condições desses povos regrediram visivelmente. Os governantes do país, em estreita colaboração com imperialistas franceses e britânicos, impuseram-lhes pesadas cargas. Em todas as esferas da vida econômica, política ou cultural, a parte que coube à mulher foi, como sempre, a mais pesada, pois esta teve que suportar uma dupla carga: a de um sistema de classes patriarcal e autocrático ao mesmo tempo.

Todavia, prolongando-se pela segunda metade do século XIX, fortalecia-se progressivamente a resistência do povo ao jugo estrangeiro e nacional, apesar de fases de retraimento. Essa resistência foi acompanhada de um poderoso despertar e esclarecimento nos campos da Filosofia, do pensamento político e do conhecimento. Gamal El Dine El Afghani foi um dos importantes pioneiros e líderes desse despertar. Com um grupo de discípulos, desempenhou um papel preponderante ao difundir suas ideias progressistas sobre muitas questões importantes. Um de seus discípulos, Ahmed Fares El Shidyak, escreveu *One Leg Crossed Over the Other* (Uma Perna Cruzada sobre a Outra), livro publicado em 1855, e considerado um dos primeiros a apoiar a causa da emancipação feminina. Rifa'a Rafi'i El Tahtawi, outro pensador, insistiu na necessidade de se educar a mulher e libertá-la das incontáveis injustiças a que era submetida. Seus livros *A Guide to the Education of Girls and Boys* (Guia para a Educação de Meninas e Meninos), publicado em 1872, e *A Summary Framework on Paris* (Um Breve Esquema sobre Paris), publicado em 1902, são reconhecidamente um dos marcos na causa da mulher.

Esses pioneiros defenderam amplamente um movimento árabe popular contra o imperialismo e apelaram ao povo árabe para que lutasse implacavelmente contra as limitações impostas a sua independência e liberdade. Suas ideias patrióticas e liberais haviam-nos levado a compreender que a causa da emancipação feminina era uma das frentes decisivas na luta contra o subdesenvolvimento, o colonialismo estrangeiro e as forças reacionárias internas.

Entre os líderes mais destacados desse reavivamento intelectual e cultural estão Abdaliak Nadeem e o xeque Mohammed Abdou, que contribuíram substancialmente para as tendências progressistas no Egito e nos países árabes. Em diversas ocasiões, o xeque Mohammed Abdou criticou em seus escritos a posição de inferioridade atribuída à mulher e se manifestou abertamente contra a prática do casamento polígamo e a do divórcio sem restrições, considerados como direitos naturais do homem. Também defendeu a abolição do concubinato e da escravidão feminina e sustentou o princípio de igualdade entre homem e mulher como sendo a essência dos valores islâmicos.

Como consequência de suas ideias, o xeque Mohammed Abdou foi alvo de violentos ataques por parte de autoridades e pensadores religiosos. Mas ele não retrocedeu nem hesitou em continuar a propagar suas ideias. Para o xeque Mohammed Abdou, uma das principais causas da fraqueza e passividade que dominavam os povos árabes era o atraso da mulher, uma vez que o acesso ao conhecimento e a suas fontes sempre lhe foi terminantemente negado, paradoxalmente ao que é exigido da mulher, tanto pela vida como pela religião. E isso foi conseguido graças a uma impenetrável muralha construída ao seu redor. Num de seus discursos, na Associação Islâmica de Beneficência, ele disse: "Desejamos que nossas filhas sejam educadas, pois Alá, o Todo-Poderoso, assim instruiu: 'A elas são devidas as mesmas boas obras que delas esperamos'. Muitos versículos sagrados repetem a mesma ideia e deixam claro que ambos, homem e mulher, compartilham de realização de deveres perante a vida e a religião. Deixar que nossas meninas sejam vítimas da ignorância e se ocupem de buscas vãs é na verdade um grande crime"[1].

Uma das obras mais importantes sobre a questão da emancipação feminina, *Tehir El Mara'a* (A Libertação da Mulher), publicada em 1900, foi escrita por Kassim Ameen. Dando sequência a esta obra, ele escreveu *El Mara'a El Guedida* (A Nova Mulher), na qual enfatizou a necessidade da educação da mulher a fim de que ela soubesse proteger a família e educar melhor seus filhos. Apesar de se fundamentar tão somente nos ensinamentos do Islã e, portanto, não infringi-los de maneira alguma, esse pensador foi vítima de graves acusações por parte das autoridades religiosas e dos pensadores da Universidade El Azhar. Esses homens foram os sustentáculos do governo de Khedive Ismail, o qual envolveu uma exploração bárbara do povo egípcio e uma tirania sustentada por poderes coloniais. Kassim Ameen também foi objeto da desaprovação e da ira do próprio Khedive e foi severamente criticado por políticos da época, entre os quais o líder nacional Mostapha Kamal. Num artigo do jornal *El Lewa*, em 1901, ele se opôs às ideias de Kassim Ameen sobre a emancipação da mulher. Na verdade, apesar de seu tom ambiguamente patriótico, o jornal *El Lewa* era frequentemente o porta-voz de líderes e intelectuais reacionários ortodoxos. Nessa mesma época, Abdel Hameed Khairi publicou *Solid Arguments in Answer to Kassim Ameen* (Sólidos Argumentos em Resposta a Kassim Ameen), livro em que decididamente se opõe à ideia da libertação feminina. Da mesma maneira, Ahmed El Boulaki escreveu um tratado cujo título é *The Pleasant Companion Exposing the Dangers of Women's Liberation* (O Guia Amigo sobre os Perigos da Libertação Feminina).

Em contrapartida, Ahmed Lofti El Sayed e um grupo de colaboradores expressaram a posição progressista de sua geração no jornal *El Gareeda*. Ao defender a campanha em favor da mulher, recebeu o apoio de: Waley El Dine Yakan, Saad Zaghoul – este veio a ser o líder do Egito após a Primeira Guerra Mundial –, Mohammed Husseen Heikal, Taha Hussein e Salama Moussa[2], Mostapha Fahmy, Farag Antoun, Ahmed El Zayat e também de Mostapha El Manfalouti. Artigos sobre a libertação da mulher tiveram espaços abertos nas colunas dos jornais *El Manar* (O Farol), publicados por Rasheed Ali Rida', A Moktataf e Al Hilal.

---

[1] Abbas El Akkad, *Mohammed Abdou* (Tabet El Tarbiah wal Talin, Egito), p. 299.

[2] Salama Moussa, *Mokadimet El Superman* (*Introdução ao Super-homem*), (Tabat Salama Moussa, Cairo), p. 29.

A mulher árabe participou desde o início na luta pela emancipação feminina. Entre as pioneiras, destaca-se Aisha El Taymouria, que escreveu obras literárias e poesia em árabe, turco e persa. A ela seguiu-se Zeinab Fawaz, que se tornou conhecida por sua poesia e eloquência. Além delas, Malak Helfni Nassef (1886-1918), conhecida como Bahissat El Badia, isto é, "a exploradora do deserto", empenhou sua arte em escrever em defesa dos direitos da mulher. Contemporânea de Kassim Ameen, suas obras foram consideradas como desenvolvimento das ideias de Rifaa El Tahawi, as quais Malak Helfni Nassef via como reformistas, ao passo que Kassim Ameen as apoiava como um apelo à libertação da mulher[3].

Tal foi o talento de Malak Helfni Nassef como escritora que Lofti El Sayed descreveu-a em suas obras como o verdadeiro exemplo de autora que ultrapassou vários autores da mesma época[4]. Ela foi uma lutadora imbatível pelo direito da mulher à educação.

May Ziada, outra pioneira entre mulheres escritoras, conseguiu estabelecer um centro literário no Cairo durante 1915 e 1916, a despeito da rígida ortodoxia reacionária que prevalecia na época. Vários pensadores, escritores e intelectuais árabes e egípcios tinham por hábito participar de debates literários que May Ziada organizava às terças-feiras. Tinha ela apenas vinte anos, porém sua genialidade e maturidade fizeram com que uma respeitável geração de intelectuais e escritores mais velhos se reunisse em seu salão.

De mãe palestina e pai libanês, May Ziada viveu no Egito. Apesar de sua pouca idade e ascendência terem sido obstáculos em sua vida, ela soube não só impor sua personalidade nos círculos literários egípcios, conviver e dialogar livremente com os homens, mas, também, costumava corresponder-se regularmente com eles, numa época em que o véu ainda pesava sobre as faces de muitas mulheres egípcias da mesma camada da sociedade.

Sua vida teve um fim trágico, retrato fiel da crueldade, da solidão e das dificuldades que cercam uma mulher inteligente, sensível e talentosa vivendo numa sociedade machista na qual a fêmea é vista como receptáculo para o desenvolvimento do embrião ou como um corpo moldado para o prazer do macho. May Ziada sofreu uma profunda crise emocional em consequência de seu amor por Abbas Mahmoud El Akkad, o escritor egípcio mencionado anteriormente. O relacionamento entre ambos terminou

---
3   Magdi Nassef, *Aathar Bahithat El Badia* (*Tabat El Mo'assassa El Misria*), p. 35.
4   Ibrahim Abdou, *Tatawur El Nahda El Nissa'eya* (El Aadab, Cairo, 1945), p. 12

em fracasso e em profunda decepção para ela, sobretudo como consequência da atitude retrógrada e confusa de El Akkad perante a mulher.

Após o rompimento, May Ziada viveu em absoluta solidão, apesar de muitos homens a cortejarem. Ela procurava um homem que pudesse entendê-la como ser humano, dotado de razão e emoção, e não como um corpo a ser desejado e usado. Mas jamais encontrou esse homem. Ninguém pôde entender sua tragédia, sua tristeza e a razão por haver se afastado em total isolamento. Pais e parentes a acusaram de loucura e tudo fizeram para interná-la no Hospital Asfouria para doentes mentais no Líbano. Ao entrar, May olhou ao seu redor e disse calmamente: "Não poderiam ter achado uma outra prisão um pouco mais digna que esta?".[5] Suplicou aos dirigentes do hospital para que a deixassem sair, e várias vezes fez greve de fome. A situação permaneceu por vários meses, até que uma junta de médicos eminentes foi convocada para examiná-la. O relatório escrito pelo dr. Martin, um francês, declarava categoricamente que ela não apresentava nenhuma doença física ou mental. Mas a direção do hospital se recusou a dar-lhe alta sob o pretexto de que May Ziada ainda necessitava de cuidados médicos para que sua saúde melhorasse antes de deixar o hospital[6]. Morreu abandonada e incompreendida num pequeno apartamento no Cairo, em pleno vigor de sua juventude. Deixou ensaios, poemas e conferências que havia ministrado no Egito e no Líbano sobre literatura, arte e a emancipação da mulher. Por seu talento excepcional e genialidade recebeu como recompensa solidão, acusações de loucura e morte prematura.

O triste e cruel destino de May Ziada não é muito diferente do destino de qualquer mulher pioneira que tenta mudar as atitudes e o comportamento da sociedade para com a mulher. Também não difere muito do destino de mulheres inteligentes e mesmo geniais – consideradas como bruxas ou feiticeiras – que foram torturadas e queimadas durante a Idade Média sob a acusação de loucura, pecado ou feitiçaria. E em tudo se assemelha ao fim de muitas mulheres brilhantes, cujo prêmio por suas qualidades extraordinárias é a solidão ou acusações de anormalidade, histeria ou loucura.

Em sociedades agrícolas, como a do Egito, a mulher labutou lado a lado com o homem por milhares de anos. A economia e a produção

---

5 Taher El Tanahi, *El Sa'at El Akhira* (Os últimos momentos), p. 111-112.
6 *Idem.*

do país dependiam, portanto, do suor de camponeses e camponesas. Se não fosse pela trabalhadora rural que deixava seu lar todas os dias antes do romper da aurora, os adversários da emancipação não poderiam tomar sua refeição matinal. Contudo, ainda há, nas sociedades árabes, um grande número de homens que não admitem o fato de a mulher trabalhar fora ou se instruir. Argumentam que, se a mulher deixa o lar para ocupar-se dessas atividades, perde a feminilidade – e provavelmente a castidade e a honra.

Invocam-se esses argumentos sempre que se questiona o trabalho da mulher numa sociedade patriarcal e de classes. Nessas sociedades, não é permitido à mulher o trabalho fora do lar, a não ser com o propósito de explorá-la de maneira ainda mais abominável, pois, em muitos casos, ela é uma trabalhadora não remunerada cuja mão de obra gratuita entra como parcela do empenho total da família. Este é o caso da mulher rural que trabalha nos campos como auxiliar de seu pai, marido ou irmão e sob a direção deles.

Por outro lado, a mão de obra feminina na indústria é utilizada como recurso em caso de escassez de mão de obra como geralmente acontece durante as guerras, ou durante as fases iniciais de industrialização, ou ainda quando o capitalista ou o Estado desejam o mesmo trabalho por uma remuneração inferior.

Nos chamados países em desenvolvimento, a mão de obra infantil é utilizada frequentemente como parte da força familiar nos campos, para executar tarefas como a da colheita ou do combate às pragas, ou nas cidades, de modo a aumentar a receita familiar pelo trabalho em pequenas casas de comércio ou oficinas. Em todos os casos, tanto a mulher como a criança, seja em casa ou no trabalho, estão subordinadas à autoridade do homem.

A mulher árabe entrou para as fábricas após a Primeira Grande Guerra, quando a mão de obra masculina se tornou repentinamente escassa. Os países árabes, assim como outros países do mundo, viram-se obrigados a empregar a mão de obra feminina para assegurar que suas fábricas permanecessem abertas e para que sua maquinaria continuasse a operar na velocidade exigida. Um fator também decisivo para a necessidade da mão de obra feminina foi a escassez de bens de consumo importados, que tiveram de ser substituídos por produtos manufaturados no país. Consequentemente, houve uma expansão industrial em muitos países e, portanto, maior demanda de mão de obra.

Essas oportunidades de emprego logicamente atraíram as mulheres e moças mais pobres e carentes. Isso porque, nas classes mais pobres da sociedade, em que se enfrentam continuamente lutas pelo pão de cada dia, não há lugar para sentimentos acerca de tradições e costumes sociais. Portanto, diante da carência de alimentos, as barreiras e os antigos valores sociais perdem sua razão de ser. Um homem da classe pobre operária ou rural vê-se obrigado a comprar antes o pão para alimentá-lo do que um véu com que cobrir o rosto de sua esposa ou filha. A miséria o impelirá a mandar a esposa, filha ou irmã a trabalharem como criadas numa casa onde poderá haver muitos homens, ou como ajudantes em fábricas onde trabalharão ao lado de homens por muitas horas do dia. Nessas circunstâncias, ele não pode se dar ao luxo de meditar sobre tradições e códigos morais que proíbem os sexos de conviverem livremente.

Por essa razão, somente as mulheres das classes média e alta sabem o que é usar o véu ou ficar aprisionadas em suas casas. A necessidade econômica de a mulher trabalhar fora simplesmente não existe nessas famílias.

Nos países árabes, as classes pobres representam a gigantesca maioria da população. As classes feudais e capitalistas, bem como os Estados que defendem seus interesses, aproveitam-se da situação dos carentes e famintos para oferecer-lhes o trabalho mais humilde e mais árduo, pela remuneração mais baixa. Naturalmente, mulheres e crianças levam a pior parte na barganha, e as condições de trabalho, o salário e o tipo de trabalho oferecido estão no último degrau da escala, no fosso mais profundo e desumano. Após um dia de trabalho, o marido volta para a casa e descansa, enquanto a mulher operária não tem tempo para descansar. Ao voltar, ainda deve cuidar do marido e dos filhos. Portanto, a mulher está sempre dividida entre as atividades no trabalho e as obrigações em casa. De um lado, vê-se constantemente ameaçada pela demissão em caso de gravidez; de outro, obrigada a cuidar do filho após o nascimento, e a enfrentar o divórcio se, em algum momento, o marido achar que tanto ele como o lar não estão recebendo o devido cuidado.

No Egito, o primeiro censo sobre a participação da mulher na mão de obra remunerada deu-se em 1914. Havia, na época, somente 20 mil mulheres assalariadas, isto é, 5% do total de trabalhadores. Grande número de moças e mulheres procurava empregos em indústrias e moinhos de descaroçamento de algodão. A jornada de trabalho ultrapassava 14 horas, e o ganho diário era de três piastras, sendo que às vezes baixava para apenas

18 "millimes"[7]. Entretanto, essas poucas piastras eram melhores que a fome que ameaçava tantas famílias. Não havia legislação trabalhista a fim de estabelecer padrões de saúde e segurança que protegessem a mulher. Além do mais, os setores em que as mulheres trabalhavam eram sempre piores que os dos homens. O valor da mulher era considerado socialmente inferior ao do homem. Acostumadas à humilhação e ao desprezo, as mulheres não protestavam nem lutavam por melhores condições. Como consequência de condições de trabalho desumanas, do horário extenso, da exaustão e nutrição inadequadas, a mulher não podia suportar o ritmo de trabalho por mais de quatro ou cinco anos, após os quais já não estava física ou psicologicamente apta para nada. Então, o proprietário do estabelecimento a despedia como se estivesse se desfazendo de uma peça gasta de sua maquinaria. E, uma vez jogada à rua, era imediatamente substituída por uma jovem que havia esperado ansiosamente nos portões da fábrica por sua oportunidade de ganhar um filão de pão e um prato de lentilhas.

Essas infelizes mulheres, exauridas de corpo e alma, no trabalho ou em seus lares, foram as primeiras mulheres a se rebelarem no Egito do século XX. As primeiras a deflagrarem a greve e a ocuparem os recintos das fábricas; as primeiras a marcharem pelas ruas e a exigirem que sua dignidade humana fosse respeitada. Delas partiram as primeiras reivindicações pela redução da jornada de trabalho determinada por lei e pela licença-maternidade assegurada por gravidez e parto. Na época, nenhuma espécie de licença era permitida, e a operária, tão logo tivesse dado à luz, corria à fábrica na manhã seguinte, para que não perdesse o emprego. Às vezes, escondia até mesmo o fato de ser casada, pois só isso já seria razão para que o patrão a demitisse. Mulheres em busca de empregos jamais mencionavam o fato de serem casadas, já que moças solteiras eram sempre preferidas pela gerência. No caso de uma gravidez, talvez inesperada, a operária tudo fazia para ocultá-la o mais cuidadosamente possível, como se houvesse cometido um crime ou estivesse gerando uma criança ilegítima. Em muitos casos, tentava abortar por algum método rural primitivo, introduzindo o talo de um vegetal chamado *mouloukhia* no cerviz do útero. Esse método frequentemente a levava à morte por hemorragia ou infecção.

Nessa mesma época, mulheres das classes mais privilegiadas haviam iniciado a primeira organização de mulheres. Esses esforços começaram a dar resultados em 1923. Contudo, em vista de sua confortável situação

---

7 De acordo com a taxa de câmbio (1980), uma piastra valeria aproximadamente 1 dólar e três centavos; 18 millimes, cerca de 2 centavos.

financeira e do fato de estarem isoladas das classes mais pobres, essas mulheres desconheciam as condições da mulher operária e da injusta exploração a que eram submetidas. Uma das marchas de protesto organizada por operárias teve como desfecho uma reunião na sede da recente Federação das Mulheres, mas as dirigentes aristocráticas responsáveis por tais atividades ignoraram os sofrimentos dessas operárias carentes e se ativeram à questão de se abolir ou não o véu. Evidentemente, isso não entusiasmou as trabalhadoras que, nas fábricas e nos campos, jamais haviam conhecido o que significava usar o véu.

As trabalhadoras das áreas industriais e dos vilarejos rurais constituíam a força feminina que participou ativamente da Revolução Nacional de 1919. Ombro a ombro com os homens, saíram às estradas cortando cabos telefônicos e arrancando os trilhos da estrada de ferro a fim de paralisar os movimentos das tropas britânicas. Algumas participaram de ataques-relâmpagos aos acampamentos e às prisões nas quais estavam muitos dos que haviam liderado ou participado de insurreições. Mulheres foram mortas ou feridas quando as tropas britânicas atiraram contra elas.

Foi das fileiras da massa trabalhadora que surgiram as mártires da Revolução Nacional de 1919. Entre as conhecidas estão Shafika Mohammed, morta pelos britânicos em 14 de março de 1919, Hamida Khalil de Kafr El Zaghari Gamalia[8], Sayeda Hassan, Fahima Riad e Aisha Omar. Porém, centenas de mulheres pobres perderam suas vidas sem que jamais se descobrissem seus nomes.

Operários e camponeses exerceram um papel preponderante no levante de 1919, mas a história e os historiadores uniram esforços para destacar e focalizar os líderes que surgiram dos escalões sociais mais altos. De igual maneira, pouco foi dito sobre as multidões de mulheres menos favorecidas que acorreram à luta nacional sem medir esforços e com a perda da própria vida. Em contrapartida, a contribuição insignificante das líderes aristocráticas recebeu clamorosos aplausos e foi colocada em posição de destaque.

Homens e mulheres egípcios das classes baixas muito pouco tiveram a ganhar com a Revolução de 1919. Nada mais foram do que combustível para as chamas que a revolução queimou e consumiu em sua conflagração. Os frutos de seu sacrifício e os benefícios de sua luta revolucionária

---

8 Abdel Rahman El Rafi'i, *Fi Aakad El Sawra El Masria*, v. 1 (Maktabat El Nahda El Masria, Cairo, 1959), p. 211; Doria Shafik, 1955, p. 119.

foram para a classe alta, assim como o crédito que lhe havia sido atribuído anteriormente.

Repetiu-se no movimento pela emancipação feminina o que ocorreu durante a luta política contra os britânicos, pois não foi representativo da esmagadora maioria de trabalhadores e a sua liderança, tal qual no movimento político se desfez mediante a condescendência para com as britânicos, o Palácio e as forças reacionárias da nação. O movimento feminino foi, portanto, um mero fantoche a servir a interesses governamentais e de partidos reacionários. Distanciou-se de um envolvimento ativo na vida política nacional e limitou-se a atividades filantrópicas e de fundo assistencial[9].

Em 1923, como mencionei anteriormente, Hoda Shaarawi fundou a Federação das Mulheres, que obteve êxito ao elevar para 16 anos o limite de idade para moças se casarem, mas não conseguiu modificar as leis sobre casamento, divórcio etc. nem sobre o direito ao voto, apesar de insistentes esforços sob o comando de Hoda Shaarawi e Cesa Nabarawi. Desde o início da federação, 53 anos se passaram sem que nenhuma meta tenha sido atingida, pois faltou-lhe o apoio e a participação ativa das mulheres. As leis sobre o casamento, no Egito, ainda permitem ao homem divorciar-se da mulher quando bem lhe apraz e se casar com várias mulheres.

Alguns países árabes, no entanto, adiantaram-se ao Egito e desenvolveram uma legislação que reflete mais claramente a situação de transição da mulher árabe. No que diz respeito ao voto, a mulher egípcia não obteve esse direito até que a Constituição de 1956 fosse promulgada sob o regime de Nasser. Esta foi uma conquista vinculada à vitória contra os ingleses, franceses e a invasão do Egito por Israel, bem como a nacionalização de capitais estrangeiros e uma série de benefícios sociais às classes desfavorecidas.

O Egito não foi o único país árabe no qual a mulher participou ativamente na luta contra o imperialismo estrangeiro e a opressão interna. A mulher em todo o mundo árabe lutou ombro a ombro com o homem pela libertação nacional e pela justiça social. As mulheres sírias, em 1914, entraram para sociedades secretas que se opunham às tentativas de mudança na administração e na vida nacional a fim de se enquadrarem nos padrões turcos. Em 1919, a cidade de Damasco presenciou a primeira demonstração de mulheres contra a ocupação francesa, sendo que naquela ocasião elas foram repetidamente atingidas pelas armas das tropas.

---

9   Mohammed Anis, El Sayed Ragab Haraz, *El Tatawour El Siassi Lilmogtama El Masri El Haddith*, Cairo, p. 190-1.

Por sua vez, mulheres palestinas empunharam armas ao lado dos homens, na resistência popular contra a ocupação israelita de terras árabes.

No Iraque, a mulher desempenhou uma função significativa contra o imperialismo e as intrigas reacionárias da família real, além de contribuir ativamente para acelerar as transformações sociais do país. As iraquianas gozam dos mesmos direitos políticos que os homens, sendo que a uma mulher é sempre designada uma pasta dentro dos diversos ministérios.

Em outros países, como na Jordânia, as mulheres têm organizado a luta nas frentes sociais, políticas ou econômicas, apesar do rígido cerceamento das liberdades democráticas e das restrições impostas à atividade política. Em inúmeras demonstrações, as jordanianas enfrentaram corajosamente a polícia e as Forças Armadas não só na defesa de prisioneiros políticos sob o regime do rei Hussein, mas, também, das guerrilhas palestinas cercadas pela polícia e por outras forças.

As sudanesas têm uma tradição eminente em seu passado. Constituíram uma força destacada no movimento nacional de libertação contra os ingleses e souberam construir uma federação poderosa e ativa, com profundas raízes nas mulheres urbanas e rurais. Tornaram-se conhecidas pela posição lúcida e de vanguarda sobre questões fundamentais que afetavam o futuro do Sudão e das sudanesas. Muitas dessas mulheres deram suas vidas pela causa de seu povo e pela emancipação de suas irmãs em cidades e aldeias. Muitos hão de lembrar Fátima Ibrahin.

Em 1943, mulheres libanesas organizaram imensas demonstrações nas ruas de Beirute e em outras cidades, em protesto à prisão de líderes políticos efetuada por autoridades francesas. Argelinas de todas as posições sociais e esferas de atividade engajaram-se na revolução contra a ocupação francesa. A terra de um milhão de vítimas foi também a de centenas de mulheres mártires que, mesmo diante da dor e da humilhação, enfrentaram com heroísmo (feminino) as torturas mais selvagens, cruéis e sofisticadas que somente países sob a ocupação nazista, e o que uma vez foi o Vietnã do Sul, chegaram a conhecer. Gamila Abou Heraid e Gamila Abou Azza são apenas duas entre muitas.

As palestinas têm conservado as mesmas tradições e espírito combativo que suas irmãs argelinas. As tribulações e a miséria de um povo sem pátria e sem-terra nos últimos 30 anos, oprimido e injustiçado pelos ingleses, mesmo quando a sua terra ainda lhes pertencia, forjaram gerações de homens e mulheres conhecedores do que seja o sacrifício e a capacidade de resistir. Na calada da noite, as palestinas se embrenharam por terras ocupadas pelos israelitas e efetuaram ataques armados com o intuito de manter vivo o ideal de uma Palestina árabe. Elas organizaram uma resistência secreta às autoridades militares e administrativas e participaram, às centenas, onde quer que pudessem manifestar sua revolta, em Jerusalém, Nablis, Rafah, El Khalil ou em Bissan.

Diariamente, jovens e mulheres se alistam voluntariamente ao Exército para a Libertação da Palestina, para servirem tanto nas Forças Armadas como nos serviços de assistência médica e social. Elas já perderam tudo, então o que deveriam temer? A extensa lista de mártires serviria para encher as páginas de todo um capítulo, mas entre as mais conhecidas estão Leila Khalid, Fátima Bernaw, Amina Dahbour, Sadis Abou Ghazala e outras cujos feitos intrépidos um dia serão admirados pelas futuras gerações de jovens e mulheres.

Em todos os recantos do mundo árabe, a mulher vem protestando, lutando e resistindo. Na República Democrática do Iêmen, onde goza dos mesmos direitos do homem, ambos trabalham unidos a fim de construir uma nova sociedade, livre da opressão e da exploração. No Kuwait e no Marrocos, na Líbia e na Tunísia, em maior ou menor escala, as mulheres contribuem com sua compreensão, firmeza e altruísmo para a causa da justiça, da liberdade e da paz. Em alguns países árabes, elas já adquiriram novos direitos dentro da sociedade e da família. Foram promulgadas novas leis abolindo a poligamia e concedendo igualdade ao homem e à mulher com relação ao divórcio.

A mulher tem agora o direito ao voto em grande parte dos países árabes. Contudo, apesar das novas oportunidades que surgem, bem poucas podem aproveitá-las para participar da política ou se apresentarem como candidatas às eleições. No Egito, a porcentagem de mulheres que vão às urnas é de apenas 0,53% dos votos totais estimados nas eleições gerais!

Torna-se cada vez mais claro que o reconhecimento do direito da mulher ao voto ou a uma participação ativa na vida política não gera por si só mudanças mais profundas na situação da mulher nas faixas mais humildes da sociedade. Mesmo que votem maciçamente ou se abstenham de votar, mesmo que consigam integrar o parlamento ou não tenham acesso a ele, a situação da mulher pobre melhora muito pouco. Ela continua a ser vítima da exploração, serva do marido e prisioneira da classe a que pertence. Mesmo que uma organização feminina poderosa ou um movimento radical possa colher os benefícios de novas leis, é limitado o progresso que a mulher pode alcançar.

Jamais em país algum a mulher conseguiu direitos de igualdade apenas porque seus direitos políticos lhe foram concedidos. Enquanto persistirem os sistemas feudais, capitalistas e paternalistas, nem o clamor dos protestos na rádio, na televisão ou em demonstrações públicas, nem o soar dos címbalos ou dos tambores, nem estandartes erguidos ou discursos inflamados sobre os direitos democráticos e a liberdade da mulher poderão modificar o uso do voto feminino contra os interesses autênticos da mulher, assim como o voto do trabalhador e do camponês é usado frequentemente contra seus interesses.

A Revolução Egípcia de 1952 concedeu aos trabalhadores e camponeses 50% das cadeiras na Assembleia Nacional, mas nenhuma foi reservada à mulher. Os representantes dos trabalhadores e camponeses detêm o privilégio de controlar metade do poder parlamentar eleitoral. Apesar disso, os autênticos representantes da classe trabalhadora quase nunca chegam a ser eleitos. Contraditoriamente, são os representantes das classes privilegiadas que ocupam cadeiras em nome do operariado e do trabalhador rural, as quais não lhes pertencem por direito. Mil subterfúgios são usados nesse passe de mágica. A definição do que seja o operário ou o camponês é tão vaga e elástica que tem permitido que grupos da classe alta se apresentem sob a máscara de operários e camponeses.

O resultado provavelmente seria o mesmo se um certo número de cadeiras fosse reservado às mulheres. As mulheres da aristocracia que apoiam o *status quo* teriam grandes probabilidades de ser eleitas ou, quem sabe, os homens disfarçados de mulher talvez pudessem se esgueirar dentro do grupo feminino!

Qualquer mudança só poderá dar frutos se apoiada numa sólida organização militante, em partidos progressistas democráticos e numa sociedade ativa em movimentos que reivindiquem mudanças sociais. Nesse sentido, os direitos legais e políticos para a mulher podem ser de valia se escudados por um movimento popular revolucionário. Apesar de termos tido uma mulher ministra de gabinete desde 1962 e seis mulheres membras parlamentares, a grande maioria das egípcias ainda é pobre, ignorante, analfabeta e debilitada por doenças, labutando dia e noite nas fábricas, nos escritórios, nos campos e nos lares. Elas levam uma vida de fadiga desumana e impiedosa, vítimas da dominação autocrática do pai, do marido, do irmão ou de qualquer outro homem da família. Mesmo a reduzida minoria de mulheres (geralmente, da classe média) que recebeu educação secundária ou universitária ainda está presa a antigas tradições. Ela está sujeita aos caprichos do homem ou dos homens da família e ao peso de uma nova carga, a de um trabalho de período integral ou de meio expediente, com todo o esforço extra que isso significa.

Enquanto os assuntos do Estado ou do poder administrativo forem delegados à mulher dentro de uma estrutura social de classes, baseada no capitalismo e no sistema familiar patriarcal, homens e mulheres ainda hão de permanecer vítimas de exploração. Se uma mulher substituísse Nixon, Ford ou Carter na presidência dos Estados Unidos, dentro da estrutura social, tal como existe, o capitalismo imporia sua exploração (do homem), seus objetivos expansionistas e sua orientação agressiva. E os valores patriarcais dominariam a vida da mulher. Quando Golda Meir tornou-se primeira-ministra de Israel, nada mudou para homens e mulheres, e a orientação política de Israel continuou a ser agressivamente sionista e imperialista. Bandaranaike foi a primeira-ministra de Sri Lanka e Indira Ghandi da Índia, mas isso em nada contribuiu para abolir o sistema patriarcal ou para salvar a mulher das garras da exploração na sociedade e no lar.

Quer seja nos países árabes, no Ocidente ou no Oriente, a libertação completa e verdadeira da mulher só existirá quando a humanidade extinguir definitivamente a sociedade de classes e a exploração e quando o sistema patriarcal com seus valores estruturais e vestígios for erradicado da vida e da mente do povo. Em outras palavras, a mulher só se tornará verdadeiramente liberada num sistema socialista no qual não existam classes e, acima de tudo, onde conceitos e legislações patriarcais sejam eliminados.

Tais mudanças fundamentais ainda não ocorreram em nenhum país, nem no mundo árabe nem em nações que escolheram o caminho socialista. Nessas, apesar da situação da mulher ter sofrido profundas mudanças, a herança do patriarcalismo ainda trava as últimas batalhas.

Contudo, a libertação da mulher está na ordem do dia e esse movimento ganha forças sem precedentes em todas as partes do mundo. Entre as medidas mais importantes decorrentes da Revolução Egípcia de 1952, destacam-se aquelas relacionadas à fixação de um teto para a posse de terras, às severas restrições quanto à posse de latifúndios e à exploração feudal, bem como à nacionalização de bancos, seguradoras e grandes corporações.

O Decreto Nacional de 21 de maio de 1962 contina um dispositivo legal extremamente importante e significativo não só para a mulher, como para toda a sociedade: "É urgentemente necessário que sejam abolidas as algemas e a repressão que ainda restam e que limitam drasticamente a livre ação da mulher, a fim de que ela possa efetivamente participar na construção de uma nova vida".

Desde o despertar da revolução, um número cada vez maior de jovens e mulheres tem buscado a educação secundária e universitária. O fluxo crescente de mão de obra feminina tem penetrado vários setores da atividade produtiva, administrativa e de serviço público. No entanto, os grilhões ainda cerceiam a grande maioria das mulheres egípcias.

A mesma situação prevalece nos países árabes onde a propaganda socialista é divulgada e programas socialistas são implantados, e onde decretos ou leis nacionais salientam a necessidade de se removerem todos os obstáculos que privam a mulher de participar livremente da sociedade e limitam suas oportunidades de trabalho lucrativo e proveitoso. É o que acontece no Sudão, no Iraque, na Argélia, na Somália, no Iêmen do Sul e na Síria. Para que uma política socialista consistente fosse seguida, os governos desses países teriam que promulgar algo além de uma legislação econômica, visando a garantir a justiça social. Seriam necessários novas leis e regulamentos quanto ao relacionamento entre homens e mulheres com o fim de abolir o domínio do homem sobre a mulher em todos os setores da vida e assegurar à mulher o exercício de todos os direitos econômicos, sociais, morais e pessoais de que goza o homem, além de livrá-la do pesado encargo das tarefas domésticas e da criação dos filhos.

Contudo, nenhum país árabe tomou alguma medida nesse sentido até agora. Em alguns deles, foram impostas restrições quanto ao direito do homem ao divórcio ou à liberdade para casar-se com várias mulheres. As leis sobre casamento, divórcio, paternidade, herança e tutela dos filhos continuam a garantir ao homem uma posição preponderante em quase todas as nações árabes.

A mulher árabe já adquiriu novos direitos na sociedade e na família não só como decorrência da atitude esclarecida de alguns governantes e intelectuais e como reflexo de novas necessidades econômicas e sociais, mas, também, graças à crescente conscientização da mulher, à elevação do seu nível de educação e à maior participação no trabalho e nos ganhos que são característicos de novas situações. No entanto, essas mudanças não atingiram a maioria: milhões de trabalhadoras pobres e analfabetas continuam a conciliar o trabalho árduo e exaustivo fora do lar com o fardo dos cuidados com o marido e muitos filhos. Milhões ainda baixam a cabeça em obediência às leis do casamento e do divórcio. Dentro e fora da família, ainda permanecem sujeitas aos grilhões de tradições ultrapassadas e aos padrões de dupla moral que marginalizam e punem só a mulher e a fazem carregar sozinha o sofrimento de um relacionamento conjugal desumano, da anarquia sexual e dos caprichos do homem. Milhares de mulheres ainda aturam a sede masculina por mais de uma esposa ou concubina e a ameaça de divórcio que paira sobre suas cabeças como a espada de Dâmocles; suportam as tragédias associadas à virgindade, à castidade, à honra e à circuncisão; sofrem o temor de engravidar e gerar filhos quer dentro, quer fora do casamento; problemas e riscos do aborto ilegal; e mesmo as preocupações quanto ao controle da natalidade, as quais o homem geralmente se recusa a compartilhar.

Sem dúvida, os problemas da mulher árabe diferem de acordo com a classe a que pertence. Eles se agravam à medida que a mulher desce na escala social. No entanto, determinados problemas são comuns a todas as mulheres: por exemplo, o casamento e o divórcio. Desde o momento em que se casa, a mulher passa a viver sob o espectro do que se conhece como a "lei comum". Podemos afirmar com segurança que, pelo menos no Egito, essa lei não tem recebido a devida atenção de nenhum homem ou grupo de homens ligados à liderança política dos círculos dominantes do país, seja antes ou depois da Revolução de 1952. A lei comum, até hoje, sempre foi domínio exclusivo das autoridades do Ministério do Bem-Estar Social ou de um reduzido número de mulheres da classe alta dentro de suas várias instituições ou grupos.

Além do mais, algumas líderes que fazem parte da Assembleia do Povo (Assembleia Nacional ou Parlamento) têm-se afastado permanentemente dos debates e das atividades ligadas a essas leis na tentativa de não serem taxadas como bitoladas ao se dedicarem a meros "problemas de mulher", ou de serem consideradas incapazes de enfrentar as forças reacionárias religiosas e ortodoxas firmemente estabelecidas em muitos setores da sociedade. Mesmo aos políticos que se dizem de tendências socialistas, faltam a seriedade e a compreensão necessárias diante dos assuntos ligados à libertação da mulher ou à lei comum. Acham eles que questões sobre o relacionamento entre homem e mulher nada têm a ver com a "alta política" ou "grandes problemas sociais". Contudo, não deixam de ser participantes entusiastas de qualquer reunião eleitoral ou de qualquer discussão banal no partido socialista ou na Assembleia do Povo. E se aglomeram avidamente em recepções e festas tão frequentes na vida diplomática.

Todavia, a "alta política" e as "grandes questões sociais" jamais são decididas nas salas de reunião, nos corredores ou nos salões pelos quais esses homens e mulheres têm tanta predileção. Elas têm sua base nos incidentes e pormenores banais do dia a dia de milhões de homens e mulheres. Dependem, por exemplo, da nossa capacidade de assegurar que não existam vestígios de sangue na urina dos camponeses, quando pela manhã eles saem para os campos, pois sabemos que a bilharzíase é responsável por um prejuízo econômico correspondente a 50% da renda nacional. A alta política se apoia também na nossa capacidade de prover ao trabalhador ou trabalhadora, antes de sair para o trabalho, uma refeição matinal composta de queijo e *foul* (espécie de feijão de elevado conteúdo proteico), para que possam permanecer diante de uma máquina sem cansaço indevido. E está na dependência do marido não bater em sua mulher todos os dias antes de ela sair para a roça e não aleijá-la. Depende da trabalhadora que usa o transporte coletivo não ser maltratada ou violentada, da esposa poder recusar o sexo com seu marido quando cansada ou doente, do homem importar-se com os filhos e não fugir para os braços de uma outra esposa ou concubina.

Esses acontecimentos do cotidiano, aparentemente simples e banais, como comer, urinar, fazer sexo, sair para o trabalho todas as manhãs e andar de ônibus ou bonde, são coisas de que são feitos a sociedade, o sistema e o Estado. São a matéria da política, os elementos da "alta política" sobre "grandes questões", são aspectos de lutas importantes e de slogans retumbantes sobre o progresso humano e a civilização. Aqueles que se engajam na "política", mas desprezam essas questões, estão longe de conhecer o significado da palavra "política". Os camponeses não conseguem trabalhar e produzir eficientemente se sofrem dores e sangram toda vez que vão ao banheiro. Um operário ou uma operária não pode produzir tranquila e eficientemente se não estiver sexualmente satisfeito. Uma esposa não pode participar construtivamente da vida da sociedade se for oprimida sexual e emocionalmente.

Em outras palavras, seres humanos não conseguem trabalhar, criar e produzir se não lhes é permitido pensar livre e sadiamente sobre sexo, vivenciá-lo profundamente e praticá-lo com compreensão. Quando as pessoas pensam, sentem ou praticam, há sempre repercussões econômicas na maneira como elas fazem essas coisas. Portanto, é impossível separar a vida sexual e emocional das pessoas de sua vida econômica. Qualquer separação é artificial e fatalmente levará a ideias incompletas, superficiais e distorcidas. A história da raça humana não foi construída apenas pela atividade econômica, como querem crer alguns socialistas, nem pelo instinto sexual ou por relacionamentos sexuais, como freudianos tentam defender, mas por uma combinação e inter-relação igual de ambos, nas quais cada um ocupa o mesmo nível e tem a mesma importância.

O prestígio ou o valor de um político socialista, portanto, não será diminuído por ele se interessar na causa da libertação feminina ou pelas leis comuns do casamento e divórcio. Pelo contrário, um dos critérios fundamentais pelo qual um autêntico socialista é avaliado é justamente sua atitude para com a mulher e a causa da libertação. Quanto mais socialista, mais humana é a pessoa, e maior será sua preocupação com a situação da mulher.

Mudanças na lei não são suficientes para gerar uma verdadeira libertação. Uma lei nada será além de palavras mortas a menos que o povo se organize e realize os esforços necessários nas áreas cultural e política, a fim de garantir não só uma mudança radical nas instituições que governam a vida de homens e mulheres, mas, sobretudo, a abolição do sistema patriarcal, das tradições e dos valores que ele tem mantido.

18 O trabalho e as mulheres

Por milhares de anos, a sociedade aprisionou a mulher entre as quatro paredes do lar e a encarregou da função de servir à família, ao marido e aos filhos sem outra remuneração exceto a alimentação, o vestuário e um teto sobre sua cabeça. As exceções a essa regra têm sido somente mulheres operárias, camponesas, servas e escravas. A mulher obrigada a viver confinada em seu lar nunca saía de casa a não ser que houvesse uma razão muito forte para fazê-lo, tal como uma doença grave que tivesse que ser tratada em um hospital. Neste caso, escondia sua face atrás de um espesso véu e era acompanhada por um homem da família. Podia acontecer, às vezes, que ela estivesse em seu leito de morte e o marido, apesar disso, recusasse permitir que um médico do sexo masculino a examinasse.

Rigorosa segregação entre os sexos, em voga em certas classes da sociedade, levou ao desenvolvimento das ocupações e vocações femininas cuja finalidade era prover e servir às mulheres enclaustradas das classes média e alta. Uma das principais dessas vocações foi a de enfermeira, sendo que as que exerciam essa profissão eram quase exclusivamente provenientes das classes mais pobres, visto que uma moça ou uma mulher trabalhar fora de casa era considerado uma vergonha e desonra para a família que se supunha ser capaz de sustentar e vestir as mulheres. Soberanos árabes estabeleceram escolas para parteiras e enfermeiras de forma que aquelas que ali tivessem sido treinadas poderiam dedicar-se ao serviço das mulheres das classes superiores. Por exemplo, Mohamed Ali, o soberano do Egito, em meados do século XIX, observou que as famílias de classe superior tinham necessidade do serviço de enfermeiras e parteiras e, com esse propósito, comprou algumas jovens escravas sudanesas negras e confiou a um francês, chamado Clot Bey, a tarefa de treiná-las na arte da Medicina e da cirurgia[1]. Isso serviu para complementar o serviço dos eunucos (escravos castrados) que foram os primeiros estudantes da escola de

---

1   Ahmed Ezzat Abdel Kerim, *El Taaleem fi Ahd Mohammed Ali*, Maktabat El Nahda El Masria, 1938, p. 297.

parteiras anexa à Escola de Medicina de Abou Zaabal. Naquele tempo era considerada uma afronta pública à moralidade uma mulher aparecer nas ruas. Portanto, não surpreende que, quando a escola de enfermeiras e parteiras começou a ensinar alguns elementos de anatomia do corpo humano a suas estudantes femininas, os egípcios mostrassem sua indignação contra o fato de ensinar a moças um assunto que estava em completa contradição com o que era considerado, então, o código de moralidade[2].

Em 1842, estabeleceu-se a primeira escola de parteiras no Egito. A ela se seguiu, 31 anos depois, a primeira escola primária para meninas, chamada El Seyoufia, aberta em 1873. Suas alunas eram, no começo, jovens escravas brancas destinadas a servir nos palácios da classe dominante. Nesse ínterim, não se fundou nenhuma escola para meninas fora aquelas destinadas a meninas pobres e órfãs que deviam ser treinadas para o trabalho doméstico a ser exercido nas casas da aristocracia ou para prover certas necessidades do Exército, tal como costurar roupas para os soldados. As autoridades, no início, proibiram rigorosamente que as professoras e meninas dessas escolas se casassem para que pudessem dedicar-se inteiramente ao cumprimento de suas tarefas. Exigia-se de cada uma delas um compromisso, por escrito, e essas pobres jovens se viam obrigadas a aceitar esta condição em vista da premente necessidade de obter uma parca renda que um dia viriam a receber. Com o passar do tempo, constituíram um grupo de solteironas solitárias e infelizes, afligidas por uma variedade de neuroses e doenças mentais, visto que as relações sexuais só eram permitidas dentro dos casamentos ou com prostitutas, que eram consideradas seres degradados e indignos.

Considerava-se uma vergonha para uma família respeitável enviar uma de suas filhas para tais escolas e, assim, moças ricas permaneciam trancadas em seu lar aguardando o dia do casamento. Durante esse tempo, se lhes ensinava assiduamente a arte da sedução feminina como único meio de segurar o marido uma vez conquistado. Essa era a coisa mais necessária, uma vez que se permitia ao homem divorciar-se pela mais insignificante razão ou, de fato, sem razão alguma e casar-se com várias mulheres ao mesmo tempo, além das escravas cujo número só era limitado pelos meios de que dispunha[3].

---

2 Ibrahim Abdou, Doria Shafik, *Tatawour El Nahda El Nissaiya min Ahd Mohammed Ali lla Ahd Farouk*, Cairo, Al Aadab, 1945, p. 41.

3 Zeinab Farid, *Tatawour Ta'aleem El Bint fi Masr fil Asr El Hadith*, Risalat Magisteir Gheir Manshoura, Koliyet El Tarbia, nov. 1961.

A escola secundária oficial para meninas só começou no início do século XX com a fundação de uma seção para professoras na Escola Sania. A educação secundária para meninos, entretanto, já tinha sido lançada em 1825, 75 anos antes. A Universidade do Egito abriu suas portas para moças em 1929, quando admitiu um total de quatro estudantes mulheres.

Depois, a matrícula de moças em todos os níveis de formação tomou crescente importância, especialmente depois da Revolução de 1952. No entanto, o número de mulheres que trabalhavam em nível técnico e especializado comparado com o total de mulheres empregadas era só de 18,9%, em 1969. Isso significa que a grande maioria das mulheres egípcias, 80,1%, ainda se ocupa com a agricultura, serviço doméstico e serviços auxiliares de menor importância. A maior parte das mulheres que trabalhava prestava serviços como empregadas domésticas. Todos conhecemos a inominável exploração econômica, social e sexual à qual estavam sujeitas e ainda estão em grande escala as empregadas domésticas. Mulheres engajadas em mão de obra ativa, ganhando um salário ou pagamento (isto é, não incluindo camponesas e donas de casa) representavam só 6% da mão de obra feminina (aquelas que pertencem aos grupos etários capazes de trabalho) e 6,5% do total da mão de obra ativa no Egito[4]. Houve um crescimento de 9% até 1976.

A grande maioria das mulheres dedicadas ao trabalho pesado, no Egito, é de camponesas que trabalham para os homens e suas famílias, sem receber nenhuma remuneração, ou são donas de casa que, essencialmente, são empregadas domésticas não remuneradas. Isso se aplica à grande maioria de mulheres de todos os países árabes. Na Síria, a mão de obra feminina ativa representa somente 16,1% do total das mulheres. Das mulheres que trabalham, 88% estão engajadas em atividades agrícolas, enquanto o restante se encontra empregada em administração e instituições estaduais, em serviço social, em indústria e comércio, especialmente como vendedoras e balconistas[5].

As camponesas constituem o grosso da mão de obra feminina nos países árabes. Visto que não são pagas por seus serviços, as estatísticas muitas vezes ignoram sua existência quando tratam de diferentes aspectos de mão de obra. Nas estatísticas de mão de obra do Egito, por exemplo, as mulheres trabalhadoras são geralmente consideradas como representando

---
4 *El Mara'a El Misria fi Eishreena Aman* (1952-1972), Markaz El Abhath wal Dirasat El Soukaneya. Al Gihaz El Markazi Lilta'abia El Ama wal Ihsa'a, p. 51-72.
5 Al Ittihad Al Aam El Nissa'i, Legnat El Dirassat Al Markazeya, *El Mara'a El Arabia fil Kotr El Souri*, p. 49.

somente 9% do total da mão de obra ativa. Contudo, se às camponesas fossem acrescentadas as mulheres que trabalham por salário ou pagamento, o número das mulheres que trabalham subiria imediatamente a mais ou menos a metade do total da mão de obra ativa, tornando-se uma das mais altas proporções do mundo.

O emprego remunerado fora do lar desempenhou, sem dúvida, um papel na emancipação de algumas mulheres egípcias, especialmente daquelas que têm formação escolar. Tornaram-se economicamente independentes ou libertas e muitas delas se tornaram capazes de arrancar do poder da sociedade e da família novos direitos para si, a despeito da severidade e injustiça das leis matrimoniais em relação à mulher. Algumas delas recusaram-se a casar, como único meio de evitar o risco de se tornarem vítimas de tais leis matrimoniais, enquanto outras se casaram e então preferiram se divorciar quando sentiram que sua liberdade e independência estavam sendo ameaçadas pelo marido, pela família ou sociedade.

Atualmente, não há no Egito leis que discriminem o sexo em relação à educação ou ao emprego. Entretanto, na prática real, a discriminação ocorre frequentemente. Um exemplo dessa discriminação é o que acontece na designação de juízes. Os homens que dominam o sistema judicial no Egito conseguiram evitar que as mulheres se tornassem juízas, presumindo que a mulher, por sua própria natureza, é inadequada a suportar as responsabilidades relacionadas com a Corte judicial. Esta presunção se baseia no fato de que o Islã considera o testemunho de um homem equivalente ao de duas mulheres. O argumento portanto é que o testemunho consiste apenas em atestar que alguma coisa aconteceu ou não e se a mulher não pode merecer a mesma confiança que o homem neste campo, como pode ela ser considerada igual aos homens, quando se lhe pede que decida a respeito de um ponto sobre o qual as partes discordam?

Embora tenham sido confiadas algumas responsabilidades ministeriais a mulheres, desde 1962 até hoje não se permitiu que se tornassem juízas. Os homens ainda estão discutindo se mulheres são aptas ou não a entrar no sagrado sacerdócio do corpo judicial. A última coisa que lembro ter lido a respeito disto é um artigo publicado pelo diário *El Akhbar* em 12 de janeiro de 1976, em que o autor defende que o cargo de juiz é proibido a mulheres pelo Islã: "É supérfluo explicar que de acordo com o Islã devem-se cumprir dez condições para que uma pessoa possa julgar. Sem estas dez condições, a própria essência do julgar deixa de existir e perde-se o direito e mesmo a possibilidade de ser designado para essa função. Essas dez condições são: fé islâmica, razão, masculinidade, liberdade, maturidade, justiça, conhecimento e ser um indivíduo que goze de integridade, com a normal capacidade de ouvir, ver e falar."[6]

Além disso, não se permite às mulheres exercer cargos de natureza executiva, tal como os de governador, prefeito de uma cidade ou chefe de uma vila[7].

Isto reflete claramente as fundamentais contradições que continuam a dominar a moderna sociedade árabe. Pois embora se permita que uma mulher se torne ministra tendo sob si milhares de empregados homens e mulheres, e tome decisões em assuntos de relevante importância e significado, não se lhe permite tornar-se juíza em uma Corte judicial pequena e secundária, que trata de transgressões de tráfego ou de pequenas disputas e brigas entre indivíduos ou tornar-se chefe de uma vila com poucas centenas ou milhares de habitantes.

Aqueles que se opõem ao direito ou à necessidade de as mulheres se tornarem juízas ou chefes de vilas são incoerentes e vítimas das contradições de que sofre a sociedade. Nenhum deles parece ter pensado em criticar a nomeação de uma mulher para ministra ou opor-se a ela. Acaso isso significa que, na opinião deles, as funções de ministro não exigem que a mulher preencha ou cumpra as mesmas condições que o Islã estabeleceu para ser juiz, isto é, sã razão, masculinidade, senso de justiça, conhecimento e normal capacidade de falar? Ou será que a nomeação de um ministro é uma decisão do chefe de Estado e que, para essa gente, as decisões do chefe de Estado devem ser consideradas como mais importantes do que as sagradas normas do Islã?

A trabalhadora egípcia não tinha direito à licença-maternidade até 1959, quando as novas leis trabalhistas incluíram parágrafos específicos que tratam dos direitos das mulheres trabalhadoras, um dos quais é o direito de cinquenta dias de licença-maternidade com um pagamento equivalente a 70% do ordenado. A mesma legislação excluía as mulheres de certas ocupações que se consideravam perigosas para a saúde e inadequadas à situação específica da mulher. Em muitos casos, essas estipulações prejudicaram as mulheres trabalhadoras, uma vez que um grande número de empregadores as usavam como uma escusa para negar emprego a mulheres

---

[6] *El Akhbar*, jornal diário, 12 de janeiro de 1976, sob o título: "Gawla fi Tareek El Tasheeh by Ahmed Fathy El Kadi".

[7] Nassar, *Houkkouk El Mara'a fil Tashre'e El Islami Wal Dawli El Mokaran*, Dar El Nashr wal Sahafa Alexandria, 1957, p. 147.

ou para forçá-las a aceitar salários mais baixos ou tipos de emprego que não correspondiam a suas habilidades. Isto foi especialmente verdadeiro por parte de empregadores do setor privado.

Mulheres empregadas na administração governamental ou alhures, no setor público, recebem pagamento igual ao dos homens. Contudo, não se lhes proporcionam as mesmas oportunidades de promoção ou para nomeação a cargos de responsabilidade ou treinamentos destinados à preparação de funcionários a cargos mais elevados. Quanto às leis e aos regulamentos referentes ao sistema de pensões, havia uma marcante discriminação de sexo que foi só parcialmente sanada. A mulher não podia gozar ao mesmo tempo do benefício de seu próprio salário ou pensão e o de seu marido falecido. Contudo, a partir de 1971, permitiu-se à mulher combinar ambos os benefícios e receber o pagamento de parte da pensão de seu marido que não deverá exceder 25 libras por mês[8].

A sociedade egípcia e árabe ainda considera que as mulheres foram criadas para desempenhar o papel de mães e esposas cuja função vitalícia é a de servir no lar e criar os filhos. Permitiu-se apenas que as mulheres procurassem trabalho fora de casa como uma resposta às necessidades econômicas da sociedade e da família.

Permitiu-se à mulher deixar o lar diariamente para ir a escritório, escola, hospital ou fábrica sob a condição de que voltasse após seu dia de trabalho para arcar com as responsabilidades referentes a seu marido e filhos, que são considerados como mais importantes do que qualquer outra coisa que tenha feito. Embora alguns países árabes, tais como Egito, Argélia, Síria, Sudão e Iêmen do Sul, Somália e Iraque, sigam políticas, em graus diferentes, que consideram socialistas, em nenhum desses países se tomaram quaisquer medidas reais tendentes a resolver os problemas das mulheres trabalhadoras e sobretudo a prover equipamentos que pudessem reduzir o peso do trabalho de cozinhar, limpar, servir no lar e criar os filhos. Prover instituições ou equipamentos apropriados não parece ser assunto de importância para os governantes desses países. As mulheres trabalhadoras desses países árabes ainda não se tornaram uma força suficientemente eficaz e organizada que pudesse exercer pressão sobre o Estado e as classes dominantes para, assim, assegurar uma resposta mais rápida e radical a suas necessidades. As organizações femininas ainda são os grupos de mulheres das classes superiores que procuram uma válvula

---
8 *Kanoun El Ma'ashet El Misri*, nº 62, 1977.

para suas inclinações caritativas ou sociais, ou então são seções de partidos ou federações socialistas que não têm existência própria ou iniciativa independente, mas funcionam como apêndices burocráticos passivos, interessando-se só marginalmente pelos reais problemas das mulheres, em geral, ou das mulheres trabalhadoras, em particular.

Indubitavelmente, o emprego de mulheres fora de casa ajudou-as a atingir maior grau de liberdade e independência ante ao marido ou ao pai. Isto é especialmente assim desde que o Islã deu claramente às mulheres o direito de controlar seus próprios haveres e dinheiro sem nenhuma forma de tutela por parte dos homens[9]. Contudo, trabalho e emprego podem ser uma nova forma de exploração no contexto e nas circunstâncias sociais de uma sociedade de classes governada por relações desiguais entre pessoas de diferentes estratos sociais ou sexos, ou pessoas de uma família patriarcal onde o homem domina a mulher, corpo e mente, de acordo com a lei, costumes e legislação religiosa. Pois se o corpo e a mente da mulher forem escravizados, como pode ela ser livre para dispor de seu dinheiro? Acaso pode uma mulher, que teme que seu marido possa divorciar-se dela a qualquer momento, opor-se a ele quando interfere na maneira de ela administrar seus próprios rendimentos? A lei pode forçar a mulher a voltar para seu marido e mandá-la de volta sob escolta da polícia. Como pode ela ser livre para dispor de seu dinheiro se nem mesmo é livre para dispor de sua vida?

É por isso que empregos e trabalhos para mulheres fora de casa, em geral, ainda não levaram à libertação da mulher árabe e na maioria dos casos somente a sobrecarregaram de novas ansiedades, problemas e responsabilidades.

O trabalho para qualquer ser humano, homem ou mulher, nunca pode libertar o corpo e a mente e tornar-se uma real experiência humana a não ser que esteja ligado a uma justa sociedade e seja exercido dentro desse âmbito, uma sociedade que proporcione iguais oportunidades para todos, baseando-se na capacidade e nos talentos de cada um, e não em classe ou sexo a que pertence.

Apesar do número sempre crescente de mulheres empregadas e formadas, nos países árabes, a grande maioria não sabe nem ler nem escrever. O sistema educacional, até hoje, não desempenhou quase nenhum papel de libertação da sociedade de convenções e costumes antiquados e ideias conservadoras que ainda controlam as mentes tanto dos homens como

---

9   Ahmed Khairat, *Markaz El Mara'a fil Islam*, Dar El Maaref, Cairo, 1975, p. 6.

das mulheres. Mesmo pessoas cultas ainda se encontram dominadas por conceitos atrasados, superstições e fantasias que foram transmitidos por seus pais e mães e que muitas vezes são assumidos e repetidos por governantes, políticos e pensadores árabes. Dessa forma, o povo continua a ser conduzido e explorado.

Muitos regimes de países árabes estão ainda bem longe de serem socialistas e progressistas e continuam a colaborar, aberta ou sub-repticiamente, com as forças imperialistas e reacionárias do mundo. Para servir a seus propósitos, construíram sistemas poderosos de cultura e informação que se ocupam em espalhar conceitos e ideias enganosas e superficiais. O conteúdo dos currículos educacionais continuaram rígidos, pobres de imaginação e incapazes de corresponder às necessidades de crianças e adolescentes que crescem em uma sociedade em rápida mudança. Também aqui se faz a tentativa de criar cidadãos conformistas, confusos e obedientes para assegurar que não se tornem agentes de mudança. A educação permanece muito distante da vida da sociedade e se contenta com abarrotar as jovens cabeças com inumeráveis detalhes sem importância. Os diferentes ramos do conhecimento são ensinados em compartimentos estanques e pouco se faz para mostrar como se relacionam diferentes fenômenos. Pouca tentativa se faz no sentido de formar uma compreensão abrangente do mundo, da sociedade e da história, e nenhum esforço real se empreende para mostrar as causas reais que estão por detrás dos problemas que se enfrentam na vida. Não se estimula o pensar independente, a largueza de mente, a tolerância e a iniciativa. Pelo contrário, empenha-se em treinar um exército de cidadãos passivos e medíocres bem adequados a se tornarem burocratas no sistema administrativo, pontuais executores de decisões tomadas por outros, submissos à autoridade, aos governantes e aos líderes. Nesse esforço bem arregimentado, o lugar designado às mulheres é o papel continuado de subserviência, no trabalho ou na família, sendo que, em ambos os casos, se supõe que ela se curve à vontade e ao domínio dos homens.

Entre os mais sérios obstáculos que as mulheres árabes enfrentam em relação a seu emprego e trabalho estão as leis relacionadas com o casamento e os direitos civis. Essas leis ainda concedem ao marido o absoluto direito de proibir sua mulher de assumir um emprego, viajar ao exterior e mesmo sair de casa quando queira. As sociedades árabes mais uma vez adotaram a atitude contraditória premeditada para perpetuar a exploração das mulheres, permitindo-lhes tomar outras formas. As mulheres, especialmente nas classes mais pobres, são estimuladas e até pressionadas a procurar emprego em fábricas, escritórios e no campo, quando ao mesmo tempo são deixadas totalmente à mercê de seus maridos cuja permissão precisam pedir para tal propósito. O marido não é limitado por quaisquer normas. A decisão é totalmente sua, prescindindo de quão arbitrária possa ser. O critério é quase sempre o modo como encara sua autoridade, seus interesses e necessidades. Assim, as mulheres se acham sujeitas à dupla exploração. São exploradas de uma parte pelo Estado e pelos empregadores, e de outra pelos maridos. O Estado necessita muito de seu trabalho nas fábricas, escritórios e no campo. Por isso, em alguns poucos países árabes, se notou alguma hesitação em dar ao marido o direito absoluto de impedi-la de procurar emprego ou de sair para trabalhar. Pois se os homens quisessem exercer tal direito surgiriam graves consequências para a economia do país. A mão de obra das mulheres, em muitas áreas, é de crucial importância, especialmente no que diz respeito às atividades agrícolas, administração estatal, algumas áreas específicas da produção industrial e em certas profissões. Como resultado, os governos tendem a adotar uma posição ambígua.

As leis trabalhistas de alguns países como Egito, Síria e Iraque permitem que as mulheres trabalhem fora de casa. De outra parte, porém, o regulamento sobre o casamento e a lei comum concedem ao marido o direito incontestse de recusar à esposa a permissão de sair de casa, ir trabalhar ou viajar. A posição assumida por tais governos árabes está em flagrante contradição com a Declaração Universal dos Direitos Humanos, que considera o direito ao trabalho como um dos direitos essenciais e invioláveis do homem e da mulher em qualquer sociedade. Está também em contradição com os preceitos e leis que governam as atividades humanas quer tenham sido prescritas pela autoridade do homem sobre a Terra, quer pela autoridade de Deus nos céus. Tais leis e preceitos não só consideram o trabalho como um direito a ser gozado por todos os seres humanos, mas, também, convencem todas as pessoas da necessidade de se engajarem no trabalho para o bem da sociedade e retratam o trabalho como uma virtude e qualidade humanas que devem ser premiadas e estimuladas. De novo, a atitude dos governos árabes é contraditória: enquanto seus representantes em organizações e conferências internacionais declaram que agora as mulheres foram libertadas e receberam seus direitos, como podem explicar o fato de que ao mesmo tempo se tenha constituído uma comissão especial na Liga Árabe para tratar do *status* das mulheres árabes? Essa comissão, em uma de suas decisões, enfatizou que "seja concedido às mulheres o inteiro direito de trabalhar a não ser que o marido tenha insistido em incluir no contrato matrimonial uma cláusula em contrário. Contudo, mesmo neste caso, a mulher tem o direito de apresentar-se a um tribunal para obter permissão para trabalhar, caso tenha surgido uma nova situação que obrigue a essa mudança."

Apesar das limitações dessa cláusula, as leis do casamento e a lei comum não foram emendadas correspondentemente e o marido ainda exerce absoluta autoridade para impedir que sua mulher trabalhe. Isso ocorre na maioria dos países árabes, inclusive naqueles que declaram que sua política é orientada para o socialismo. A Federação das Mulheres Sírias, por exemplo, continua a exigir o direito das mulheres ao trabalho e que nenhuma mulher divorciada seja privada de seus filhos se procura emprego[10].

A lei comum no Egito concede ao marido o direito de impedir que sua mulher trabalhe, se assim o deseja. Em novo projeto de lei, até então não promulgado[11], somente se fizeram pequenas mudanças nas cláusulas anteriormente válidas e estas não afetaram essencialmente a autoridade do homem sobre sua mulher. Uma das cláusulas diz respeito ao trabalho das mulheres e estipula que é direito do marido impedir que sua mulher trabalhe a não ser que ela insista em incluir seu direito ao trabalho no Contrato Matrimonial, elaborado por ambos no tempo do noivado. Neste caso, não se permite que o marido impeça sua mulher de trabalhar a não ser que surja uma situação que prejudique os interesses da família se ela insistir em aplicar a cláusula.

Tudo isso contribui para mostrar como os países árabes continuam a tomar uma atitude muito hesitante no que diz respeito ao direito das mulheres casadas ao trabalho, apesar do fato de que este direito sempre tenha sido considerado como um direito humano fundamental em todas as cartas, legislações, comissões e organizações internacionais, inclusive da Liga Árabe. É bem conhecido como os maridos se aproveitam de suas prerrogativas e como manobram, sob pretexto de interesses superiores da família e dos filhos, para despojar as mulheres de seus direitos. Na verdade, a maioria dos maridos, ao fazer isto, pensa em seus estreitos interesses próprios, a expensas da sociedade, da mulher e mesmo dos filhos. De acordo

---

10 Al Ittihad El Aam El Nissa'i, *El Mara'a El Arabia fil Koutr El Souri*, El Matba'a wal gareeda El Rasmia, 1974, p. 28.
11 *Al Ahram*, Cairo, jornal diário, 29 de fevereiro de 1976.

com o que acham ser para eles seu maior proveito, eles porão obstáculo às mulheres e seu trabalho ou então as estimularão e até pressionarão para que procurem emprego se uma renda extra lhes for útil.

Um dos mais importantes motivos para opor-se ao trabalho das mulheres apresentado por muitos maridos é o temor de que rendas independentes levarão a mulher a ser mais consciente de sua personalidade e de sua dignidade e que, dessa forma, recusará a aceitar as humilhações a que antes estava sujeita, recusará a ser espancada, insultada ou maltratada, não aceitará que seu marido se divirta por fora com outras mulheres, se case com outra mulher ou sustente uma concubina e rejeitará uma vida vazia e indolente em casa, vida que solapa o respeito por si mesma e a força de defender-se como ser humano.

É muito comum ler-se em jornais árabes sobre maridos que não têm escrúpulo em perturbar a vida de suas mulheres só para satisfazer o desejo de explorá-las. Para ilustrar a imaturidade com que os homens frequentemente tratam suas mulheres seja permitido citar um incidente publicado pelo diário *El Akhbar* sob o título: "Uma citação judicial do marido a sua mulher: deixe seu emprego imediatamente". O tribunal decide: "A mulher que trabalha sem a permissão de seu marido seja considerada rejeitada".[12]

Se examinarmos a cláusula que permite à mulher e ao marido incluir em seu contrato matrimonial o direito de ela trabalhar fora de casa, veremos que tal condição tem importância só para um pequeno número de mulheres excepcionais que lutaram com suficiente energia para enfrentar a sociedade e a família para serem econômica, moral e psicologicamente independentes. Isso é muito difícil para uma moça que está apenas às portas do casamento e, por isso, normalmente ainda muito jovem, embora tenha cursado escola superior ou universidade ou tenha ocupado um emprego por muitos anos. As tradições e pressões da sociedade e da família geralmente são tão pesadas que a impedem de insistir na inclusão de tal cláusula em seu contrato matrimonial. É muito semelhante a uma das cláusulas originais da lei do matrimônio que deu à mulher o direito a divorciar-se, se originalmente incluído como condição no contrato matrimonial. Isso, porém, de forma alguma limitou a liberdade quase absoluta do homem a divorciar-se da mulher a qualquer tempo, e apenas fez a mulher igualar-se ao homem no que diz respeito ao divórcio. Mas, onde encontrar uma mulher ou moça em uma sociedade altamente tradicionalista, que tenha a audácia

---

12 *Akhbar El Yom*, Cairo, 29 de julho de 1975, p. 10.

de insistir em tal cláusula? Além disso, onde se encontraria o homem que descesse de seu trono de macho e assim se tornasse objeto de desprezo de sua família e amigos, concedendo à sua jovem esposa o direito de divorciar-se ou mesmo concordando que ela ousasse impor-lhe quaisquer condições antes do casamento? Isso seria igual a perturbar a ordem estabelecida e quase eterna das coisas, pois o homem que se apresenta para casar com uma mulher ou moça está sempre em posição superior. É ele que é desejado, procurado ardentemente e mesmo perseguido e, por isso, é sua natural prerrogativa e seu direito, e não o da moça, impor condições. A moça, de qualquer forma, normalmente não tem absolutamente nada a dizer quanto à escolha do homem ou sobre o casamento, pois é o pai ou a família que já decidiu tudo.

Para a maioria dos homens árabes, só pensar que a mulher trabalha fora do lar é nem mais nem menos que uma crítica direta a sua posição e prestígio de macho e uma afronta a ele como homem. O machismo do homem e sua hombridade residem, sobretudo, como ainda se julga, em sua capacidade de mandar em sua mulher, em dominá-la, prover suas necessidades financeiras e não permitir que se misture com outros homens nos escritórios ou nos meios públicos de transporte. Isso é tanto mais verdadeiro quando ele é um homem macho, com H maiúsculo. Intelectuais árabes de cultura, tomados globalmente, foram capazes de vencer esses complexos, mas a maioria dos homens ainda se acha prisioneiro de tais ideias. Pode dar-se que um árabe seja obrigado a permitir que sua mulher trabalhe fora de casa por razões econômicas, mas no fundo de si mesmo sentirá sempre que sua inabilidade de prover sua família sozinho é uma fraqueza ou algo de que se envergonha. A mulher que trabalha fora pode, ela própria, compartilhar das reações do marido e sentir algum desprezo por ele porque é obrigado a fazê-la trabalhar. Uma esposa que não trabalha pode, por sua vez, orgulhar-se de que seu marido seja suficientemente abastado para cuidar de suas necessidades. Todas essas ideias e sentimentos distorcidos são devidos ao fato de que o trabalho da mulher fora de casa por si mesmo não leva à verdadeira liberação da mulher enquanto continua a operar dentro da estrutura de uma sociedade de classes e sob o sistema patriarcal.

20 Casamento e divórcio

As leis do casamento e divórcio nos países árabes têm sua base sobretudo na legislação islâmica que, por sua vez, é tirada do *Alcorão*, dos provérbios ou *Ahadith* do profeta Maomé e dos estudos de pensadores muçulmanos e homens de saber que se empenharam em explicar e desenvolver as ideias contidas naquelas duas fontes.

Os versos do *Alcorão* e os provérbios do Profeta não estão ligados a um único período, mas cobrem muitos anos. Uma vez que cada verso ou provérbio estava ligado a uma circunstância ou incidente particular e a um ambiente especial em termos de lugar e tempo, ele frequentemente tende a englobar diretivas ou instruções conflitivas ou, no mínimo, uma orientação que não estava sempre em conformidade com uma linha uniforme de pensamento. Isto é especialmente verdadeiro em relação à vida das mulheres e seus problemas.

A legislação islâmica pune o ladrão, ordenando que se lhe corte a mão. Contudo, os sistemas jurídicos do Egito e dos países árabes não incluíram essa provisão em sua jurisprudência. Outras leis substituíram essa sentença tanto quanto severa, pois, se estudarmos a história dos países árabes, não será difícil observar que o poder político do Estado nunca se achou perplexo quando teve que promulgar leis que estavam em contradição com os preceitos e a legislação islâmica. Nenhuma instituição religiosa foi capaz de se opor a tais leis. Pelo contrário, as autoridades e instituições religiosas muito frequentemente colaboraram com o Estado e a liderança política e submeteram os ensinamentos religiosos às exigências políticas, procurando e achando novas explicações para velhos textos, explicações essas que correspondessem aos desejos dos governantes. As instituições islâmicas mudaram e desenvolveram ideias e explicações das autoridades religiosas com a finalidade de adaptá-las à sociedade moderna, da mesma forma como fez a Igreja Cristã quando os ventos das mudanças e modernização varreram a Europa.

Os líderes políticos e o Estado se movimentaram rapidamente para mudar a legislação religiosa de forma a assegurar que esta permanecesse na mesma linha que as estruturas econômicas que se remodelavam, à medida que a sociedade passava de um estágio para outro, do feudalismo para o capitalismo e depois para o socialismo. Os mesmos líderes políticos e o mesmo aparelho estatal que agiram tão decisiva e rapidamente no que diz respeito à legislação religiosa relacionada com as necessidades econômicas reverteram sua atitude, na questão do *status* das mulheres, e de repente se tornaram lentos, letárgicos e negativos como antes tinham sido rápidos no movimento, dinâmicos e cheios de iniciativa. As mudanças na legislação religiosa em relação ao casamento e à vida das mulheres ficaram suspensas. A razão para essas duas atitudes dinamicamente opostas é óbvia. O poder político e o Estado no decorrer da história sempre refletiram o interesse das classes dominantes. Os poderes que dominavam não somente eram representantes de uma estrutura de classe, mas, também, do sistema patriarcal no qual o homem é rei. Além disso, muitas mudanças econômicas e sociais realizadas não atingiram o fundo da sociedade e não golpearam a raiz da exploração pelo fato de não terem sido acompanhadas por um movimento vasto e verdadeiramente democrático das massas.

Não admira, portanto, que a maioria das mulheres da América e da Europa perdesse seu nome após o casamento e tomasse em seu lugar o nome do marido. Muitas delas também não têm o direito de controlar seus recursos financeiros e dispor deles de acordo com sua livre vontade. As mulheres árabes estão em melhor situação do que suas irmãs americanas e europeias no que diz respeito a essas duas áreas, uma vez que a mulher árabe guarda seu nome após o casamento e dispõe de seu dinheiro com toda a liberdade sem precisar de nenhuma forma de permissão do marido. Estes são os únicos remanescentes e bem pequenos vestígios do sistema matriarcal que prevalecia na sociedade árabe antes do Islã e são consequências da largueza de mente e tolerância de Maomé, o Profeta de Alá, quando comparado a outros profetas e líderes religiosos. Contudo, apesar do fato de as mulheres árabes guardarem seus nomes (o nome do pai, naturalmente) após o casamento e terem o direito legal de gerir sua propriedade, renda e dinheiro, as leis as amarram muito estreitamente e os costumes fazem do marido o árbitro e o controlador dos destinos das mulheres e obviamente do que é muito menos, o seu dinheiro. Assim, esses direitos residuais perderam a maior parte de seu significado prático e muitas vezes não descem do reino das teorias para o da sólida realidade.

O Estado e os líderes políticos em alguns países islâmicos, tais como o Iêmen do Sul, a Somália e a Tunísia, foram capazes de romper com a estrita aplicação da legislação islâmica concernente a casamento, divórcio, aborto etc. e promulgaram novas leis que aboliram a poligamia, restringiram o direito do homem ao divórcio, legalizaram o aborto e concederam às mulheres a participação na herança como os homens. O Estado Somali foi mais longe ainda: permite que os funcionários do governo não jejuem no mês de Ramadã para que a produção não caia.

Pensadores e líderes religiosos, todos diferem nas opiniões que mantêm, dependendo de seus interesses estarem ligados ao *status quo* ou a forças reacionárias. Ou alternativamente são a expressão de sua simpatia pelo povo pobre e oprimido nas cidades e nas vilas. Muitos deles também mudam sua opinião de tempo em tempo, de acordo com o pensamento e a ideologia política dos que estão no poder.

O xeque Mohammed Abdou foi um dos pioneiros religiosos muçulmanos do fim do século XIX ao começo do século XX que se opôs à poligamia e que disse que isto tinha uma razão ou correspondia a uma necessidade nos primeiros estágios do Islã, mas na Era Moderna certamente era prejudicial à nação islâmica. O xeque Ahmed Ibrahim, por sua vez, insistia:

> Devemos tomar a iniciativa de formular uma lei comum, abrangente, que regule o matrimônio e o divórcio e devemos analisar as opiniões das diferentes escolas de pensamento e de legislação sob uma nova luz, em maior conformidade com o despertar científico e com as mudanças fundamentais que tenham ocorrido em tempos recentes. Precisamos construir nossas leis sobre duas pedras angulares. A primeira pedra angular é a da legislação islâmica em toda sua simplicidade e pureza original; a segunda pedra angular é a das vidas e realidade do povo comprovadas pelo pensamento científico nos diferentes estágios de nosso desenvolvimento e em diferentes lugares.[1]

O Islamismo é considerado uma das religiões mais tolerantes e menos rígidas, racional em muitos de seus aspectos, adaptável e deixando espaço para mudanças. O Islamismo, portanto, permite o que é conhecido como *igtihad* ou interpretação original (não copiada ou repetida). Os líderes religiosos de diferentes escolas do pensamento islâmico sempre consideraram

---
1 *Magalat Kouliet El Houkouk Lil Mababith El Kanouneya Wal Iktisadeya*, Primeiro ano, nº 1, Cairo, 1945.

igtihad como uma necessidade. Mesmo Iman Ahmed Ibn Hanbal, que foi o líder daquela seita ou escola do Islã, uma das quatro escolas considerada a mais rígida e ortodoxa de todas, sempre insistia que *igtihad* ou interpretação original era absolutamente necessária e que a existência de pensadores independentes, com a capacidade de compreensão e interpretação originais, era uma condição que não podia ser menosprezada em nenhum período se fosse para se atingir a "competência". Ibn Toumaina insistia em que a abertura para a interpretação original deve ser conservada bem ampla para todas as pessoas e que se lhes deve permitir pensar livremente e não obrigá-las a aderir estritamente a ideias estabelecidas de uma escola ou seita. Comentando a liberdade pela *igtihad* e a independência que *mogtahideen* (pensadores originais) devem gozar, ele diz: "Esta é uma diferença de tempo, e não uma diferença de verdade. Se o líder tivesse vivido em nosso tempo, diria o que nós dizemos."

Se estudarmos a questão da poligamia como se apresenta no Islã, descobriremos que as opiniões dos pensadores religiosos diferem muito entre si. Um grupo deles acredita que o Islã não permite a poligamia e apoia sua posição no que foi dito no *Alcorão* sob o título "Sourat El Nissa": "Case-se com quantas mulheres quiser, duas, três ou quatro. Se você teme não tratá-las de maneira equânime, despose uma só. Na realidade, você não será capaz de ser justo para com suas esposas mesmo que o tente."[2]

Este grupo de pensadores religiosos insiste em que o Islã proibiu a poligamia, uma vez que não é permitido desposar mais que uma mulher, a menos que o homem possa tratá-las de maneira igual e não discriminá-las absolutamente. E o *Alcorão* continua e diz que isto é impossível por mais que um homem se esforce. A lógica sugere que desposar várias mulheres implica preferência pela nova esposa comparada às outras. Essa preferência em si mesma é suficiente para tornar impossível a igualdade e a justiça; impossível mesmo que o homem seja o próprio Profeta. Na realidade, o Profeta não foi capaz de tratar suas esposas com absoluta equanimidade. Uma das condições era dividir as noites com elas igualmente, de tal forma que todas desfrutassem das mesmas oportunidades de companheirismo, amor e prazer. Mas Maomé era humano e não era capaz de ser tão rígido na divisão justa de suas noites. Ele preferia Aisha às outras esposas e a amava mais profundamente. Aisha, em uma de suas histórias, explica:

---

2   *Alcorão*, "Sourat El Nissa", versículo 3.

> Souda, a filha de Zama (uma das esposas de Maomé) envelheceu. O Profeta de Alá, estejam com ele as bênçãos e a paz de Deus, não costumava visitá-la frequentemente. Ela ouvia falar do lugar especial que eu ocupava em seu coração e sabia que ele passava mais noites comigo. Ela temia que ele a abandonasse e ela perdesse a afeição que ele ainda lhe reservava. Então, ela lhe disse: "Ó, Profeta de Alá, o dia que é reservado para mim, o senhor pode tomar para Aisha e está dispensado de sua promessa". E o Profeta de Alá, com ele estejam as bênçãos e a paz de Deus, aceitou sua oferta.[3]

Mais adiante, no livro *El Tabakat El Kobra*, diz-se que Hafsa, a esposa do Profeta, um dia saiu de casa. O Profeta de Alá foi buscar sua mulher escrava que foi à casa de Hafsa. Quando Hafsa voltou e passou pela porta, encontrou o Profeta com a mulher. Ela lhe disse: "Ó, Profeta de Alá, em minha casa, no meu dia e em minha cama?" E o Profeta de Alá respondeu: "Fique quieta, eu juro por Alá que jamais a tocarei novamente. Mas não diga nada sobre o que aconteceu".[4]

Outros pensadores religiosos acreditavam que o divórcio no Islã não é direito absoluto do marido e que este deve consultar antes um juiz, e não tomar uma decisão absolutamente por conta própria, como acontece hoje em dia.

A lei comum que regia o matrimônio e o divórcio, até então em vigor no Egito, podia considerar-se justamente como uma das mais atrasadas de todos os países árabes e uma das mais injustas e arbitrárias no que tange às mulheres. Essa lei foi promulgada em 1929, o que vem a significar que os destinos das mulheres egípcias eram governados por uma lei com meio século de idade e que permitia que os homens continuassem com sua opressão vergonhosa e inadmissível e sua exploração de mulheres.

A Federação Egípcia de Mulheres, com outros grupos de mulheres e de homens esclarecidos, fez repetidas e persistentes tentativas de mudar a lei comum ou de, ao menos, modificar algumas de suas cláusulas, mas quase nenhum resultado foi obtido.

Muitos pensam que os preceitos e a legislação islâmica são os principais obstáculos à mudança com relação à lei comum. Contudo, os mesmos preceitos islâmicos e a mesma legislação não impediram que outros países, igualmente islâmicos, realizassem as necessárias modificações ou que até

---

3 Mohammed Ibn Saad, *El Tabakat El Kobra*, Dar El Tahrir, Cairo, 1970, p. 36.
4 *Ibid.*, p. 134-5.

promulgassem leis inteiramente novas. Além disso, o Islã não impediu profundas mudanças legislativas e judiciais, em outras esferas, que se fizeram no Egito após 1952. Exemplos de tais leis são aquelas referentes à posse de um teto, de terrenos ou às novas cláusulas introduzidas no código penal com relação a adultério e roubo. Nessas duas últimas áreas, as novas normas definitivamente não estão de acordo com o Islã, segundo o qual a punição do ladrão é que se lhe cortem as mãos culpadas, e do adultério, que se apedrejem à morte o homem e a mulher.

As leis do matrimônio e divórcio no Egito ainda permitem que o homem se divorcie à sua vontade e que tenha várias mulheres. Um homem que tenha uma mulher com dez filhos pode largar deles num piscar de olhos caso aconteça que, andando pela rua, encontre uma mulher, a deseje e ela concorde em se casar com ele. Tais acontecimentos não são criações da imaginação, mas ocorrem a cada dia e trazem consigo inenarrável miséria e sofrimento para a mulher e para os filhos.

Publicou-se um novo projeto de lei tendente a modificar a legislação da lei comum existente. Os jornais noticiaram que foi discutido amplamente pelas autoridades religiosas ao longo de um período de anos e que, como etapa final, foi submetido à mais alta corporação religiosa do país, nomeadamente, ao Instituto de Estudo Islâmico. As emendas sugeridas a este projeto de lei foram publicadas na edição do diário *Al Ahram*, de 29 de fevereiro de 1976. Qualquer um que estivesse familiarizado com a legislação original poderia perceber imediatamente que, na essência, o projeto não mudaria nada, e que o quase absoluto direito do homem de dar livremente curso a seus instintos e fantasias sexuais não seria nem tocado, uma vez que ele poderia divorciar-se com a mesma facilidade. As cláusulas relevantes estipulam que é o homem que decide sobre o divórcio, sob a condição de que esteja em plena posse da razão, tenha a mente equilibrada, esteja sóbrio e não esteja sob o efeito de um acesso repentino, surpresa ou ira. Mas é o marido quem decide se todas essas condições são cumpridas ou não. Em outras palavras, é ele quem decide se sua razão e equilíbrio mental estão em ordem, se está sóbrio ou não, irado ou não, sob o efeito de uma repentina surpresa. Assim, ele é seu próprio juiz ou, para ser mais exato, ele dá queixa e julga ao mesmo tempo. Uma das cláusulas do projeto também estipula que o marido pode divorciar-se de sua mulher se disser três vezes consecutivas: "Você está divorciada, você está divorciada, você está divorciada", de um só fôlego ou de uma só vez. Isso é considerado um divórcio da mesma forma como era o caso anteriormente quando o marido podia dizer: "Eu te divorcio três vezes" e ser considerado divorciado de sua mulher uma vez. Um marido tem o direito a três divórcios. Entretanto, se após um desses divórcios sua ex-mulher tornar a se casar, não se conta mais este divórcio e uma vez que ela retorne ao aprisco dele, ele recupera o direito a três divórcios.

A mulher neste projeto de lei ganhou alguns direitos menores que, porém, são ilusórios e ridículos. Um deles é a liberdade de recusar-se a viver com as outras ou a outra mulher do marido sob o mesmo teto. O segundo é procurar o divórcio se seu marido se casar com outra mulher. Agora, se examinarmos a situação das mulheres no Egito, vemos que a maioria delas é constituída de pobres camponesas, que trabalham como operárias não remuneradas, no campo e na casa de seu marido, ou então são pobres moradoras da cidade. Perguntamo-nos onde está a mulher que tenha a coragem de pedir divórcio quando sabe que seu destino é ser atirada à rua para arranjar-se em circunstâncias muito difíceis ou, então, retornar para casa de sua família onde será uma outra indesejável, ou melhor, duplamente indesejável, visto que se tornará um peso permanente, com pouca ou nenhuma chance de casar-se de novo. A mulher que decide viver sozinha se torna presa da vagabundagem social e econômica. Ela será posta de parte por toda uma sociedade que considera o divórcio para as mulheres como uma vergonha, mas está acostumada a explorar seu trabalho no campo e em casa sem lhe pagar salário.

Um outro direito conferido à mulher neste novo projeto é o de viajar em peregrinação sem o consentimento do marido, contanto que ela seja acompanhada de um homem "proibido" a ela (seu pai ou irmão). Ela é, entretanto, obrigada a viajar com seu marido para onde quer que ele necessite ou queira viajar. De acordo com o sistema *Beit El Ta'a*, não se pode fazer vigorar uma decisão do Tribunal de Justiça obrigando uma mulher a voltar para seu marido, escoltada pela polícia.

É claro que todas essas pequenas mudanças incorporadas em *Beit El Ta'a* não afetaram de maneira alguma a atitude retrógrada e arcaica para com a mulher nem a injustiça que é ainda o destino da mulher casada no Egito. Além disso, as mudanças estão em flagrante contradição com preceitos e legislação islâmicos, seja lá o que for que as autoridades religiosas possam dizer. Tais preceitos são constituídos com base no princípio humano: "Possam o homem e a mulher viver juntos em amabilidade e ajuda mútua e separar-se da mesma maneira".

Problemas de divórcio e poligamia no Egito não são questões da mulher somente, mas, também, problemas do homem e das crianças. Muitas vezes, ouvimos falar de crianças abandonadas sem comida e teto após o divórcio, ou mulheres divorciadas que foram levadas à prostituição como o único meio de sobrevivência ou jovens abandonadas por seus pais para se tornarem concubinas ou partilharem de um leito como uma nova esposa. O divórcio para uma mulher pode, às vezes, significar salvação e um escape dos sofrimentos de sua vida, salvação e escape que geralmente jamais estão a seu alcance ou são um presente lançado sobre ela por seu marido. Não importa qual seja a decisão, é sempre o marido que toma a decisão. Uma palavra sua pode significar divórcio. Contudo, em outras ocasiões, pode acontecer que obstinadamente se recuse a divorciar-se de sua mulher, querendo provar sua autoridade por uma demonstração de que ele é o senhor e dono da situação, ou então porque tencionava conservar sua mulher como uma empregada doméstica escravizada. Em qualquer posição que tome, ele é apoiado por leis injustas e cruéis. Pode forçar sua mulher a voltar para si conseguindo uma decisão judicial com o único propósito de que ela, ao voltar, veja que ele tem uma outra mulher em casa.

No entanto, a situação mais difícil é a da divorciada que não tem emprego ou renda de que viver e que deve arranjar-se com a miserável mesada que obtém do marido a título de pensão. Na maioria dos casos, porém, a mulher não recebe nada, pois o marido pode desviar-se da lei de mil maneiras, ou então porque a lei é tão deficiente e indulgente para com os homens que o marido não encontra dificuldade em escapar de suas obrigações e até mesmo pode ser estimulado a fazê-lo.

Uma das mais estranhas histórias que li em relação a isso foi publicada em certa ocasião no jornal *El Akhbar*, com forte sabor de sensação. Foi na edição de 21/9/1975 sob o título: "Nenhuma pensão para uma mulher que vai a uma peregrinação sem o consentimento do marido".

Nem é necessário entrar nos pormenores da farsa intitulada "pensão". Basta dizer que é apenas um direito temporário e magro que é cortado em pouco tempo à menor desculpa, depois do que a mulher divorciada fica privada de qualquer renda e sem que tenha quem cuide dela.

Um emprego remunerado é naturalmente uma proteção no que diz respeito à mulher e lhe proporciona uma fonte contínua de renda para suprir suas necessidades vitais. Mas uma mulher desempregada e sem marido é, na maioria das vezes, deixada à mercê das ruas: sem trabalho e sem rendimento. Sozinha, terá que se arranjar de qualquer forma e, literalmente, terá que arrancar seu pão das garras de uma sociedade ávida e impiedosa. Deverá aprender a arte de roubar se decidir tornar-se uma ladra, ou então artifícios para conquistar homens se resolver ganhar dinheiro às custas de seu corpo. Em ambos os casos, se exporá a parar na prisão. E para tais mulheres existe uma prisão de mulheres em El Kanatir, nos arredores do Cairo, um edifício amarelo de pedras, com fileiras de pequenas janelas gradeadas, acachapado, feio e monstruoso em meio a jardins floridos e vastos campos verdes.

Meus passos me levaram a El Kanatir. Sempre desejei ver uma prisão e até mesmo passar ali alguns dias, se necessário. Encontrei lá uma grande variedade de mulheres, as proscritas, as andarilhas sofredoras, as vítimas anônimas e deploráveis de uma sociedade de classes e de um sistema patriarcal. Mulheres que se viram privadas da oportunidade de frequentar uma escola ou de aprender a trabalhar, tudo por causa de uma tradição cega ou por falta de recursos materiais ou por mil outras razões. Mulheres que perderam seus maridos por morte ou mais frequentemente por divórcio. Mulheres desamparadas por qualquer forma de justiça legal, uma vez que a lei pune a prostituta, mas não o homem que sobe para a sua alcova.

Por mais infelizes que sejam essas mulheres, o certo é que naquele dia compreendi, quando voltava para casa, que talvez fossem mais afortunadas do que outras. Pelo menos têm um teto sobre suas cabeças, uma comida, embora malcheirosa, uma túnica rude para vestir, uma coberta leve para cobrir-se, companhia de que desfrutar em suas celas. Milhares de outras mulheres, tendo perdido todas as fontes de rendimento, levam uma vida humilhante. Chegará o dia em que uma divorciada não mais receberá sua pensão. Muitas vezes, ela é largada sem ter onde morar, constrangida a mudar-se de uma casa de seus parentes para outra pedindo de esmola sua comida ou procurando um lugarzinho onde descansar seu fatigado corpo. Em muitos casos, acaba sendo empregada doméstica, exposta a pancadas, insulto e trabalho estafante que começa de madrugada e se estende a altas horas da noite adentro, vítima de agressão sexual que aceita para poder conservar seu emprego e um teto sobre sua cabeça.

Após o divórcio, e apesar de sua difícil situação, é frequentemente a mãe que assume a responsabilidade e o cargo de criar e educar seus filhos depois de se ter separado do marido. Ainda uma vez mais, sua posição inferior, seus sentimentos de responsabilidade materna que lhe foram impostos pela sociedade, seu temor de ser criticada pelos que a cercam, de vez que o povo é muito mais severo com a mulher que negligencia os filhos do que com o homem, seu amor pelos filhos como ser humano e mãe que é, a impossibilidade de se casar de novo (casar-se com uma divorciada é o mesmo que comer comida amanhecida), as limitações que cercam a liberdade pessoal e social da mulher, a irresponsabilidade do pai diante dos filhos (que liga a separada ainda mais aos seus filhos), todos esses fatores reunidos fazem com que a divorciada seja mais cônscia de sua responsabilidade para com os filhos, muito mais agarrada e ligada a eles e muito mais determinada a dar-se a si mesma completamente para servi-los e criá-los. O homem, de sua parte, que nunca perde sua liberdade de entregar-se à licenciosidade, ao prazer sexual, ao casamento ou ao amor, pode dar-se ao luxo de se esquecer de seus filhos, ou ao menos de não se importar muito com eles. Raramente se ouve dizer que um pai divorciado se devote totalmente ao cuidado e à criação dos filhos. Além disso, a maioria dos homens se divorcia para casar-se com outra. Por isso, procura livrar-se dos filhos para poder dar-se inteiramente às alegrias que lhe reserva a nova mulher. Se não conseguir livrar-se dos filhos, são eles que irão sofrer nas mãos da madrasta para o lado de quem ele se bandeará, contra seus próprios filhos.

Apesar de todos esses fatos, o projeto de lei tiraria da mãe o encargo dos filhos de sete anos quando meninos e de nove, quando meninas. A menina após seus nove anos é obrigada a viver com o pai quer queira, quer não. O menino de sete anos pode escolher entre viver com o pai ou com a mãe. Onde, nessa lei, acha-se uma tentativa sequer de prover o bem-estar e o futuro da menina? Onde está a justiça, a humanidade, o bom senso quando se força uma menina de nove anos a ir viver com o pai e a madrasta quando o que deseja é viver com a mãe?

Por que essa violação dos direitos da mãe em vantagem do pai? Como podem as autoridades responsáveis, que são os legisladores, esquecer tão facilmente que mocinhas desencaminhadas e prostitutas muitas vezes são filhas negligenciadas de um pai casado de novo ou que tomou uma amante com a qual gastou todo o dinheiro e sobre quem derramou toda sua afeição e cuidados? A maioria dessas moças é vítima provinda de pobres famílias desagregadas e dissolvidas pelo divórcio ou por um pai com várias mulheres.

Uma das provisões mais estranhas e inimagináveis das leis do matrimônio e divórcio nos países árabes diz respeito ao que comumente se conhece, em nossa língua, como *Beit El Ta'a* ou "Casa da Obediência", cuja descrição se aplica às vezes às mulheres *El Neshouz* (o "aberrante", "discordante" ou o "banido"). A palavra *Nashiz* é comum na língua árabe e se usa para descrever a esposa que desobedece às ordens do marido, mesmo que ele seja um bêbado, um corrupto, um alcoviteiro, um ladrão ou traficante de drogas.

Se um marido bate em sua mulher, com ou sem razão, e à força a retornar para sua família, pode, se quiser, por força de lei, sob o que se chama de *Beit El Ta'a*, mandar uma escolta da polícia trazê-la de volta para sua casa. Se ela se negar a obedecer e não voltar, torna-se *Nashiz* aos olhos da lei.

Muitos países árabes já aboliram essa instituição horrível e ultrajante do *Beit El Ta'a* e modificaram consideravelmente as leis do casamento e divórcio. Contudo, o Egito, que sob vários aspectos foi o pioneiro do progresso na região árabe e que outrora liderou o mundo todo no que diz respeito à civilização, ainda mantém o sistema *Beit El Ta'a*.

Quem afirma que o *Beit El Ta'a* se baseia no Islã é ignorante ou desonesto. O profeta dos mulçumanos frequentemente dizia que não se devia forçar uma mulher a viver com um homem que ela não quisesse ou a quem odiasse, e explicou em várias ocasiões que, em princípio, dever-se-ia permitir a uma mulher que escolhesse o homem com quem fosse casar.

De acordo com o Islã, permite-se a uma mulher que rasgue seu contrato matrimonial se foi obrigada a fazê-lo ou quando foi enganada ao contratar o casamento. O próprio Profeta rompeu o casamento com Khansa'a, filha de Khozam El Ansaria, porque foi obrigada pelo pai a casar-se[5].

As leis que regulam o casamento e o divórcio, nas sociedades árabes são realmente reminiscências jurídicas do feudalismo e do sistema patriarcal, no qual a mulher é considerada como um pedaço de terreno possuído pelo homem a quem se permite fazer o que queira, como explorá-la, bater nela, vendê-la a qualquer momento pelo divórcio ou comprar, diante de seu nariz, uma segunda, terceira ou quarta mulher. Com relação aos direitos da mulher, eles consistem em igualdade de tratamento com outras mulheres de seu marido. Se, porém, é possível ou não a um homem dar o mesmo tratamento, cuidado e afeto a uma mulher de mais idade do que à moça, ou a uma mulher semigasta do que a uma nova, já é outra questão cuja solução é de resto complicada pelo fato de ele ser o único juiz de seu próprio comportamento.

Quando examinamos as cláusulas que dão ao juiz o direito de divorciar uma mulher de seu marido, subitamente descobrimos o quanto a lei

---
5 Veja *Saheeh El Bokhari*, v. 7, p. 18; e *Al Isaba*, v. 8, p. 65; e Abdallah Afifi, *El Mara'a El Arabia fi Gaheleyatiha wa Islamiha*, v. 2, p. 60.

pode ser rigorosa. Essas cláusulas estipulam que tal divórcio só pode ser concedido em um certo número de situações ou casos[6]. Se o marido estiver na cadeia por período que excede três anos, o divórcio não é concedido à mulher até que o juiz se assegure de que a condenação do marido de fato excede a três anos, que a sentença esteja sendo executada e de que tenha passado mais de um ano desde a data do aprisionamento inicial e, por fim, que a sentença seja definitiva (isto é, tenha passado por todos os estágios de apelação etc.). Uma mulher também pode pedir divórcio se o marido não a está provendo dos meios de subsistência ou se for declarado demente ou afetado de lepra; ou se bateu nela tantas vezes que a feriu (isso implica que bater sem ferir é permitido); ou se o marido se ausentou por um longo tempo. Todos esses casos necessitam de que o juiz se assegure de que há prova suficiente de sua existência *de facto*. A lei, no entanto, põe severas restrições mesmo quando as provas existem. Por exemplo, não se permite o divórcio à mulher quando sabia antes do casamento que o marido estava afetado pela doença por causa da qual deseja agora divorciar-se, ou quando a doença veio após o casamento e ela aceitou a situação, sem pedir o divórcio imediatamente.

Mesmo naqueles países árabes nos quais se fizeram tentativas de limitar o direito do homem ao divórcio, a matéria não foi deixada completamente por conta do juiz como no caso da mulher, e as restrições impostas ao direito do homem ao divórcio em nenhuma parte foram tão severas quanto no caso da mulher. Também não deveríamos nos esquecer de quem é o juiz. Não é ele acaso um homem que vive de acordo com as relações de uma sociedade feudal ou capitalista, de classes, afetada por todos os conceitos e estruturas de um sistema patriarcal? Não é por acaso o sistema judicial e o sistema policial parte do aparelho estatal que decreta, governa e manda em nome da classe dominante da sociedade, servindo a seus interesses e sendo instrumento de uma justiça caolha?

Nunca será possível a uma árabe gozar dos mesmos direitos do homem com relação ao casamento e ao divórcio, enquanto a sociedade permanecer dividida em classes e dominada pelo sistema patriarcal.

As instituições do matrimônio e divórcio, da prostituição e dos filhos ilegítimos são essenciais para a existência e continuidade da sociedade de classes e patriarcal. O divórcio foi inventado para que o homem pudesse livrar-se de sua mulher que não mais desejava possuir a um preço

---
6 Veja *Ahkam El Ahwal El Shakhsia fil Shari'a El Islameya*, Abdel Wahab Khallaf. Matba'at Dar El Koutoub El Masria (segunda edição), 1938, p. 165.

mais baixo possível (contribuição para a subsistência ou pensão, ou o pagamento moroso do dote). Os sistemas de divórcio também permitem que o homem assegure sua posse sobre qualquer filho que venha a nascer depois do divórcio, contanto que a mulher tenha ficado grávida quando ainda estavam casados. Além do mais, o homem tem o direito de supervisionar e controlar a divorciada por um período de três meses chamados de *El Idda* para garantir que nenhuma criança pertencente a outro homem possa introduzir-se eventualmente sob seu nome para participar da herança com seus filhos.

Em todos os sistemas sociais de que o mundo tenha conhecimento desde o surgimento da família patriarcal, da sociedade de classe e da escravidão, o direito ao divórcio foi sempre, de fato, exclusiva prerrogativa do homem. A sociedade de classes fez da mulher um objeto de uso que pode comprar e vender sob diferentes sistemas de dote, pensão etc. A sociedade capitalista liberou os camponeses das pesadas cadeias do feudalismo, não por razões de humanidade, mas porque a nova classe capitalista, as novas forças produtoras necessitavam de mão de obra livre de grilhões, constituída de "camponeses libertos" para trabalhar nas novas fábricas que surgiam rapidamente. Foi assim que a própria mão de obra se tornou uma mercadoria, vendida no mercado. O capitalismo estava certo de comprá-la pelo preço mais baixo possível, da mesma forma como as mulheres eram compradas de forma barata pelos maridos, e de devolvê-la ao mercado tão logo a necessidade de trabalho diminuísse, exatamente da mesma forma como o marido faz com a mulher que não mais quer conservar.

O árabe pode retomar sua mulher durante os três meses que seguem o divórcio (*El Idda*), mesmo contra a vontade dela, visto que ela continua sendo propriedade por esse período, antes de se separar dele decisiva e irrevogavelmente. Durante esses meses, ela fica num estágio transitório, flutuante e amorfo. É sua mulher e, contudo, não o é. Não pode casar-se antes que passe o *Idda* e deve esperar passivamente dependendo do chamado de seu ex-marido, que pode pedir que volte para casa a qualquer momento. Somente depois de completar-se o *Idda* pode pensar em casar-se de novo.

O sistema capitalista promoveu outras mudanças de longo alcance, nas quais novamente as situações do trabalhador e da mulher têm muito em comum. O capitalismo livrou o servo, como dissemos, e fê-lo um trabalhador livre para ser empregado à vontade em troca de um salário com a finalidade de assegurar uma situação elástica de suprimento e demanda no que diz respeito à mão de obra. Da mesma forma, o capitalismo libertou a mulher de sua servidão de casa, também dessa vez não por razões humanas, mas para corresponder à necessidade de mão de obra das mulheres nas fábricas. Se, além disso, o sistema capitalista concedeu às mulheres a mesma liberdade de divórcio que aos homens, em países industrialmente desenvolvidos, a finalidade foi a de levar esse processo a seu termo lógico, garantir que a mão de obra feminina estivesse livre de todas as peias, estivesse à disposição no mercado e pronta para corresponder às necessidades dos empregadores quando fosse preciso. Para isso, necessitava-se que a mulher recebesse um maior grau de liberdade com relação ao juízo do homem. Promulgaram-se novas leis sobre o casamento e divórcio que passaram a ser conhecidas como leis civis do casamento. A sociedade capitalista moderna, em sua sede inextinguível de produção e lucro, continuou a desenraizar vestígios do sistema feudal e práticas religiosas que não mais correspondiam a seus interesses. O vínculo entre casamento e religião foi rompido da mesma forma como separou-se a religião do Estado, não por razões relacionadas com o progresso humano, nem com base em uma atitude humana para com as mulheres, mas para que as rodas da exploração econômica pudessem rodar mais rápida e livremente. O capitalismo indubitavelmente serviu como parteira, trazendo à luz progresso imenso e até então desconhecido, sobretudo por libertar fantásticas forças produtivas e possibilidades materiais. Contudo, no que se refere à "alma" e humanidade de homens e mulheres, o capitalismo foi um monstro sem piedade.

Essas mudanças talvez possam explicar por que os índices de divórcio são mais elevados em países capitalistas desenvolvidos do que nas sociedades semifeudais, por que o divórcio é mais frequente nas cidades e vilas do que nas zonas rurais e por que esses índices crescem rapidamente entre mulheres empregadas em comparação com donas de casa desempregadas que vivem à mercê dos maridos, ou camponesas que trabalham sem remuneração para os seus homens.

Um estudo sobre os índices do divórcio no Egito[7] demonstra que são cerca de 2,9% no Cairo e Alexandria, que são as cidades maiores, com uma pesada concentração de indústria grande e média, grandes firmas e estabelecimentos do governo e com as mais altas porcentagens de mulheres trabalhadoras remuneradas. Esses índices, contudo, caem para 1,2%

---

7 *El Mara'a El Masria fi Eishreen Amam* (1952-1972), Markaz fi Abhath Wal Dirasat El Soukania, El Gihaz El Markazi Lilta'abia El Aama wal Ihsa'a.

em Kafr El Sheikh, 1,3% em Sohag, 1,4% em Menoufiad, 1,9% em Dakahlia etc. (trata-se de diferentes províncias no Norte e Sul do Egito).

O mesmo quadro encontra-se, com pequenas variações, nos países árabes. Na Síria, por exemplo, os índices de divórcio são mais altos entre as mulheres trabalhadoras remuneradas do que entre as donas de casa[8]. Para a primeira categoria é de 2,2%, enquanto para a última é somente de 0,6%. De forma semelhante, os índices de casamento entre as mulheres trabalhadoras não são mais baixos do que entre as mulheres que não trabalham. A porcentagem das casadas entre as mulheres com emprego é só de 46,7%, enquanto para as donas de casa é de 78,2%.

Essas tendências são compreensíveis. Uma mulher que pode sustentar-se não precisa submeter-se à humilhação e opressão que muito frequentemente é o destino das casadas que dependem de seus maridos que as sustentam. Temem o divórcio porque ele significa uma ameaça de fome.

Se deixarmos de parte a questão da comida e nos voltarmos para o sexo ou para a necessidade que as mulheres têm de satisfação sexual, veremos que o casamento é o único relacionamento disponível e possível dentro do qual uma árabe pode praticar o sexo.

As relações pré-matrimoniais são severamente proibidas às moças na sociedade árabe. Isto se aplica até à masturbação, que é considerada pecaminosa. Uma mulher não casada, divorciada ou viúva não pode ter relação sexual a não ser que se case. Tais mulheres, se não encontrarem marido, permanecerão virgens, solteiras ou viúvas durante toda a vida. Às vezes, uma mulher pode arriscar sua reputação para construir uma relação livre com um homem, mas, neste caso, ela se expõe ao risco do escárnio e desprezo da sociedade que muitas vezes a considerará não melhor que uma prostituta.

Contudo, nos últimos anos, os países árabes têm presenciado um crescente número de mulheres trabalhadoras remuneradas, profissionais, mulheres de carreira etc. que em grande escala têm desenvolvido um espírito de independência moral e mental e que se recusam a ser pressionadas ou obrigadas a se submeterem à instituição patriarcal do casamento e divórcio, escolheram sua própria maneira de viver e obrigaram a sociedade a respeitar sua personalidade livre e a reconhecer seu trabalho. No entanto, a grande maioria das mulheres árabes ainda se vê forçada ao casamento como o único modo de satisfazer às necessidades essenciais do corpo e

---
8 El Maktab El Markazi Lil Ihsa'a (Damasco), *Al Mara'a El Amila biloght El Arkam*, Silsilit El Dirasat 20, p. 11-29.

ainda se aterroriza diante da mera palavra divórcio, que significa fome, falta de lar e incessantes críticas das pessoas que a cercam. Por isso, aceitam qualquer tratamento das mãos de seus maridos, não importa quão mau este possa ser, sem revoltar-se ou até mesmo queixar-se. Uma mulher pode até servir a uma segunda, terceira ou quarta mulher de seu marido, como frequentemente acontece nas vilas egípcias. Além do mais, as coisas podem ir além, uma camponesa às vezes vai em busca de uma outra mulher para seu marido para conservá-lo feliz ou para minorar o grau de sua crueldade para com ela, ou para garantir que ela tenha um filho homem da nova mulher, se ela mesma tem a infelicidade de só lhe dar filhas. Pois quem é mais infeliz ou desventurada do que a camponesa de uma vila egípcia que não foi capaz de ter um filho homem? A sua menor punição é um tapa na cara, dado a todo momento por seu marido, com todo o peso de sua mão ou sua voz rude e ensurdecedora berrando pelo menor motivo: "Você é três vezes divorciada".

Pode acontecer, às vezes, que uma mulher prefira a fome, a privação e o ficar sem lar a viver com seu marido. Mas neste caso encontrará todas as portas do divórcio firmemente fechadas, pois a lei é severa, muito severa, e o juiz também é severo, até mais severo do que a lei. Todavia, mais severa do que todos será a família. Especialmente numa povoação, a família não é composta somente de pai, mãe e filho, não é um núcleo familiar como acontece nas cidades e nos países industrialmente desenvolvidos. É uma família expandida, composta de numerosos membros, avô e avó, pais e mães, tios paternos e maternos, irmãos e irmãs e filhos. Essas famílias expandidas ainda são o padrão dominante na sociedade rural árabe. Elas são autoridade em todos os assuntos relacionados com o matrimônio e divórcio para as mulheres. A decisão é sempre tomada em conformidade com os interesses da família, não os da mulher. Ela pode ser forçada a divorciar-se de um homem pobre para casar-se com um rico. Pode ainda ser que jamais lhe seja permitido o divórcio, mesmo que ela fuja e seja devolvida a seu marido sob uma torrente de insultos, pancadas e humilhações de todo tipo, sobretudo se sua família é pobre e não pode sustentá-la, a ela ou a seus filhos. Assim, ela se vê exposta a todas as pressões e castigos de um verdadeiro clã, cruel, exigente e insensível a qualquer coisa que não sejam as exigências do ganho ou perdas materiais e as leis da tradição.

Sempre de novo, sai dia entra dia, tais crimes são perpetrados sob a grossa capa de religião, moral e valores humanos. Ao reboar de palavras altissonantes sobre a legislação islâmica, o dever da mulher, a necessidade de obedecer ao marido e respeitá-lo, a integridade da família, o futuro dos filhos e uma legião de outras frases gastas que as mulheres estão tão acostumadas a ouvir.

De outro lado, porém, não se supõe que o homem árabe leve em consideração a integridade de sua família e filhos apesar de ser ele quem os possui, e não a mulher. A lei, a legislação religiosa e os costumes, tudo permite aos homens tratar da forma mais irresponsável suas mulheres e filhos. A lei e a legislação religiosa permitem que o homem tenha quatro mulheres simultaneamente. O homem, porém, pode defraudar mesmo essa liberalíssima lei tendo mais do que quatro mulheres. Isto ele consegue por meio do sistema já estudado, chamado *Idda*, que permite que ele se divorcie da mulher por três meses e depois peça que ela volte. Nesse ínterim, ela pode ser substituída por uma outra mulher. Isto significa que um homem pode ter quatro mulheres ao mesmo tempo com as quais se casou legalmente e quatro outras por meio do *Idda*, isto é, mulheres que foram suas esposas até muito recentemente, mas que agora estão em um estado de divórcio temporário. Este jogo pode continuar indefinidamente e é uma outra forma do velho *Zawag El Muta's* pré-islâmico ou casamento de prazer, somente possível por causa da extrema facilidade com que um homem pode divorciar-se. Mediante *El Idda*, um homem pode ter qualquer número de mulheres e pode continuar mudando de uma para outra. Essa prática foi muito comum entre os ricos na sociedade islâmica da Somália, sobretudo após a abolição do concubinato e das escravas. Sob o nosso regime se fizeram tentativas a partir de 1969 para abolir esse costume, por meio de mudança de legislação e reeducação. Contudo, velhos hábitos dificilmente se extinguem quando os processos de modernização são lentos.

Existem ainda outras formas do que se poderia chamar de casamento transicional, situado em algum ponto entre o casamento e o não casamento, e que é permitido pela lei islâmica aos muçulmanos. Uma dessas formas de casamento se chama *Mahr Sharti*, na qual o casamento dura um período específico de tempo; período este que é em geral breve e também aí a situação se assemelha ao *Zawag El Muta'a* ou ao *Zawag El Moakat* (casamento temporário); outra forma, ainda, é o *Al Khotba El Siriya*, em que o homem se casa secretamente para não ofender sua esposa e não a irritar. Esses complicados arranjos levam, às vezes, a situações estranhas quando as duas esposas se encontram acidentalmente, ou quando os filhos das diferentes mulheres encontram um homem em visita à escola deles e, de repente, descobrem que têm o mesmo pai.

No Egito, existe também uma forma de casamento chamada El *Zawag El Orfi* na qual não há contrato escrito que obrigue as partes. Isso permite que o marido lance mão da pensão de sua mulher paga pelo governo, caso ela tenha direito a tal pensão. A lei priva a mulher da pensão dada pelo governo se casar de novo e existir um contrato que o prove de maneira irrefutável. Muitos dos meus vizinhos e amigos recorrem ao referido casamento sem contrato. A mulher, nessa situação, é muitas vezes uma segunda esposa que se esconde, pois se vê constantemente ameaçada pela insegurança e vive temendo o governo, a sociedade e o marido. Arrastada por um destino sobre o qual não tem controle, permanece só e desprotegida.

Estatísticas colhidas na Tunísia, dez anos após a promulgação da nova legislação que outorga iguais direitos ao homem e à mulher em relação ao divórcio diante de um tribunal, mostraram que os casos de divórcio estão tornando-se mais frequentes[9]. Além disso, a porcentagem de casos de divórcio entre mulheres empregadas é mais alta do que entre donas de casa. Muitos comentaristas e escritores fizeram repetidas admoestações contra tais tendências que consideram sintomáticas em relação à dissolução da família e aos laços matrimoniais, o que constitui uma séria ameaça à estabilidade das sociedades árabes como o que aconteceu, em anos recentes, levando à ruína a sociedade ocidental. De acordo com a mentalidade dessas pessoas, as modernas relações industriais trazem consigo a transformação dos antigos padrões do domínio masculino sobre a mulher, inaugurando uma nova fase da assim chamada igualdade entre mulheres e homens. Isso conduz à ruptura dos antigos vínculos matrimoniais sólidos que antes existiam entre homens e mulheres, uma vez que os homens não mais se sentem superiores às mulheres e, por isso, moralmente obrigados a cuidar delas e protegê-las, sentimento este que outrora os fazia hesitar diante de um divórcio fácil[10].

Alguns intelectuais e pensadores árabes consideram que o aumento dos casos de divórcio se deve à independência econômica de que gozam as mulheres árabes, em quantidade sempre crescente, o que lhes permite

---

9 El Sheikh Abdel Hamid El Sayeh, *Al Islam wa Tanzeem El Ousra*, I.P.P.F. Escritório Regional do Oriente Médio e do Norte da África, 1971, v. I, p. 175.

10 Citação do jornal jordaniano *El Destour* datado de 8/9/1971: El Sheikh Abdel Hameed El Sayeh, *Al Islam Wa Tanzeem El Ousra*, p. 175-6.

escapar das garras dos homens, visto que agora podem sustentar-se a si mesmas, mesmo quando sozinhas[11]. Essa explicação é provavelmente correta. Pois, de fato, por que deveria uma mulher que pode conseguir sua própria subsistência submeter-se às humilhações de um casamento infeliz, regido pelas normas de uma autocracia patriarcal?

Muitos árabes resistem a essas mudanças sociais e se opõem ao desenvolvimento e às necessidades econômicas que levam mais e mais mulheres a procurar emprego em firmas comerciais, indústrias, repartições públicas e várias profissões. Contudo, as forças que estão tirando as mulheres de seus lares são tão poderosas que nada se lhes pode opor e fazê-las abandonarem as novas posições que conquistaram na vida.

Atualmente, torna-se evidente que as grandes famílias patriarcais deixaram de exercer muitas das funções que originalmente desempenhavam em favor de várias corporações e instituições de Estado moderno. As sociedades árabes já não são mais formadas por tribos patriarcais, e o Estado usurpou grande parte da autoridade e dos direitos antes exercidos pelo pai ou marido. Não é difícil prever que essa tendência continuará a se desenvolver e que as funções da família serão sempre mais reduzidas e, com elas, a autoridade antes exercida pela cabeça masculina da família.

O árabe era responsável pela proteção da família e por sua segurança. Mas atualmente o Estado tem sua própria segurança e forças policiais, que substituem o homem no desempenho de tais funções, encarregam-se da segurança da família e punem seus agressores.

Uma das áreas de atrito entre o homem e a estrutura estatal é a da vingança familiar, uma prática que ainda é comum no Alto e Baixo Egito. Se um membro masculino de uma família é assassinado, as leis não escritas, ou costume, mandam que seu assassino seja morto ou, se isso não for possível, um membro de sua família seja assassinado. Entretanto, tais atos de vingança (ou vendetas) nada têm a ver com as mulheres, o que mostra que elas são consideradas objetos de pouco valor, e não seres humanos. Uma mulher pode ser a causa de uma vendeta, mas ela jamais se torna o "sangue" que deve ser vingado.

O homem árabe do Alto Egito ainda acredita ser uma vergonha a polícia ou qualquer força de segurança substituí-lo para tomar vingança de sua família. A honra exige que ele próprio tome vingança, sem recorrer ao Estado, pois isto significaria ele estar admitindo sua fraqueza.

---

11 *Ibid.*, p. 218, Sayed Mohamed Zaffar.

Um outro ponto de conflito entre a autoridade do homem e a do Estado é o do emprego da mulher ou trabalho remunerado. Aqui também a família patriarcal está travando uma batalha perdida e gradualmente estão declinando suas prerrogativas, uma a uma, nas áreas de produção, legislação, educação, planejamento familiar etc[12].

Nas sociedades árabes, é um fato que a religião desempenha um papel importante na preservação da estrutura familiar. Contudo, a religião tem sido capaz de impedir que o Estado e suas instituições usurpem muitas das funções e, assim, muito da autoridade, outrora exercida pelos homens dentro da família.

A religião separou-se do Estado nas Sociedades Industriais Ocidentais e os poderes da Igreja têm-se retraído ante a ofensiva capitalista e tecnológica que tem demolido muitos dos valores sagrados relacionados com o Cristianismo e o sistema feudal.

Entretanto, a religião não se separou do Estado na maioria dos países árabes muçulmanos. Este é um dos fatores que impede muitos pensadores árabes de fazer uma análise crítica objetiva da família como instituição. O livre pensar em relação à religião ainda constitui um passatempo proibido e perigoso na maior parte dos países árabes. Da mesma forma que o exercício da liberdade de pensamento é repleto de riscos se exercido no reino da política e dos sistemas de governo, especialmente quando toca questões relativas à luta de classes. Isto também acontece em relação ao sexo e problemas afins.

Três tópicos, uma "trilogia sagrada"[13], devem ser abordados com cuidado ou, preferivelmente, não devem ser abordados. São eles: religião, sexo e luta de classes. Intelectuais e pensadores árabes têm medo de lidar com esses tópicos em seus escritos, ou pelo menos de estudá-los profundamente. A maioria dos movimentos reformistas árabes ou islâmicos, portanto, é caracterizada pelo fato de se limitar a fazer mudanças superficiais que não afetam a essência dos problemas na sociedade.

Essa arma é brandida e usada por muitas pessoas, particularmente pelas que ocupam altos postos em companhias internacionais ou governam os destinos desses povos do Ocidente e algumas das capitais árabes.

Contudo, pensadores árabes e intelectuais estão tornando-se muito mais audazes e francos em sua crítica às injustiças e à opressão às quais

---

12 Veja Salah Kansouah, *Ihtimalat Zawal Moussasat El Ousra fil Mougtama'a wal Dawla* (Workshop on Family and Kinship), Kuwait University, novembro de 1976.

13 Veja Bou Ali Yaseen, *El Thalouth El Moharram*, Dar El Talia, Beirute, 1973.

mulheres e homens árabes são submetidos. As mulheres árabes também já conquistaram uma nova coragem diante de suas sociedades e os problemas que envolvem suas vidas, pois elas sabem que, com a liberação, não têm nada a perder além de suas cadeias.

A liberdade tem um preço: preço que uma mulher livre paga às custas de sua tranquilidade, de sua paz, de sua saúde quando enfrenta a oposição e agressão da sociedade contra ela. Seja como for, uma mulher sempre paga um preço alto, de qualquer forma, mesmo quando escolhe se submeter. Ela paga, às expensas de sua saúde, sua felicidade e seu futuro. Portanto, uma vez que ela tem um preço a pagar, por que não escolher o preço da liberdade em lugar da escravidão?

Acredito que o preço pago na escravidão, mesmo se acompanhada de certa segurança e o sossego gerado pela aceitação, é muito mais alto do que o preço da liberdade, ainda que inclua as ameaças e agressões da sociedade. Pois ser capaz de reconquistar sua personalidade, sua humanidade, seu ser real e intrínseco tem muito mais valor do que toda a aprovação de uma sociedade dominada por machos.

Epílogo

Minhas conclusões são:

1. As culturas islâmicas, árabes ou orientais não constituem exceção quando transformaram a mulher em um objeto de utilidade ou uma escrava. A cultura ocidental e o Cristianismo submeteram a mulher exatamente ao mesmo destino. Na realidade, a opressão contra mulher exercida pela Igreja Cristã e aqueles que defendem seus ensinamentos tem sido até mais feroz.
2. A opressão sobre as mulheres não se deve essencialmente a ideologias religiosas ou ao fato de nascerem numa sociedade ocidental ou oriental, mas tem suas raízes no sistema de classes e patriarcal que governa os seres humanos sempre, desde que a escravidão começou a imperar.
3. As mulheres não são mentalmente inferiores ao homem como muitas pessoas gostariam de acreditar. Pelo contrário, a história mostra que as mulheres começaram a exercer os poderes de sua mente antes dos homens e foram as primeiras a ir em busca de conhecimento. A primeira deusa do conhecimento foi Eva, mais tarde sucedida pela faraônica Ísis.
4. As grandes religiões do mundo sustentam princípios semelhantes no que concerne à submissão da mulher ao homem. Elas também concordam na atribuição das características masculinas a seu Deus. Tanto o Islã como o Cristianismo têm representado importantes estágios no progresso e evolução da humanidade. Contudo, no que diz respeito à causa da mulher, acrescentaram uma nova carga a seus grilhões já bastante pesados.
5. A emancipação das mulheres árabes pode somente resultar de sua própria luta quando se tornarem uma efetiva força política. Para tal, faz-se necessária a formação de movimentos de mulheres

politicamente conscientes, disciplinados e bem organizados e uma clara definição de seus objetivos e métodos de luta, bem como dos direitos pelos quais as mulheres devem lutar.

6. A história tem provado que as mudanças revolucionárias, as guerras de libertação e a transformação radical, associadas ao estabelecimento dos sistemas socialistas, aceleram o ritmo da emancipação das mulheres. A guerra de libertação trouxe consigo maior liberdade para as mulheres e o mesmo processo se faz sentir na luta nacional do povo palestino. As revoluções socialistas da Europa, Ásia, África e América Latina conseguiram destruir muitos grilhões antiquíssimos que mantinham as mulheres prisioneiras da opressão. Essa relação está no coração dos laços fundamentais que ligam a emancipação das mulheres à causa da libertação do povo do imperialismo, do capitalismo e da exploração de classes.

7. As mulheres árabes precederam as mulheres do mundo na resistência ao sistema patriarcal baseado na dominação masculina. Há catorze séculos, a mulher árabe conseguiu opor-se ao uso unilateral do gênero masculino no *Alcorão*, em que as passagens se referiam tanto aos homens como às mulheres. Sua objeção franca era respaldada em termos que ficaram famosos: "Nós proclamamos nossa fé no Islã e fizemos o que vocês fizeram. Como é que, então, vocês homens seriam mencionados no *Alcorão*, enquanto nós ficamos ignoradas?" Naquele tempo, tanto homens como mulheres eram mencionados usando-se a palavra "muçulmano", mas, em resposta às objeções levantadas pelas mulheres, Alá desde então disse no *Alcorão*: "Al Mouslimeena Wal Mouslimat, Wal Mou'mineena Wal Mou'minat" (Os muçulmanos, homens e mulheres, e os crentes, homens e mulheres).

8. Nas tradições e culturas dos árabes e islamitas, há aspectos positivos que devem ser procurados e enfatizados. Aspectos negativos devem ser expostos e descartados sem hesitação. As mulheres, ao tempo do Profeta, conseguiram direitos dos quais hoje se encontram privadas na maioria dos países árabes.

9. O retrato da mulher árabe na literatura árabe passada e contemporânea não reflete uma imagem genuína dela. É a mulher árabe vista pelos olhos dos homens árabes e por isso tende a ser incompleta, distorcida e destituída de uma compreensão clara e consciente.

Impresso por :

gráfica e editora

Tel.:11 2769-9056